全国高校出版社主题出版　"一带一路"与中华文化国际传播丛书　孙宜学　主编

"一带一路"
与海外华文教育

孙宜学　等著

同济大学出版社

图书在版编目（CIP）数据

"一带一路"与海外华文教育/孙宜学等著. -- 上海：同济大学出版社，2018.10
（"一带一路"与中华文化国际传播丛书/孙宜学主编）
ISBN 978-7-5608-6806-6

Ⅰ.①一… Ⅱ.①孙… Ⅲ.①华文教育-研究②中华文化-文化传播-研究 Ⅳ.①G749.1②G125

中国版本图书馆CIP数据核字(2017)第058337号

"一带一路"与中华文化国际传播丛书　孙宜学　主编

"一带一路"与海外华文教育

孙宜学　等著

责任编辑：丁会欣
责任校对：徐春莲
封面设计：陈益平

出版发行	同济大学出版社　www.tongjipress.com.cn	
	（地址：上海四平路1239号　邮编：200092　电话：021-65985622）	
经　　销	全国各地新华书店	
印　　刷	启东市人民印刷有限公司	
成品规格	170mm×240mm　1/16	
印　　张	15.25	
字　　数	305 000	
版　　次	2018年10月第1版　2018年10月第1次印刷	
书　　号	ISBN 978-7-5608-6806-6	
定　　价	62.00元	

序　"一带一路"文化共同体研究任重道远

汉传天下！

"一带一路"倡议在推动中国经济、文化走向沿线国家、走向世界的过程中，文化与经济不同步的问题日益明显，不但表现为中华文化与中国经济的步伐无法一致，而且中国与沿线国家、沿线国家之间经济与文化不同步的现象也日益明显，且对"一带一路"建设产生了一定的阻碍。不解决这个问题，民心相通之路就会艰难很多。披荆斩棘，方能阡陌相通；心心交流，才能同一律动。

路多艰，事才大！筚路蓝缕，中华民族为了实现"世界大同"，已不知把多少无人走过的路变成了通途。

要实现中华文化在沿线国家"日用而不觉"的传播目标，需要聚全国之力、全民之力，需要每个中国人都自觉"我是一枚小小的中华人民共和国的国旗"，自觉做中华文化的使者、文化传播的志愿者。当前世界文化多元并存，交流为主流，但碰撞和摩擦不断。中华文化在沿线国家的传播所面对的阻力和障碍显然是客观的，也是复杂多变的，其中既有文化的因素、经济的因素，也有政治的因素。我们对世界"中国热"的判断与世界对"中国热"的直接感知并不一致，还有较大的落差。"万丈高楼平地起"，中华文化在沿线国家的传播首先要找到这些落差，并推动消除这些落差，包括因我们长期疏于向世界主动表达而形成的误解，进而加大加深中华文化在所在国的融入广度和深度，加快世界了解中国的进程。

优秀文化都具有一个共同特征，就是包容、兼容、易容，即都能以开放的胸怀不断汲取异质文化的精髓而不断创新、创造、延续自身的文化。"一带一路"沿线所能见到的不是一条条冷冰冰的铁轨，而是一条条以温暖的文化作轨的"心灵高铁"，是中国和沿线国家之间自觉的经济、文化双向运输、交流。中国作为运输总站的总调度，有责任保证条条运输线都通畅、高效。为此，就需要加强对"一带一路"沿线国家的国情、舆情、民情、政体、经济、文化等事关运输软硬环境的基础条件进行详细差别化调研和理解，基于科学规划、种子落地的原则，为中华文化国际传播的政策制定提供理论指导和实践依据，并找到"一带一路"中外文化相互交流的最佳路径，全面推动中国和沿线国家文化之间的多轨多向交流与传播。

"一带一路"属于中国，也属于世界。"一带一路"倡议的目标之一是中国主导、广泛借力以推动中华文化走向世界，并助力沿线国家文化的世界化。因此，"一带一路"倡议与中华文化国际传播的关系，是新时代中国面对沿线国家和世界必须说清楚的一个重大课题，是国际国内大势要求我们必须正视并科学解决的重大现实问题，不但是中国走向世界的战略需求，而且是世界对中国智慧走向世界的主动诉求。解决了这个问题，不但可以破解"一带一路"谁为，为谁；何为，为何；独行，众行；短行，长行；暂行，久行等核心问题，而且才能确保"一带一路"的方向正确、路线正确、目标准确，既为中国，更为世界。

志合者，不以山海为远。中国的发展离不开世界，世界的发展也需要中国。毫无疑问，中国积极倡导"一带一路"宏伟设想和合作倡议，顺应了世界多极化、经济全球化、文化多样化的大潮流，秉承了开放包容的新理念，旨在为共绘互利合作、共享发展美好蓝图创造新的历史机遇。作为积极促进新型经济全球化的重要实践方案，"一带一路"倡议与实践迫切需要中国与沿线国家做深做细工作，共同付出努力，推动在人类命运共同体的新平台上共创可持续繁荣发展的新世界。因此，随着中国与沿线国家的人文交流和友好往来不断增强，我们必须高度重视中华文化的暖化功能、通心功能，因地制宜，像毛细血管一般做细基础工作，在尊重文化多样性的前提下，共同维护不同文化的独立与发展，加强文化交流与合作的现实任务，肩负起中国与沿线国家语言文化交流的重要使命，在"一带一路"发展实践中提供更加丰富的文化公共产品，切实促进中华文化与世界文化的交融、共生与共兴。

本丛书基于同济大学在"一带一路"、汉语与中华文化国际传播、海外华文教育领域已经取得的成果和广泛的学术资源，围绕"'一带一路'中华文化国际传播"的历史、现状与愿景，以及目前存在的问题及对策，系统分析"一带一路"倡议实施前后沿线国家的语言文化政策、语言生态、中华文化传播的经验和教训，并基于"一带一路"倡议的未来发展规划，探索"一带一路"背景下汉语与中华文化国际传播的困境及应对策略，重新设定汉语与中华文化传播的内涵与目标、途径与方法、问题与对策、机制保障，整合各类优秀文化资源，创造和创新"一带一路"沿线国家汉语学习者和民众接触、了解和融入中华文化的入口，进而形成中华文化本土化传播的相关理论，推动形成"一带一路"沿线国家中华文化国际传播的"地方模式"，为中华优秀文化国际化传播的政策制定提供理论依据。

在写作过程中，本丛书先后被列入2017年教育部高校出版社主题出版选题和上海市新闻出版局2018年重点图书出版计划，这对我们是积极的鞭策和鼓励，也是各书得以顺利按计划完成的精神动力。

"一带一路"，永远在路上！

"一带一路"文化共同体研究，也永远在路上！

"一带一路"会越来越宽，我们的研究也会越来越宽，越深。

"一带一路"在动态发展中，我们的研究也将在不断开放中动态完善和扩充。

我们的路上，相信会有越来越多志同道合者同行。

孙宜学
2018年10月

目 录

序

第一章 "丝绸之路"的精神遗产及对"一带一路"精神的启示 ………… 1
第一节 "丝绸之路":国际交流之路 ……………………………………… 2
第二节 "丝绸之路":器物先行 …………………………………………… 3
第三节 "丝绸之路"的文化遗产 …………………………………………… 5
第四节 "丝绸之路"对建设"一带一路"的启示 ………………………… 7

第二章 "一带一路"沿线国家语言文化政策:现状、问题与对策 …… 11
第一节 语言文化政策与"一带一路"建设 ……………………………… 12
第二节 "一带一路"沿线国家语言文化政策:现状与问题 …………… 12
第三节 "一带一路"沿线国家语言文化政策:启示与对策 …………… 30

第三章 "一带一路"沿线国家华文教育:现状、问题与对策 ………… 43
第一节 "一带一路"沿线国家华文教育:现状 ………………………… 44
第二节 "一带一路"沿线国家华文教育:问题 ………………………… 50
第三节 "一带一路"沿线国家华文教育:对策 ………………………… 57

第四章 培养华人翻译人才，推动中华文化国际传播 … 69
- 第一节 基于丝绸之路的早期翻译与中西文化交流 … 70
- 第二节 明清西方传教士与汉学家的翻译活动：作用与局限 … 73
- 第三节 留学生与华人在中华文化传播中的作用 … 78
- 第四节 培养华人翻译人才的对策与建议 … 82

第五章 华侨与华文师资培训、教材和教法改革 … 99
- 第一节 "陆上丝绸之路"沿线国家汉语师资与汉语教材现状 … 100
- 第二节 "海上丝绸之路"沿线国家汉语师资与汉语教材现状 … 103
- 第三节 "一带一路"沿线国家华文教育的困境与难点 … 107
- 第四节 发展"一带一路"沿线国家汉语教育的对策与建议 … 110

第六章 孔子学院与当地华文学校的资源整合与共享机制建设 … 121
- 第一节 孔子学院：缘起与发展 … 122
- 第二节 华文学校：缘起与发展 … 133
- 第三节 孔子学院与华文学校的资源整合与机制共享 … 138
- 第四节 孔子学院与华文学校资源整合过程中的具体问题 … 142

第七章 华侨华人与汉语科技创新平台 … 151
- 第一节 华侨华人概念：以侨为媒思路及策略 … 152
- 第二节 汉语国际传播与科技文化推广、国家形象提升 … 159
- 第三节 以侨为媒：铺设科技创新交汇之路 … 166

第八章 文学翻译、华人文学与中华文化国际传播 … 171
- 第一节 翻译文学、华人文学：历史与现状 … 172
- 第二节 民族性与世界性：中国文学"走出去"的主题原则 … 178

第三节　基于文学翻译视角的中华文化国际化对策 ……………………………180

第九章　华侨华人、国际文化生态环境与中华文化国际传播 ……………183
第一节　华侨华人参与塑造积极正面的中国形象 ………………………………184
第二节　侨务公共外交的重要功能 ………………………………………………193
第三节　"一带一路"沿线国家文化生态环境现状与中华文化传播趋势 ……199

第十章　海外华人传媒与中华文化国际传播 ………………………………205
第一节　当今世界传播格局形势与媒体对中华文化国际传播的重要作用 …207
第二节　目前中国文化产业"走出去"现状、问题及对策 ……………………210
第三节　加强与各国华人媒体的合作与交流，营造有利于中华文化传播的舆论大环境 ……………………………………………………………………214
第四节　"一带一路"沿线国家舆情及媒体现状与中华文化传播的战略意义 …224

后　记 ………………………………………………………………………………233

第一章 "丝绸之路"的精神遗产及对"一带一路"精神的启示

"丝绸之路"实质上也是起源于古代中国，是连接亚洲、非洲和欧洲的古代陆上商业贸易路线。狭义的"丝绸之路"一般指陆上"丝绸之路"，广义上讲，又分为"陆上丝绸之路"和"海上丝绸之路"。

第一节 "丝绸之路"：国际交流之路

"丝绸之路"得名本身就是国际化的表现。曾被鲁迅称为"日后中国大陆沦陷之天使"的德国人李希霍芬（Ferdinand von Richthofen，1833—1905），是"丝绸之路"的命名者。

1863—1868年，李希霍芬在美国加利福尼亚考察并发现了金矿，成为名人。19世纪末20世纪初，中国成为世界各国"科考队"的"探险"热地，西方冒险家的乐园。李希霍芬探矿成功后，有银行家提供资助，委托他赴华考察。

1868年9月，李希霍芬经日本来到中国，开始了其中国之行。从1868年到1872年，李希霍芬7次在中国进行地质考察。他以上海为基地，足迹遍及广东、江西、湖南、浙江、河北、山西、山东、陕西、甘肃南部、四川、内蒙古诸省区，详细踏勘了中国的地质、地理、矿藏分布，且从不向清政府报备。1873年，李希霍芬回国后专心著述《中国——亲身旅行和据此所作的研究成果》一书。在此书中，他将公元前114年至公元127年间经西域开辟的把中国与中亚的阿姆河—锡尔河地区以及印度连接起来的丝绸贸易之路命名为Seidenstrassen，英文名为The Silk Road，即"丝绸之路"。

后来，李希霍芬的同胞、历史学家赫尔曼（A.Herrmann）于1910年出版了《中国和叙利亚之间的古代丝绸之路》，根据当时发现的最新史料，将"丝绸之路"的范围扩展到地中海西岸和小亚细亚。

公元前114年就是汉武帝派张骞出使西域那一年。李希霍芬把"丝绸之路"的起点设定在中国。

"陆上丝绸之路"是把中国腹地与欧洲诸国联系在一起的商业贸易通道，直到16世纪仍在发挥着作用。这条通道所运输的货物，以丝绸最为典型。细弱的蚕丝，似有似无，却柔韧有力，搭起了东西方政治、经济、文化交流的通道。"丝绸之路"成为古代中国与西方所有政治、经济、文化往来通道的统称。其中既包括西汉张骞开通的西域官方通道"西北丝绸之路"；也有北向蒙古高原，再西行天山北麓进入中亚的"草原丝绸之路"；还有西安到成都再到印度的山道崎岖的"西南丝绸之路"。

"海上丝绸之路"形成于秦汉时期，三国至隋朝时期进一步发展，唐宋时期达到繁荣，明清时期开始衰落。它是古代中国与外国交通贸易和文化交往的海上通道，从广州、泉州、杭州、扬州等中国沿海城市出发，经南洋到阿拉伯海，甚至远达非洲东海岸。

第二节 "丝绸之路"：器物先行

顾名思义，"丝绸之路"首先是在东西方贸易驱动下形成的一条商贸之路，是古代中国海外贸易的主干道，而文化交流则是在商贸交流的基础上形成的。商人们在将中国的商品卖到沿线国家的同时，也带去了商品所附着的文化。这些国家对中国的最早认知，也与丝和瓷器相关。"中国"的英文为"China"，即为一证。古代东西方文化以器物克服了语言的障碍，精美瓷器反射着黑色、棕色、蓝色眼神的交汇。从17世纪始，欧洲兴起了一股愈来愈强劲的中国热潮，热气灼人。1670年，路易十四为自己的宠妃建造了一座"中国宫"。最让人惊奇的是1700年1月7日凡尔赛宫举行的迎新世纪化装舞会。在对新世纪的无限憧憬和展望中，王公贵族出场了，引起了一阵惊呼。他们都装扮成了中国人；名媛贵淑随伴左右，则都是中国菩萨模样；乐师虽然演奏着法国舞曲，穿的却是中国袍服。活脱脱一幅中国宫廷宴会景象，只不过多了法国式的自由和浪漫。一个星期后，凡尔赛宫又举行了中国展，佛像、瓷器、中国画、漆器，琳琅满目。

"丝绸之路"交易的主要器物与技术，择其要者，主要有：

一、丝绸

在中国掌握了丝织技术的时代,"丝绸之路"沿线很多国家还停留在亚当、夏娃时代的着装风格。中国在把丝送达这些国家或地区的同时,也把编织技术带去了,使不知衣为何物的民族学会了穿衣,并使有了编织工艺的民族有了更轻盈漂亮的丝衣,如东南亚、南亚各民族当时就喜欢用中国的丝绸缝制"干漫"(今称"筒裙",也称"沙笼"),迄今未变。东南亚、南亚各国人民"以帛缠首"的习俗也与"丝绸之路"有关。缅甸、阿拉伯人至今都还保留着这一传统,并且已经发展成本国的民族服饰。

但"丝绸之路"上不同民族对丝绸的接受度是不同的。"陆上丝绸之路"上最先接触丝绸的波斯人、阿拉伯人并没将丝绸用于服饰,因为阿拉伯诸国地处西亚,虽然气候炎热,似乎适合薄质丝绸衣服,但这里风沙大,客观上需要服饰能防沙,丝绸服饰并不适合。而距离中国更远的希腊,气候虽然炎热,却无风沙,地中海的日照又太强,丝质服装非常合适。蓝天碧海映衬着薄翼般的丝绸,使历来注重体态美的希腊人更显自信。

二、丝织技术

与中国丝绸几乎同步传到沿线国家的,还有中国的养蚕技术和缫丝工艺。世界上的养蚕技术,大多是通过"丝绸之路"直接或间接从中国传出去的。

三、四大发明

"丝绸之路"还将中国古代的四大发明(指南针、火药、造纸和活字印刷术)传播到了全世界。而作为回流,外国的珍珠、宝石、犀角、象牙、香料、白银、黄铜、棉花、龙眼、玉米、番薯、烟草、花生、向日葵、土豆、西红柿等物品和品种也传到了中国。

简言之,"丝绸之路"首先是一条商贸之路,是将中国的物质文明成果与沿线国家的物质文明成果互通有无之路。而这些商品所附加的文化价值,则是商人在推销这些商品时竭力要呈现和发掘的价值。商品的文化价值通过商品销售者加以传播，也符合文化传播的基本规律。所以，要恢复和发扬"一带一路"的文化传播和交流功能，首先得恢复其商贸功能。不但中国的文化传播如此，世界各国的文化传播都是如此，若与物质文化的传播同步，则一定是事半功倍，路途会平坦得多。如美国的肯德基、星巴克、耐克、苹果等品牌及随之带来的美国文化的世界化，就是实例。

此外，"丝绸之路"也是一条中外文化融通之路。因为沿线国家不同文化对丝绸为代表的中华文化的接受过程，也是中华文化了解世界文化的过程。

"丝绸之路"还是一条华侨精神生成之路。一代代中国人为了谋生，不得不铤而走险，漂洋过海。他们吃苦耐劳，勤劳耕作，推动了当地的经济，也实现了中外文化的交流、融通。

第三节 "丝绸之路"的文化遗产

"丝绸之路"历经风雨吹打、岁月沉淀，迄今已经成为一种世界文化和谐交融的遗产，成为中华文明贯通世界的通道，也是中华文明世界胸怀的象征和不屈不挠的精神体现。当我们的先人冒着生命危险穿行在荒滩戈壁、头枕黄沙云作被；在神秘莫测的茫茫大海里驰命走驿，不绝于时月，这种丝绸之路精神也感染了沿线国家，礼尚往来，相互浸濡，逐渐形成了世界文明交流的基本原则，成为世界文化遗产。

一、合作是基础

"百姓昭明，协和万邦"（《尚书》），中华文化这一亘古不变的文化理念，也通过"丝绸之路"得以传承、播撒。祖先们以陆海丝绸之路，围起了一个和谐共存的"四海"，推动世界趋向大同。无论是通西域路上的声声驼铃，还是从泉州离港的汉船，都是和平的信使，沟通的通途。郑和下西洋，没有炫耀国力，更没以武力掠夺任何财产、土地，而只是进行商品贸易，与沿途国家以物易物。相比西方的海洋探索，中国的海上世界之旅显然是文明之旅。即使身居海外的华人，也总是安分守己，勤劳持家，并无喧宾夺主之念。

"同一个世界，同一个梦想"，2008年北京奥运会确定的这个主题，就是中华文化以"和"为贵精神的高度概括。中国是一个追求和平并致力于创造世界和平的国家，所做的一切，都是为了推动世界上的不同民族朝着共同的理想和和平进步、和谐发展、和睦相处、合作共赢，最终实现全世界都过上美好生活，"美美与共"，休戚与共，互利共赢。

二、文化多元是常态

"同归而殊途，一致而百虑。"（《周易·系辞下》）中国圣贤早就认识到文化多元化是世界生存发展的常态，所以一贯主张海纳百川，"君子和而不同"。中国文化历来不以"唯一正确"的姿态去面对其他文化，更不会以此为侵略其他文化的理由。中国人无论是"刳木为舟，剡木为楫，舟楫之利，以济不通"，还是"服牛乘马，引重致远"，水路、陆路的通达都是为了"致远以利天下"（《周易·系辞下》）。这种开放与包容的胸怀，也使得中华文化成为不断汲取一切积极文化因素而不断积聚成其深邃的文化，所谓"泰山不让土壤，故能成其大；河海不择细流，故能就其深"（李斯《谏逐客书》）。"丝绸之路"的开辟及通达，也是这种文化精神的驱动和体现。正如习近平总书记对"丝绸之路"精神的阐发："弘扬丝路精神，就是要促进文明互鉴。人类文明没有高低优劣之分，因为平等交流而变得丰富多彩，正所谓'五色交辉，相得益彰；八音合奏，终和且平'。"不同文化之间只有兼容并蓄，求同存异，才能共同发展。的确，古代"丝绸之路"让中国与世界不同的文化在同一条路上相互感知、融合，为世界文化交流开凿了一条交流之路。这条路成为世界文化和谐交流的典范，在把中国引入世界的同时，也使沿线国家顺着这条道路走向了世界。

三、文化是平等的

2014年6月5日，习近平总书记在中阿合作论坛第六届部长级会议开幕式上的主旨演讲中谈道："弘扬丝路精神，就是要尊重道路选择。'履不必同，期于适足；治不必同，期于利民。'一个国家的发展道路合不合适，只有这个国家的人民才最有发言权。"不同民族文化之间若能有效交流和合作，就必须坚持各民族文化一律平等的原则，而"丝绸之路"精神，体现的就是这种彼此尊重、平等互助、互利共赢的精神。

四、变革创新精神

"筚路蓝缕，以启山林。"（《左传》）任何一种文化的发展和开拓，都是一次自内而外或自外而内或内外合力的蜕变。"丝绸之路"的开拓，就是中国人求新图变意识和能力的体现。郑和下西洋、华人下南洋，目前世界各国无处不在且已经形成一种文化力量的华侨华人群体，无不是中国人睁眼看世界、开拓创新精神的具体体现。在未知的世界开拓出华人安居乐业的世界，也就把故乡的情怀、异乡的情怀，融汇于华人的胸怀，成就一个个以中华文化为根的小世界。

中华文化，自始至终既崇尚和平与亲善，也崇尚"天行健，君子以自强不息"（《周易·乾》）。从实质上看，中国文化是崇尚"刚健有为"的文化，所谓"刚柔相推，变在其中"（《周易·系辞下》）。就像天地万物，顺应天时地利，汲取世间万物生生不息力量，化育万物，以厚德包容万物。这种深沉、博大、淳朴的民族文化，发而为力，必是绵厚不绝、外柔内刚的一种进取态势。

第四节 "丝绸之路"对建设"一带一路"的启示

古代"丝绸之路"作为一种国际合作与交流的象征，对建设21世纪的"一带一路"具有直接的借鉴价值，也能提供很多启示。

一、21世纪的"一带一路"首先应该是连接沿线国家的文明之路

"丝绸之路"能够成为世界文明交流的历史之路、文明象征，就是因为这条道路的开辟和开拓是基于和平共处、利益共赢的目的，而非掠夺、占领。大数据时代的"一带一路"建设，在延续古代"丝绸之路"文明合作精神的基础上，要基于现代科技，使沿线国家之间的文化交流更便捷、更直接、更坦诚，使古老的"丝绸之路"焕发现代文明之光，使古代遥远漫长的文明之路变得更近便、通达，从而加快世界文明的交融交汇，进而推动整个世界文明的进步。

二、21世纪的"一带一路"是多元文化平等展示的平台

地上本没有路，走的人多了，也便成了路。古代"丝绸之路"是这样走出来的，今天的"一带一路"也需要继承古代"丝绸之路"精神，走出新气象，走出新世界。

这条21世纪的"一带一路"，是中国为主导、邀请沿线国家共同携手共行的道路。与古代"丝绸之路"的开辟相比，更多了主动性、规划性和世界性。这条道路，是一条经济通道，更是一条人文交流之道；是从中国搭台到大家一道搭台，进而一道唱戏的一个多元文化共存、共演、共赏的平台，大家都是演员，同时又都是观众。因此，合作是第一位的，角色的搭配与配合也是非常重要的。这需要沿线国家都基于自己角色的需要，既要扮演好自己的角色，获得属于自己的掌声，同时也要为其他角色做好配合，使其他角色也能获得属于自己的掌声。这是合作的前提，也是21世纪"一带一路"建设必需的基本精神。

三、21世纪的"一带一路"必定也是矛盾与冲突之路，但最终将推动世界和平

不同的语言、文化、政治体制、经济模式，现在要在一起创造出一个合作共赢的"一带一路"模式，其难度可想而知。这个过程，必定是个矛盾与冲突不断的过程，这是合作的常态。这就需要"一带一路"沿线国家基于合作与融合的原则，各自发挥积极主动作用，不回避矛盾，也不故意制造矛盾，而是要本着互惠互利精

神，积极克服各种贸易和文化的摩擦与冲突，在推动经贸合作的同时，加强不同民族文化的相互融合，取长补短，和谐发展。这种消除矛盾、实现融合的过程，是新的"一带一路"精神形成的过程，也是沿线国家各自融入"一带一路"的过程。在这个过程中，不同文化在获得自身发展的同时，也促进了作为一个整体的"一带一路"文化的形成和发展。这与古代"丝绸之路"文化形成的过程是相似的，但更具有21世纪的包容性和开放性。世界是圆的，"一带一路"是长的。但"一带一路"犹如地球仪上的经纬度线，一条条和平的"一带一路"线，最终会构成一个和平的圆地球。这是中国倡导"一带一路"建设的初衷，也是最终目的。

第二章 "一带一路"沿线国家语言文化政策：现状、问题与对策

语言是文化的载体，语言的传播与发展与社会环境、国际关系密切相关，但归根结底取决于语言所依赖的国家实力和相关政策的制定及实施。"一带一路"倡议代表了中国实力，并将带动沿线国家的发展，这对改善沿线国家的语言文化生态，实现汉语的"一带一路"化，进而推动世界范围内的汉语与中华文化传播，都将起到引领和示范作用。

第一节　语言文化政策与"一带一路"建设

习近平总书记提出的"一带一路"倡议，不仅有利于推动中国自身发展，而且惠及亚洲、欧洲、非洲乃至全世界，对提升世界经济发展繁荣与和平进步具有深远意义。而要实现这一造福于世界各国人民的宏伟蓝图，需要各国互信合作，共享和平，共同发展。汉语和中华文化作为一种软实力，则可以为"一带一路"倡议的实现，在政治、经济、外交等领域营造出必要的和平环境。

从华文教育与汉语教学的发展历史看，一个国家的语言文化政策，直接影响着该国的语言生态和语言命运。因此，认真分析"一带一路"沿线国家的语言政策及对华文教育和汉语教学的影响，对我们制定助推华文教育和汉语国际传播的未来规划，无疑具有直接的指导意义。

第二节　"一带一路"沿线国家语言文化政策：现状与问题

一、"一带一路"沿线国家政治生态复杂

"一带一路"是和平的、开放的、无限的，但也有重点，其核心区域是"陆上丝绸之路"的中亚五国（哈萨克斯坦、吉尔吉斯斯坦、乌兹别克斯坦、塔吉克斯坦、土库曼斯坦）和"海上丝绸之路"的东南亚（印度尼西亚、马来西亚、菲律宾、新加坡、泰国、文莱、越南、老挝、缅甸、柬埔寨、东帝汶）、南亚（尼泊

尔、不丹、印度、巴基斯坦、孟加拉国、斯里兰卡、马尔代夫）诸国。可见，"一带一路"跨线长、跨界大，沿线各国政治文化生态迥异，与中国的历史渊源和当代交集各不相同。

总体来看，"一带一路"沿线国家政治生态不一，经济水平差异大，地缘政治复杂多变，社会与文化机制不同，缺乏多边合作机制。东南亚、印度支那半岛历史上数次发生政治动乱和排华热潮；苏联解体带来东欧剧变，独联体各国存在着复杂的国内政治斗争和多边关系；中印边界问题至今仍影响着中印关系；阿拉伯国家的内部冲突；美国对"一带一路"的怀疑与阻碍；等等。总之，"一带一路"是踏着历史足迹的荆棘之路，有经验借鉴，更多的是在"无"中走出"有"来，充满着巨大的风险。

因此，作为铺路先锋，"一带一路"沿线国家的华文教育与中华文化国际传播也必须面对各种复杂的风险，并积极应对，先生存后发展，再快速发展。

二、"一带一路"沿线国家的语言生态具有鲜明的殖民色彩

"一带一路"沿线很多国家都有过被殖民的历史，这对这些国家的语言构成和政策影响很大。以阿联酋为例，公元7世纪，阿联酋曾是横跨亚非欧的阿拉伯帝国，自16世纪起先后被葡萄牙、荷兰、法国入侵，这些殖民国家在殖民期间都强行推广本国语言。1820年，英国入侵波斯湾地区，逐渐将该地区的七个阿拉伯酋长国变成英国的殖民地，英语也就慢慢成为该地区的通行语言。虽然1971年底英国与七国签订的所有条约终止，七国恢复了主权，并通过立法恢复了阿拉伯语的国语地位，但因为英语曾是殖民国语言，且代表着强势贸易能力，所以至今仍是阿联酋的主要交流语言，也是求生谋职的必备条件。

另一个沿线国家东帝汶亦如此。从1514年起，东帝汶被葡萄牙殖民了400多年，虽然葡萄牙殖民政府未强制推行葡萄牙语，但因为葡萄牙人对东帝汶主要进行经济掠夺，没有深度干涉东帝汶的社会生活，东帝汶人对葡萄牙人和葡萄牙语并没有深仇大恨，而且天长日久，耳濡目染，对葡萄牙语感情深厚，至今仍存。

目前东帝汶的官方语言是葡萄牙语和受葡萄牙语影响的东帝汶当地语言德顿语（Tetum）。东帝汶的另一工作语言是印尼语，这也是殖民的结果。1975年12月，印度尼西亚武装侵略东帝汶，在统治东帝汶的24年间，印度尼西亚政府为了国家统一，在东帝汶强制实行语言同化政策，只允许使用一种语言，即印尼语。因为印度尼西亚对东帝汶采取强盗政策，极大地伤害了东帝汶人的生命和财产，所以，虽然印尼语仍是工作语言之一，但东帝汶人并不愿意讲印尼语，只有在必须讲时才讲。

再看菲律宾。1987年，菲律宾通过立法确定了三种官方语言，即菲律宾语、西班牙语和英语，这与其被殖民的历史有关。1564年西班牙军队占领菲律宾，随之强制推行西班牙语。1898年美国在"美西战争"中打败西班牙，菲律宾被割让给了美国，美国支持下的殖民政府实施语言同化政策，强制推行英语，直到1935年菲律宾成立"自治政府"。1942—1945年，日本占领了菲律宾，其间以日语作为主要的官方语言。1946年菲律宾独立后，虽然通过立法确立了菲律宾语的官方语言地位，但美国至今仍控制着菲律宾的政治、经济与文化，包括语言。

事实证明：殖民者无不希望长期统治被殖民国家，而使被殖民者忘记民族身份，认同殖民者的身份，以达到殖民的最终目的。因此，殖民者总是想方设法，甚至采取强制手段推行殖民语言，使被殖民国家的语言教育政策成为殖民国语言教育政策的体现和延伸，最好实现一体化，使被殖民地独尊殖民国语言和文化。世界上几乎所有的被殖民国家都曾以法律形式确立殖民国语言为唯一法定官方语言。荷兰殖民下的印尼，西班牙殖民下的菲律宾，英国殖民下的新加坡、马来西亚、沙特阿拉伯，法国殖民下的越南、柬埔寨，葡萄牙殖民下的泰国等都是如此。苏联解体后各国民族语与俄语之间的冲突，以及"去俄语化"过程中引发的各种民族矛盾与冲突，与殖民、被殖民国之间的矛盾冲突性质是一致的，起决定作用的，都是国家民族利益的博弈。

不容否认，殖民国家在政治、经济、文化方面往往优越于被殖民国家。即使对殖民者充满家国仇恨，但作为被殖民国家的弱国子民，其中的先进分子仍会从被殖民的事实中认识到殖民国家的优势,包括语言,如曾经的中国知识分子就提出"师夷长技以制夷"。虽然他们是基于摆脱殖民的目的学习殖民国的语言、文化、科技,但客观上也对殖民国的语言和文化在被殖民国的推行,起到了推动作用。而殖民者也往往通过教育、培养被殖民国的先进分子成为推行殖民国语言的先进分子,训练理解和崇仰宗主国语言和文化的学者,从而实现双方合力,以启蒙、教化的名义,为殖民国语言在被殖民地的推行铺路搭桥。天长日久,在被殖民地就会形成一个习以为常的语言生态环境:在被殖民地,殖民国语言往往意味着精英语言,被殖民地的当地民族语言则常常是日常生活语言。被殖民地的子民要从普通人成为精英,语言就是通行证。

三、"一带一路"沿线国家都视语言为国家尊严、文化身份的象征,都有程度不同的语言危机意识

语言是国体的象征。虽然各国发展历史不同,语言遭受破坏的程度不同,但无不通过国家立法确定本国民族语言为国语或官方语言(有的是单一国语,有的是多种国语),并千方百计保护本国各民族语言。尤其是遭受过殖民的国家,往往视语言为国家独立与否的标志,在语言政策的制定上,常常带有鲜明的民族色彩。如阿联酋以宪法规定阿拉伯语为国语,但鉴于在教育领域和公共交际场合作为官方语言之一的英语取代阿拉伯语的趋势越来越明显,阿联酋政府和学者深为忧虑,视英语为阿拉伯语的危机,于是竭力维护阿拉伯语的官方和社会地位,如规定大众传媒、公共服务领域必须保证标准的阿拉伯语与英语并存,反对以拉丁字母拼写阿拉伯语或以阿拉伯语字母拼写英语。而沙特则明文规定:公立学校的教学语言只能是阿拉伯语,政府、私人机构工作人员工作用语只能是阿拉伯语;公共领域的标志、题词只能用阿拉伯语。土耳其则发起了净化土耳其语的全民运动,把语音、词汇、语法里的外国语言成分都剔除干净。

"二战"后,先后独立的东南亚诸国对民族语言的认识无比深刻,视为民族国家的象征,所以都竭尽全力采取国语优先政策,在英语作为通用语的背景下,通过

立法确立国语的官方语言地位,推动国语的普及。如印度尼西亚1945年独立后提出"一个国家、一个民族、一种语言"的口号,以印尼语为国语,取代荷兰语的地位。马来西亚则采取渐进手段,从马来语与英语并重逐渐过渡到独尊马来语,1957年以宪法规定马来语为官方语,学校教学也只能用马来语,所有方言学校都被取消。泰国政府认为语言事关国家安全和民族融合,实行以标准泰语为官方语言的单一语言政策。菲律宾则自1970年起将民族语言加禄语作为教学语言。柬埔寨、新加坡也通过立法形式,规定了国家官方语言文字。

语言危机意识促使各国注重加强保护民族语言,其目的是维护国家统一,传承民族文化。但事实证明,若处理不好本国不同语言之间的关系,语言问题则会引发新的民族问题。

四、"一带一路"沿线国家语言多样化

语言多样化是世界各国语言生态的常态,但各国政府对待语言多样化的态度却并不相同。华文教育作为各国多样化语言生态中的一棵大树或小树,从中获得的发展养分和空间也不同。

"一带一路"沿线国家都是多语言国家,而且很多经历过被侵略、被殖民的历史,所以,先后经历过殖民政府强制推行殖民语言以及国家独立后强制推行民族语言的历史,两种"推行"虽然出发点不同,但性质相同,即推行单一的语言政策,通过语言单一实现民族同化,消除不同民族的差异,强求一个国家一种语言一种文化。但这种违背语言文化发展规律的做法,最终都归于失败,且严重阻碍了国家的经济和文化发展,甚至造成政治动荡,民族分裂。

20世纪末以来,世界一体化的发展趋势使"一带一路"沿线各国都普遍意识到文化多元、各民族平等对国家统一、民族团结的重要价值和意义,逐渐从狭隘的文化民族主义发展为文化多元主义。基于这样的认识,沿线各国不但积极推动国内各民族语言文化的平等发展,而且为世界范围内语言的交流与传播,创造了积极的社会文化环境。如东帝汶政府就采取了尊重语言多样化的政策,既通过立法确定官方

语言，同时也允许各民族合法使用本民族的语言。另外，政府还提倡"基于母语的多语言教育政策"，允许基础阶段的教学使用地方语言，然后逐步过渡到以官方语言教学。菲律宾目前共有11种语言，100多种方言。政府通过立法推行"基于母语的多语言教育"，各民族语言都可作为教学语言。但实际上，菲律宾语言教学的主干是"英菲并重"，加强菲律宾语、英语的教学，其他民族的语言仍只是辅助教学语言。而在柬埔寨，宪法只保护作为官方语言和国语的高棉语，其他语言并不受保护。马来西亚则采取国语与英语并重的语言政策，只给少数民族语言一定的使用和发展空间，包括华语和泰米尔语。

21世纪以来，日益开放、多元的世界体系让各国日益认识到语言的经济价值、战略价值，认识到本国的每一种语言都是重要的战略资源和文化外交资源。鉴于此，各国对语言多元化越来越持包容、支持态度，并在向世界推广本国语言的同时，也为其他民族语言的传播提供支持。汉语与中华文化的教学在这些国家得以复苏和发展，这与中国自身的语言多元化发展观和综合国力提升相关，最重要的是这些国家改变了单一的语言政策，而倡导多元语言共存发展的政策。

五、"一带一路"沿线国家语言矛盾复杂，国语（官方语言）与方言矛盾日益激化

当一国政府宣布本国内的某一种民族语言为国语或官方语言的同时，实际上意味着这种语言具有了统治者身份，具有了通过法律强制推广的合理性和合法性，但实际上也对其他方言构成了压制和挑战，矛盾天然存在。若处理得当，官方语言和其他各方言可和谐相处，共生共存；否则，就会构成对立，甚至成为民族矛盾的导火线，引发战争。

客观地说，因为地位的不平等和资源占有度的不平等，官方语言与其他方言的实际发展路径和命运并不相同。所以，从政府层面，在保证官方语言的权威性的同时，必须制定切实的制度和措施：一是使官方语言适应社会生活的需要，使不同语言的人能便于学习和接受，这就需要制定科学合理的教育体系；二是保护处于弱势

地位的各种方言，提供必要的资金，允许方言作为国民教育体系内的教学语言之一，允许具有独特民族语言特色的学校的存在和发展，尽力消解官方语言和方言之间的矛盾。另外，从构建健康的语言生态出发，要促进不同方言之间的融合，提倡"大华语""大阿语""大法语"等概念，使各民族语言并轨到同一发展路径，以占据政治、文化优势的官方语言带动方言教育和传承，在社会生活空间为方言保留使用空间和发展空间。

国语与其他方言的矛盾，集中体现于教育。任何一个民族都重视通过教育传承民族语言与文化。因此，处理好教学用语问题，是解决语言矛盾的前提和关键。不同国家对这一问题的认识有先有后，程度有高有低，但在世界一体化的今天，各国对语言矛盾性质的认识，越来越趋于一致：不解决好民族语言矛盾，必会影响国家稳定与发展。如东南亚诸国纷纷独立后，无不深刻认识到语言是国家统一和民族身份的象征，进而强化民族语言的社会作用；无不从教育入手，确立本国民族语言在文化、教育和大众媒介领域承担民族文化传承的责任，根除教育上的殖民色彩，使本民族语言成为政治、经济、文化、科技、国际交流中的重要语言。

印度尼西亚、菲律宾、马来西亚独立后都先后颁布教育改革法令，推广民族语言。阿联酋则于2014年11月25日通过了"内阁关于加强阿拉伯语地位的政策"，制定语言政策，规定所有企业、商店都必须使用阿拉伯语交流，并增加财政投入，加强在高等教育中进行阿语教学与研究，推动阿语在网络等新媒体中的使用，并希望最终能在所有正式生活领域以阿拉伯语取代英语，以保护穆斯林文化的纯正和政治统一。

官方语言的客观存在，以及国民教育中教学语言的规定性存在，造成了官方语言和日常生活语言之间的分离，使标准语言的掌握程度和使用程度成为阶级身份的标志，这客观上对社会和谐也造成了影响。官方语言一般是体系规范、研究系统的语言，不经过系统的教育无法掌握。如在阿拉伯国家，说标准阿拉伯语的一般是受过高等教育的社会精英，没受过教育的普通民众则主要使用阿拉伯口语或方言；官方媒体，如电视、报纸、网站则使用标准的阿拉伯语，读者对象主要是社会精英，而针对普通民众的流行媒体则多采用口语或方言。在菲律宾，社会精英讲英语、西班牙语、标准菲律宾语，而普通民众则讲口语和方言。这种状况在各国都是普遍存在的。犹如"孔乙己是站着喝酒而穿长衫的唯一的人"。长衫与其嘴里的"之乎者也""多乎哉，不多也"一样，都是不能轻易抛弃的身份标志。"一带一路"沿线国家语言的阶级性，也是这样的客观存在。

语言的"阶级性"依然存在。国家通过立法形式强制推行国语，对国语的政治、社会地位的稳定的确起到了决定性的作用。但因为国语的确立意味着其他民族语言的方言化，事实上造成了不同民族语言之间的不平等，客观上造成了民族矛盾，进而会影响到国家的整体发展。以新加坡语言政策为例，新加坡独立后确立马来语为国语，而不是占总人口四分之三的华语，主要是担心若以华语为国语就会激化其他族群对华人的仇视，造成国势不稳；后来英语所代表的经济实力成为新加坡发展所依赖的力量，新加坡政府又通过立法将英语确定为其他语言不可替代的通用语；20世纪70年代，随着中国的发展，新加坡又将国内的华语方言统一为普通话。这种与时俱进的语言政策，都是基于学习者的客观需求，实际上也给新加坡带来了和谐发展和经济腾飞。

一种语言要获得持久生命力，就必须深入人心，变成学习者的内需。因为只有学习者通过学习某种语言而获得个人及其家庭、群体的更多、更大的发展空间时，这种语言才会获得学习的自主性和自驱力。

目前，越来越多的国家已逐渐意识到双语或多语政策的必要性。这为汉语的国际传播营造了良性的环境。

鉴于此，要在"一带一路"沿线国家传播汉语，助力所在国的经济发展是汉语传播的前提，只有这样，汉语才能成为沿线国家学习者获得更好的机会、机遇的工具，中国推广汉语的外力才会转化为学习者的内因。汉语传播的力度和幅度似乎在汉语本身之外，但实际上汉语才是决定这种力度和幅度的根本，因为只有学习汉语的人才能获得更好的机会，获得机会之后的汉语学习者才会发挥学习汉语的积极主动性并成为汉语传播的载体和主体。但因为汉语学习者并不能一开始就认识到这种因果关系，所以，汉语国际传播一开始还必须以"推"为主，待学习者具有了学习主动性，则以"推"为辅。在一些国家，汉语已经纳入当地国民教育体系，也是这种由"推"到自主需要的自然结果。

六、"一带一路"沿线国家都重视本国语言的国际传播

一国语言的国际传播也是一国国际形象、文化和价值观的国际传播。语言战略是一国经济文化战略的基本环节。世界各国都意识到语言是一种战略资源，所以都采取各种方式推广本民族的语言和文化，形成语言传播的百舸争流局面。

20世纪30年代，英国成立英国文化委员会，作为向海外推广英语的准官方机构，并服务于改善英国的国际形象，维护英国的国家利益。1883年，法国创建了法语联盟，迄今在全世界138个国家有1140多个培训机构。德国则通过建立歌德学院实现德语、文化的国际传播。目前，世界上有11万所学校固定开设了德语课程，1380万中小学生定期学习德语。阿联酋则通过建立翻译学院和阿语教育学院传承阿拉伯语，并在海外建立阿语推广机构，推动阿拉伯语的国际传播；同时设置阿语语言文化传承和传播方面的专项奖励，支持非母语学生学习阿语。沙特阿拉伯则于2013年成立了"阿拉伯语国际服务中心"，推动阿拉伯语和伊斯兰文化的世界传播，每年在不同国家举办"阿拉伯语月"系列活动，而其首届活动就选择了在北京语言大学举办。

各国语言文化的国际传播都与政府的主导和推动密切相关。如英语在全世界的传播源于英国的殖民扩张，美国的崛起则进一步扩大了英语的国际传播广度和深度。法语、德语的世界传播也基本遵循同样的规则。汉语言文化的国际传播应基于自身的现实需求和战略目标，扬弃世界各国语言文化国际传播的经验和教训，探索构建为世界所了解和理解的汉语言文化国际传播的"中国模式"，形成可资世界语言文化国际传播借鉴的"中国经验"，这是汉语与中华文化走向世界的体制保证和质量保证。

七、年轻群体是"一带一路"沿线国家语言传承与传播的重点

互联网时代的青年人不只属于一个国家,更是属于同一个世界,因此,"民族"色彩往往成为他们为融入世界而要竭力抛弃的"色彩",其中就包括民族语言。信息化时代的"信息语言",包括网络用语,日益成为以便捷使用为语言使用准则的年轻人沟通交流的工具,甚至以技术符号取代语言符号成为年轻人使用母语的常态。天长日久,这必将导致他们的民族语言观越来越淡化,更谈不上规范化意识了。

但从另一个角度看,年轻人语言应用的这种世界趋同意识,尤其是"攀龙附凤"的语言使用习惯,却也为经济强势国家的语言国际传播奠定了心理基础。而出于职业化考虑,非发达国家的年轻人也更注重学习发达国家的语言和文化,相对忽视母语的学习,更不重视母语的存亡。如在柬埔寨,英语在各种语言中的地位与日俱增,成为大学生就业能力、社会等级的一项指标,也是国家和个人软实力的象征。柬埔寨独立后,大学教学语言一直以民族语言为主,并不太重视英语教学。而对柬埔寨的年轻人来说,英语能力是一种世界能力,代表着融入世界。为此,1993—1995年间大学生连续举行抗议活动,要求大学的教学语言用英语,政府最终不得不妥协,同意每星期为大学生提供一定时间的英语学习,学生接受了,虽然仍觉不满足。相比而言,菲律宾政府则以主动免被动,从反对学习英语发展至2003年开始采取了"回归英语"政策,采取各种措施鼓励年轻人学习英语,为学习者,也为国家赢得融入世界的机会。东帝汶是在1999年以澳大利亚为首的联合国维和部队和国际组织进驻后开始以英语作为交际工具的,目前英语已成为东帝汶的工作语言之一,而且影响显然越来越大,在年轻人中间尤其流行。

八、英语成为世界各国民族语言保护与传承的最大挑战

英语在现代科技领域和国际事务中的应用率高于其他语言。"一带一路"沿线国家都受到国际语言尤其是英语的冲击,以及少数民族语言逐渐消亡的问题。

英语并不是第一种国际语言,拉丁语、法语都曾风行欧洲,影响世界。自文艺复兴开始，英国的文学、艺术日渐繁荣，成为世界的文明中心，而要读懂这些文学艺术作品，就得学习英语。而英国海外殖民地的扩张，则是英语快速成为世界语言的快速通道。但当今世界，英语的世界化则主要依托于英语国家的经济发展、科技文明，尤其是互联网技术。不懂英语，就无法获得世界上最先进的科学、信息，就意味着落伍。

在全球化时代，英语成为事实上的国际通用语，对国家和个人来说，学习英语都有助于赢得全球发展的机会，在经济、文化和国际交流方面受益。对很多曾是英国殖民地的国家而言，英语从殖民时期就代表着机会、财富和地位，英语在当今世界全球化和世界信息技术和交流方面的使用价值，也使各国政府无法忽视英语的地位，都或被动或主动地推动英语学习。作为英国的殖民地，马来西亚独立后于1967年颁布了《国语法令》，取缔了作为教学媒介语的英语。但1990年以后，马来西亚要发展成现代化国家，开始意识到英语的价值，政府于是又制定新政策以维护英语独尊的地位，并要求各学校以英语进行教学。新加坡独立后经济发展迅速，加入世界贸易圈的愿望强烈，要实现将新加坡发展成国际金融中心和交通枢纽的目标，就得掌握世界语言英语。为此，新加坡政府通过宪法调整了语言政策，确立了四种官方语言，但以英语为首，即新加坡人必须都懂英语，然后至少再掌握其他三种官方语言之一，即所谓双语制。实际上，这就等于把英语变成了法定的官方语言，原来的第一官方语言马来语反而成了少数族群语言；华语虽然也是官方语言之一，且世界地位越来越高，但与英语相比，难以望其项背。新加坡政府还采取自上而下的集中推广行动，有序实现全国的英语普及，如1987年推广的"人人讲英语活动"，要求1990年后所有高校都必须用英语上课；2000年还在全国推广"讲标准英语活动"；等等。这些决策和推广活动效果显著，越来越多的新加坡华人家庭的唯一用语都已经是英语了。这种典型的语言实用主义，却给新加坡带来了实际利益：加快融入国际社会，赶上了经济全球化的步伐。

越南、泰国、独联体各国等对英语的重视程度也都很高。推行语言净化运动的土耳其，最终也只好主动回应英语全球化的影响，通过语言教育规划将英语纳入学校必修课程体系，将英语置于更高的地位。而在阿联酋，虽然宪法规定阿拉伯语是唯一官方语言，但从幼儿园到大学的教学语言实际上是英语。而在政府工作领域、大众传媒、公共服务领域，阿拉伯语与英语基本平分秋色，而且目前越来越明显地表现出英语会取代阿拉伯语之势。

世界经济一体化决定了英语的全球地位，回避和拒绝都不会成功。各国必须在英语和本民族语言之间找到一个平衡点，将本民族语言的学习和使用与英语学习和使用并重，形成相互补充、优势互补的语言生态，而不要人为制造障碍，甚至限制。

英语在世界各国的影响及引起的语言冲突，基础是全球化与本土化的冲突，而这种冲突是世界关系的常态。一个国家对待英语与民族语言冲突的态度，决定着一个国家开放与保守、向内与向外、融入世界与故步自封的矛盾，而这种矛盾，恰恰又不是任何国家权力所能自主决定的，世界的一体化决定了这种矛盾是不以人的意志为转移的。所以，英语与各国官方语言的矛盾，也是不能单靠政府决策和政策所能避免和解决的，更不能依靠政治、军事力量，因为就语言的传播而言，经济的影响最大。政治、军事力量虽然能暂时维持占领国语言的地位，但最终只会强化被占领国人民对占领国语言的仇恨。所以，要抵制英语的影响，唯一的办法，就是加强国力建设，提高本国国际地位，以此推动本国语言的世界使用率，推倒本国国语与英语之间的墙，在借力英语及英语所代表的各种力量的基础上壮大自己，也壮大本民族语言的力量，进而让本民族的语言像英语一样也成为其他国家忧虑和纠结的"威胁"，也让其他国家重走自己走过的老路，反过来推动自己国家经济力量的提升。在这样的反复的斗争、扭结中，不同民族以及其语言，都能实现一次次的跨越式发展。

语言是国家实力的象征。当初伴随着英国的崛起，英国资本的全球化，英语作为交流工具也在经济领域发挥着巨大的影响力；而英国政府也有意识地通过推广英语而传播其文化价值观念，进而潜移默化地影响和改变着其他国家和地区的生活方式，开拓新市场，带动本国经济的发展，并不断提升本国的国际地位。

历史证明，只有政治和经济发达地区的语言和文化才会对处于相对落后地位的语言和文化产生强大的辐射与影响，并且基于客观的市场需求，通过主观推动得以实现语言和文化的传播。在世界上占据强势地位的西方语言和文化，都有过快速传播的历史机遇期，由此导致的西方中心主义，不但表现在经济、技术和政治方面，也表现在语言、文化和价值观方面，而且至今仍在影响着世界的文化格局。

随着国际地位的提升，中国也日益重视和加大了汉语言文化国际传播的广度、深度和力度，形成了全球"汉语热"，但相对于中国经济的快速发展，中国在文化国际化方面，与中华文化强国的目标还存在着很大差距，与世界发达国家还存在着巨大的"文化贸易逆差"，对中国国家形象的塑造带来了消极影响。

九、"一带一路"沿线国家华文教育与所在国的语言政策密切相关

当今世界，任何一种语言要想在其他国家传播，需要具备很多前提条件，主要包括源语国的综合国力，源语国和传播对象国语言政策的支持，语言自身的特点和价值，语言人口等。华文教育在"一带一路"沿线国家的起伏发展，与这些基本条件也息息相关。

历史上各国的语言政策曾决定过所在国汉语教学的兴衰。

新加坡1965年独立后，华文教育与使用情况持续下滑。虽然华人人口所占比例最高，但英语却逐渐成为华人最主要的使用语言，其中新加坡的语言政策是关键因素。新加坡推行双语教育，但又确定英语是第一语言，必须掌握，然后才是母语。1978年后，新加坡开展了"推广华语运动"，华语的社会地位有所提高，也推动了华人用华语。1980年，政府停办了南洋大学，新加坡就没有传统的华文教育了；1987年起，新加坡要求所有学生都以英语为第一语言，其他民族语言为第二语言，华文学校也不例外。即使经政府批准可以将华语作为第一语言的华文学校，也必须同时将英文列为并列第一的教学语言。久而久之，华人都以英语为第一用语，汉语则成为其外语了。随着中国经济的崛起，新加坡政府开始调整华文教育政策，于2004年成立"华文课程教学法检讨委员会"，从2005年起在学校实施新的华文创

意教学法，2006年成立"新加坡中华语言和文化基金会"，等等，一系列有利于华文教育的政策的出台，使新加坡的华文教育逐渐恢复，并持续发展。

泰国近现代的华文教育发轫、发展于20世纪上半叶，其中以孙中山指导成立的中华会所1909年创办华益学堂为起点。随后，随着泰国经济的发展，移居泰国的华人日益增多，也就创办了更多的华文学校。但泰国政府为了维护国家统一，出台了一系列限制华文学校的政策，如1918年的《民校条例》、1921年的《强迫教育条例》，要求所有学校都必须用泰文教学。1932年后，泰国政府出台新规定，华语只能作为外语学习，甚至对每周的学习时间都有严格规定。1947年后，泰国政府采取取缔华文教育政策，华校一片凋零，学生数量急剧下降。从1946年到20世纪80年代，泰国的华文学校从500多所锐减至100多所，学生从17多万人锐减至不到3万人。1975年，中泰建交，汉语作为一门外语开始恢复。1978年，为了适应中泰贸易和经济技术合作的需要，泰国政府同意所有商业院校可以开设汉语课。20世纪90年代以来，中国改革开放成果日渐显著，泰国华文教育与汉语教育才真正进入恢复发展阶段，政府也制定各种政策予以支持。1992年2月4日，内阁会议通过了泰国工商界提交的"关于放宽华文教育政策的提议"，泰国教育部解除了对汉语教学的限制，颁布了对汉语教学的新政策，还批准成立了第一家华侨大学。不但华文学校得以复苏，其他各类学校中的汉语教学也越来越热。1998年，泰国高等教育委员会将汉语作为国家高考外语之一。2005年，教育部出台《泰国促进汉语教学以提高国家竞争力的战略规划（2006—2010）》，要求泰国全国2000多所中小学在2008年前都要开设汉语课程。2006年，泰国政府提出"促进汉语教学预算案"，拨付专项资金支持汉语教学；另外还制定了《促进汉语教学，提高国家竞争力战略规划》，要求全国各府都要成立汉语中心，负责所辖地的汉语教学。教育部还制定汉语教师标准、汉语课程质量标准，要求各校研发具有本土特色的汉语教材，强化汉语师资培训，并利用现代科技创办网络汉语教学平台。虽然泰国的华文教育曾长期停滞、断层，但借力于泰国政府一系列政策的驱动，泰国终于形成了如今的汉语学习热。

菲律宾第一所华侨学校创办于1899年，之后一直稳定发展，至二十世纪五六十年代达到高潮。"二战"后，华文教育发展迅速，但从20世纪50年代起，华文教育受到压制。1973年起，政府要求华文学校与菲律宾教育体制一体化，华文只能作为外语课，且每天不超过100分钟。自1976年起，菲律宾政府停止批准成立新的华文学校。华文教育落至低谷。从20世纪80年代开始，菲律宾华文教育开始复苏，汉语作为外语开始在学校讲授。目前，华文教育与汉语教学在菲律宾已经成为政府和民间广泛关注并支持的一项事业，华文学校遍布全国。

马来西亚的华文教育始于18世纪，但发展也并非一帆风顺。"二战"后，获得独立的马来西亚民族意识强烈，开始推行"一种语文，一种源流"的教育政策，华文教育受到压制和排斥。后来为了获取华人的政治支持，以及从中国的崛起中获取本国的发展利益，马来西亚政府开始采取相对宽松的华人和华语教育政策，不但在财政上支持华校，创办各类汉语培训学校，还将汉语列入国民小学课程，在全国推广汉语，鼓励华人和非华人学习汉语，迄今已经形成中国以外华文教育体系最完整的国家。

印度尼西亚的华文教育发展于1905—1920年间，到20世纪30年代形成第一次高潮，华文学校达500多所。"二战"期间，印尼的华文教育受到日本人的蓄意破坏，陷入低谷。"二战"结束后，印尼政府与中国政府关系友好，相应地，对华侨华人的政策也放宽了，使得印尼的华文教育迅速恢复。到20世纪50年代末，印尼的华文学校如雨后春笋，近2000所，就读学生近40万人，其中既有华裔，也有非华裔。20世纪60年代中期开始，印尼与中国交恶，对国内的华人采取了强制性的同化政策，先后出台了一系列针对华人的歧视性政令，关闭了所有华文学校，禁止一切华语出版物出版、销售，甚至要华人改名换姓，抛弃民族习俗、文化礼仪，华文教育戛然中断。在1990年印尼与中国恢复外交关系前，已有85%的华侨华人家庭在家里只讲印尼语，年青一代的华裔后代，只把印尼语当母语。1990年以后，印尼政府逐步放松了对华文教育的限制。自2000年后，印尼教育部将华文教育纳入了国民教育体系，并设立了"全国华文教学综合协调处"，专门协调全国的汉语教学。一些中小学开始进行汉语教学，一些大学创办了与英文系、日文系同等地位的华文系。得力于中国和印尼两国政府的支持，印尼的华文教育发展迅速，各种汉语教学组织、华文学校、培训班、研究会丰富多彩，形成了从幼儿园、小学、中学、大学完整的汉语教学体系。

越南的华文教育始于公元5世纪，兴起于近代，1907年华侨社团创办了第一所华校。"二战"后，越南华文教育受到持续破坏。1950年，随着中越建交，越南的华文教育呈现出了新的时代特色，更成规模，更上层次，更受欢迎。全国华校有近300所，学生近6万人。20世纪70年代越南统一以后，华文教育遭到严重破坏，华校被解散，汉语报纸和汉语影院也多被取缔。1979年过后，越南的汉语教学被推向了绝路。1986年，越南政府实施"革新开放"政策，开始认识到华人在越南经济、社会发展中的重要价值，华人政策有所缓和，华文教育慢慢复苏。1990年，两国恢复正常关系，尤其是随着中国的世界影响力的提升，汉语在越南重新受到重视并呈蓬勃发展之势。政府和民间都加强了汉语教学的广度和力度，华文学校、华语中心比比皆是，开设中文系的大学也越来越多。其中的学生既有华裔，也有越来越多土生土长的非华裔。汉语已成为越南人心目中仅次于英语的第二大外语。

柬埔寨的华文教育繁盛于20世纪中叶，当时全国中文学校有200多所，学生5万多人。1970年起，柬埔寨陷入战乱，导致中文教育停滞20年。1990年以后，随着国内局势日趋稳定，以及政府出台一系列相关政策支持，华侨华人社团组织的财力支持，华文教育逐渐恢复并迅速发展。截至目前，柬埔寨已有近百所华文学校，其中以华人学生为主，但非华裔学生人数在逐年增加。

一斑窥全豹。华文教育在这些国家的发展历史表明，语言的国际传播受制于传播对象国的语言和文化政策，政策决定了语言传播的盛衰荣枯。而一国语言政策的出台，与该国的独立历史、对世界一体化的认知和接受程度密切相关。事实证明，语言政策越开放、包容的国家，政治上越不孤立，经济上越能快速发展，文化上越能兼容并包。在世界一体化的今天，狭隘的民族主义语言政策将会造成国家的孤立和闭塞，也会阻滞本民族和国家融入国际大家庭，也就难以汲取发展的能量。因此，华文教育在"一带一路"沿线国家的发展历史与语言政策的关系，既是一面历史之镜，可鉴一国世界化的发展历程；也是一面未来之镜，可以预测一国未来发展的趋向是宽还是窄。我们则可据以设计一国汉语传播的路径和方法。

十、"一带一路"沿线国家华侨华人构成不均衡，社会地位不稳定，华语使用程度不一

"一带一路"沿线国家华文教育的历史、现状与未来，与该国华侨华人在所在国民族结构中的地位密切相关。因此，了解各国民族状况，是了解和理解各国华文教育历史与现状，并为未来发展制定规划的关键。

"一带一路"沿线国家都非单一民族国家，民族成分都较为复杂，但语言资源丰富。华语作为其中的一种民族语言，使用程度在各国各不相同。

目前，"一带一路"沿线国家都普遍认识到，学习汉语对个人发展和国家发展都有现实意义。汉语已成为英语之外民众学习的主要外语。

在柬埔寨，随着中柬两国关系的友好发展，华侨华人日益增多，并且在经济领域越来越活跃，从而推动了中文成为一种公共领域用语。汉语也成为柬埔寨的媒体语言之一，现有中文报《华裔日报》《柬华日报》《星洲日报》，且有汉语广播。

在马来西亚，华人人口占全国总人口的22.6%，居第二位。华人普遍使用华语，华语也是四种教学语言（马来语、华语、泰米尔语和英语）之一。公立华文小学、华文独立中学以华语教学，在私立小学、私立中学，华语则是教学语言之一。华文大专3所（南方学院、韩江学院和新纪元学校）也用华语教学。另外，非华语授课的很多国民小学、国民改制型中学、寄宿中学也都开设了华文课程，一些师范学院开设了中小学中文教师培训课程，马来亚大学设有中文系、中国问题研究所等。华文媒体种类全，既有10余家华文报纸（《南洋商报》《星洲日报》和《光华日报》为主），也有华语广播，华语电视（国家电视台有华文新闻，还

播放华语电影）。另外，ASTRO卫星电视、公共无线电视、私营无线电视台也都有华语频道。

在新加坡，华人人口约占75.1%，华语是四种官方语言之一，华文学校和英文学校平等相处。华文报纸则有《联合晚报》《新明日报》等。另外，广播和电视也都有华文频道，英语和华语电视节目平分秋色。政府文件以英语为主，也有华语版。但英语地位明显高于华语。英语是新加坡人的共同语言，包括华人。在国际贸易、金融、高级商务活动和现代科技中都使用英语，华语多用在家庭、宗祠会馆和购物场所。当前，为了加强与中国的经济和文化交往，新加坡政府鼓励华人增强本民族的文化认同感和凝聚力，也支持非华裔学习汉语。目前，汉语普通话在新加坡华人间基本普及。

在欧洲各国，华文教育的发展与世界局势的发展变化，尤其是中国自身的发展变化是一脉相承的。因历史上的排华政策，欧洲华侨华人的数量远远少于东南亚各国。但20世纪以来，随着世界格局的变化，华人也开始陆续在欧洲一些国家形成社区，并逐步发展华文教育。随着世界"汉语热"的形成，欧洲一些国家也逐步改变了对待汉语的态度，从旁观者转变成参与者、支持者，使汉语这一迥异于西方语言体系的"神秘语言"，在西方世界得到了越来越多的知音。而"一带一路"倡议的提出，则使沿线国家的华文教育与汉语教学找到了集中爆发点，世界的汉语教学，也出现了"一带一路"化趋势。在白俄罗斯，汉语已经成为非高等教育阶段的五种语言之一供学生选读，另外四种是英语、德语、法语、西班牙语。而捷克作为中国在中东欧地区的第二大贸易合作伙伴，政府也出台一系列鼓励性政策，支持国内的华文教育和汉语教学，举办专门的汉语培训班，商务汉语班，助推与中国的经济合作。塞浦路斯自1971年与中国建交后，也积极推动国内的华文教学，与中国合办孔子学院，鼓励学生和民众学习汉语，了解中华文化。

"一带一路"核心区域诸国的华文教育与汉语教学虽然具体情况各不相同，但基本发展规律是一致的，即受制于国际局势和国内局势，与中国的政治、经贸和文化交流，以及由此造成的各国语言政策的影响。另外，从历史角度看，虽然华文教育在各国的发展都历尽坎坷，但总体趋势是持续发展的。随着中国的发展，尤其是"一带一路"总体设计给沿线国家带来的发展机遇，这些国家的华文教育和汉语教学必将获得越来越良性的发展环境，获得越来越大的发展空间，取得越来越大的成就。

第三节 "一带一路"沿线国家语言文化政策：启示与对策

一、语言安全是国家安全战略的一部分："一带一路"沿线国家汉语传播的挑战

语言文字事关国家安全，在这一点上，"一带一路"沿线国家对语言和文化的认识是一致的。这是我们沿"一带一路"布局汉语国际传播时必须要面对的问题。而如何让各国的语言文化交流服务于"一带一路"的交通建设、基础设施建设、贸易金融互通，是推动"一带一路"沿线国家汉语与中华文化国际传播的首要研究课题，也是需要"一带一路"沿线国家共同努力面对和解决的问题。只有在和平、共存、共赢的原则下，消除汉语传播给沿线国家带来的"不安全"感，把华文教育与汉语传播工作建设成"一带一路"沿线国家语言和文化和谐共存的"和平"平台，以汉语的世界化助推世界的和谐一体化，推动国际理解和共赢，才能更好地解决这一问题。为此，我们在向世界传播汉语时要贯彻"和而不同"理念。

二、语言互通是互联互通的基础

2015年3月28日，国家发展改革委、外交部、商务部联合发布《推动共建丝绸之路经济带和21世纪海上丝绸之路的愿景与行动》，将"互联互通"作为"一带一路"建设的关键和主要内容。

古代丝绸之路就是互联互通的典范。习近平指出：

自古以来，互联互通就是人类社会的追求。我们的祖先在极为艰难的条件下，创造了许多互联互通的奇迹。丝绸之路就是一个典范，亚洲各国人民堪称互联互通

的开拓者。

今天,我们要建设的互联互通,不仅是修路架桥,不光是平面化和单线条的联通,而更应该是基础设施、制度规章、人员交流三位一体,应该是政策沟通、设施联通、贸易畅通、资金融通、民心相通五大领域齐头并进。这是全方位、立体化、网络状的大联通,是生机勃勃、群策群力的开放系统。(联通引领发展 伙伴聚焦合作——习近平在"加强互联互通伙伴关系"东道主伙伴对话会上的讲话,2014年11月8日。《人民日报》,2014年11月9日)

其中的"民心相通",就是"一带一路"建设的社会根基。要达成"民心相通",就要传承和弘扬丝绸之路的友好合作精神,广泛开展文化交流、学术往来、人才交流合作、媒体合作、青年和妇女交往、志愿者服务等,从而为深化双多边合作奠定坚实的民意基础。①

《圣经·旧约·创世记》第11章有这么一个故事:人类要造一座能通往天堂的高塔,因说着一样的语言,协作顺利,塔建得很快。上帝发觉了人类的计划,并感到恐惧:要是人类能修成通天塔,以后就无所不能了。上帝让人类语言彼此不通,相互难以沟通,分散各地,通天塔建造计划失败。这就是巴别塔之困,也是语言之困。

这个故事说明:要齐心协力完成一件工作,语言互通是基础。没有语言互通,就没有不同国家、民族之间的人与人之间的沟通与交流,没有人与人之间的沟通与交流,就谈不上民族、国家之间的交流与沟通。"一带一路"的互联互通,首先应该解决的就是语言互通之困,语言的交流与合作,是"一带一路"的沟壑之桥,江河之桥。逢山开路,遇水搭桥,语言则是其基础材料,也是路基。在这一点上,沿线国家的认识是一致的。如阿拉伯国家联盟副秘书长本·哈里说:"丝绸之路是中国与阿拉伯世界之间的通商通道,是不同文明、文化间沟通交流的桥梁和渠道。"

---

① 《推动共建丝绸之路经济带和21世纪海上丝绸之路的愿景与行动》,2015年3月,网址:http://news.xinhuanet.com/gangao/2015-06/08/c_127890670.htm。

也门通信部前部长、前驻华大使穆阿里米也说："丝绸之路经济带是一条真正的人文之路,为发展中国家带来了利益。赚钱并不是国际贸易的唯一目的,各国更应该通过贸易建立一种人文关系,找到利益的契合点,关注不发达国家的关切,而这也恰恰是当前国际贸易中缺乏的人文价值观。"约旦前首相马贾利的看法是:"中国倡议的一带一路……通过密切语言、文化和文明等领域的交流突出人与人之间的关系。"①

的确,一个民族、一个国家的文化,主要通过语言进行传播,掌握了一种语言,就是掌握了了解一国文化的钥匙。"一带一路"是中国倡议的,中国应发挥主导作用,其中就包括推动"一带一路"沿线国家的汉语与中华文化传播,让越来越多的人掌握汉语、了解和理解中华文化,这对推动沿线国家了解和理解"一带一路"倡议并积极参与到"一带一路"的共建中来,是非常必要的,也是一项基础性的铺路工程。

那么,如何推动"一带一路"沿线国家的语言互通呢?

(一)成立"一带一路"通用语协同中心

"一带一路"沿线国家语言决策机构应通力合作,达成共识,成立"一带一路"通用语协同中心,以各国语言的国际影响力和使用人口为基准,本着各民族语言平等、和谐共存的基本原则,通过汉语在沿线国家的有序传播,逐步形成一个各国家语言公平使用的"一带一路"语言体系。这一体系将以语言运用者自我选择为主,以方便交流和日常生活为准则,不强势推广或指定使用某一种语言,保证"一带一路"通用语多元化。

"协同中心"应加强对"一带一路"沿线国家的语言文字、语言政策、语言政治、语言经济、语言风俗等方面的研究,并将这些研究成果有计划、有步骤、多语种地出版、发行,加强"一带一路"国家之间的相互了解和理解,为其他领域的合作铺一条平坦之路。

---

① 《"一带一路",深化中阿合作新契机》,《人民日报》,2014年6月5日。

"协同中心"应充分运用现代语言技术,搭建语言与科技互通的平台,使语言互通更加便捷、直接,也使互通渠道实现层级化、立体化。

(二)根据"一带一路"沿线国家的语言需求,培养中国的多语种人才

中国的近现代史,实际上也是中国的近现代开放史,最早的发端,就是一批学贯中西的学者基于西方语言的影响而发起的白话文运动,以语言改革动摇了中国传统社会的文化根基,进而推动中国的现代化发展。

新中国成立以来,外语学习一路坎坷,命运多舛。"不会ABC,照样当接班人"的思想曾影响了中国多年,懂外语等同于里通外国,谈之色变。中国实施改革开放后,外语重新成为国家和个人提高综合能力的媒介,外语学习逐渐成为与语文、数学一样重要的课程,甚至在很多国人的心目中,外语的重要性超过了语文。从积极的一面讲,这助力了中国的改革开放;从消极的一面讲,这也造成了中外文化交流的逆差。

目前,全世界仍在使用的语言有6000多种,但进入中国大学本科专业目录的外语语种还不到70种。而这些外语在国内的"实际待遇"并不平等,而是"贫富不均",资源配置不平衡,结构失衡。英语,以及德语、法语、日语等一些大语种普遍受重视,社会重视,学校重视,学生也重视。而其他小语种,则"门前冷落鞍马稀",获取的资源匮乏,招生计划数、报名人数、毕业生对口就业率等都较低。

目前,"一带一路"沿线国家的国语、官方语言等大约就有50余种,而每个国家又都有丰富的民族或部族语言,但实际上,目前列入我国教学体系的"一带一路"沿线国家语言仅有20余种。这些国语、民族语言是最能沟通心灵的语言,是通心、通情之语。而在我国的人才培养体系内,长期以来主要关注欧美大语种人才的培养,而对"一带一路"沿线国家语言人才的培养十分欠缺,可用之才难以满足"一带一路"沿线国家的语言服务要求,问题迫在眉睫。

相对于"英语"等联合国通用语言,"一带一路"沿线国家语言很多属于非通用语言,而非通用语种人才培养周期长,相对成本高,就业范围窄。因此,必须由政府根据"一带一路"倡议对外语人才的实际需求,科学规划,统一配置资源,针对不同国家、不同领域、不同层次的人才需求,调整培养布局,改革培养模式,优化培养体系。中国高校和相关培养机构应科学设置相关外语专业,培养急需外语人才,提高培养质量,尤其是小语种人才;多管齐下,充分发挥社会语言培训机构和涉外企业的作用,定点培养"一带一路"建设急需语言人才。这些人才既包括高端研究型外语人才,也包括既精通国语、官方语言和主要民族语言,又熟悉各国政治、经济、文化、制度的语言专业人才,还包括应用型的、能进行基本的语言和跨文化交际的非外语专业人才的能力(即"语言+专业复合型人才")。对这些人才的培养,既要加强语言学习,又要加强国际规则、商贸沟通、信息技术处理能力的培养。

三、加快在"一带一路"沿线国家布点汉语教学与中华文化国际传播基地

"一带一路"首先是经贸合作之路、文化交流之路,其开放性和务实性为汉语与中华文化国际传播带来了新机遇,甚至连路径都规划好了。但"一带一路"沿线国家语言生态、语言政策、历史矛盾等的复杂性,使得沿线国家的汉语传播情况并不乐观。实事求是地说,沿线国家汉语传播的准备不足,发展不够,规划不到位,距"一带一路"对语言铺路的要求,差距很大。

华文教育与孔子学院作为汉语与中华文化国际传播的两条主干道,必须立足于"一带一路"的规划,变挑战为机遇,进一步合理布局,增砖添瓦,谋划新局,再开新篇。

以孔子学院为例,目前,"一带一路"沿线国家的孔子学院数量与"一带一路"发展愿景不相符合,覆盖率低,而且不均衡,还有很大的发展空间。

"一带一路"沿线国家孔子学院主要集中在经济比较发达的国家,如俄罗斯、泰国、印度尼西亚、波兰、乌克兰、菲律宾等,而中国能源主要进口国家如沙特阿拉伯、伊朗等,孔子学院都严重不足,有的国家一家都没有。而"一带一路"倡议则是与各沿线国家平等相处,协同发展,均衡发展,这就要求孔子学院的布局,也

要与此一致，尤其要与"一带一路"的产业合作格局保持一致，重点在中亚和西亚目前孔子学院力量较弱的区域，以及对维护中国国家安全极其重要的中西亚国家。截至目前，我国在中亚地区仅开设了9所孔子学院，且分布不平衡，如塔吉克斯坦和乌兹别克斯坦都只有1所孔子学院，根本无法满足该国汉语学习的需求。在"丝绸之路"经济带的建设中，汉语国际教育肩负重任，应该在中亚建立更多的孔子学院。另外，保持东南亚国家华文教育的既有优势，巩固现有孔子学院的汉语传播成果，加强理论研究，提供理论和方法指导。

虽然大多数"一带一路"沿线国家对孔子学院持肯定评价，但也有一些国家人为设置障碍。虽然印度社会和民众认识到学习汉语会获得更多机会，但整个印度迄今才建成两所孔子学院。受孔子学院启发，印度还在全球建立"甘地学院"，以提升印度的文化软实力。另外还针对"一带一路"倡议提出了所谓的"季风计划"（Project Mausam）。印度这种"一带一路观"，在"一带一路"沿线国家都或多或少存在着，只不过程度大小不同，或隐或现而已。布局孔子学院，必须正视这种不利因素并积极采取措施。

只要依托"一带一路"的规划，贴近国家战略需要进行汉语资源分配和布局，汉语就能沿着"一带一路"铺就的轨道，走进"一带一路"沿线国家的语言生活，走进世界。

四、设立中国政府"一带一路"专项奖学金和"汉学人才计划"

目前，来华留学生已经出现"一带一路"现象，中国政府应基于"一带一路"倡议规划，设立"一带一路"来华留学生专项教育基金，并争取沿线国家的配套资金支持，以吸引更多"一带一路"沿线国家的留学生来华学习。同时，针对这些专项基金留学生未来服务"一带一路"建设的总目标，在课程设置、文化活动等方面进行专门设计，培养出既懂汉语和了解中华文化，又"亲华友华"的"一带一路"专门人才。这是推动汉语服务"一带一路"未来可持续发展的关键。

五、加强与沿线国家华侨华人和华文教育机构的合作，有效利用当地华文教育资源，深化汉语国际传播的本土化

"宁卖祖宗田，不忘祖宗言。"汉语是海外华侨华人身份认同的主要标志，语言认同则是民族认同的基础，而民族认同则是联系海外华侨华人与祖国的脐带，起着供血功能。

华侨华人是中国推动"一带一路"沿线国家建设的生力军，华侨华人中外文化身份兼具的特殊性，决定了他们在中华文化传播的方法、技巧方面更具在地性。通过华侨华人缓解汉语与中华文化国际传播的张力和压力，软化这一过程中的人为障碍，可以催化以语言交流为基础的经贸合作与人文交流。只有充分发掘"一带一路"沿线国家的华侨华人资源，培育可直接或间接服务于"一带一路"倡议的华侨华人人才，并加强对新生代华人的亲情浸濡。

"一带一路"沿线国家语言和文化生态复杂，华文教育具有鲜明的地方特色，既具有共性，也有明显的差异性。因此，我们在推动华文教育的过程中，一定要坚持"大华语"意识，协调好普通话与华语之间的矛盾，理解和包容华语教育的本土化和地方化特色，并主动推动消解海外华语教学中遇到的语言和文化融入问题。

我们在发展沿线国家的华文教育的同时，可以借助华语教育弱化汉语在当地的"传播"态势，而成为华人住在国更容易接受和理解的一种异态语言和文化，从而有助于消除"汉语威胁论"和"'一带一路'威胁论"。

六、实施"一带一路"沿线国家汉语国际教育专业人才专项培养计划

目前，汉语国际教育人才培养成为解决海外华文教育与汉语国际传播师资的主要途径。汉语国际教育专业人才培养应以提升国家软实力、促进汉语与中华文化的世界化为目的，以培养能够适应海内外汉语国际教育需求的卓越师资为直接导向，扎根生活土壤，立足当代社会，以全球化的眼光，国际化的思维，创新性的行动理念，培养高层次、复合型、理论知识与实际技能有效结合的汉语国际教育专门人才，并不断推动提高人才培养质量，为汉语国际教育事业输送优秀的教学科研骨干和组织领导者。因此，国内外高校和教育机构应根据"一带一路"的总体建设要求，提供针对性的课程和训练，尤其加强沿线国家语言能力和语言应用技能方面的训练，形成以"一带一路"建设需求为目标导向的人才培养创新模式，如中外联合培养，校校合作，校企合作等。

汉语国际教育专业人才的培养对个人教学技能、理论素养、科研能力、知识运用能力和跨文化交际能力的要求都很高，而培养时间短、学生的专业背景差异大，因此，要培养出能适应"一带一路"语言铺路要求的专业人才，就必须科学设计、务实规划、细致挖潜，在学生已有的专业知识和实践技能基础上实现更加优势资源的整合、统一，相互激发，以提高培养的效率和效果。而其中最基础、也最主要的工作，就是全方位科学设计专业课程教学、专业教材建设和跨文化技能系统培训，包括基于专业培养要求和特点，编写最具"一带一路"特色的专业教材，挖掘源自教学实践并能直接用于指导教学实践的鲜活案例，打造最能拓展学生的教学技能和跨文化交际能力的实践平台，即以教材建设为基础，以案例库建设为手段，以创新实践基地为平台，实现"教""学""练"无缝衔接、零时差同步。通过科学设计、循环规划，使学生的学习与实践实现知识集中化、效果最大化、效率最高化，从而形成"教""学""练"三位一体、相互融合、互为补充的自循环人才培养创新模式。只有这样，才可有效克服学生专业学习时间短、实践技能培训时间和领域受限的短板，使汉语国际教育专业人才的培养从效率要时间，从老师教与学生学的无缝衔接要效率，从课堂与实践的相互融合拓展学生的专业技能训练的空间，从而实现学生专业学习与实践技能培养的有机整合，形成专业知识与技能转化的自循环培养系统。按照这种培养模式培养出来的汉硕生，将更能适应汉语国际教育专业实践性强，技能培训优先的培养要求，从而创立汉语国际教育人才培养的新模式。

（一）中外联合创建"准汉语教师实践基地"

相关培养院校和机构应充分发挥孔子学院和华文学校和相关机构的"在地"优

势,在适当的时机,基于"一带一路"沿线相关国家的实际需求,在条件成熟的国家或地区,使汉语国际教育专业人才在基地更直接感受"一带一路"沿线国家的语言和文化特色,以加强针对性的语言适应性培训和文化传播对象意识和技能,在不久的将来,培养出具有鲜明的"一带一路"沿线国家语言和文化特色、能更有效沟通中国与沿线国家语言与文化的"一带一路"汉语师资队伍,并以此推动沿线国家本土汉语师资的培养。

(二)中外联合创建"跨语境模拟教室"

根据学生未来职业对跨语言交际技能的要求,联合海内外(华文)媒体力量,创建"跨语境模拟教室",推动学生在工作实践过程中与不同语言、文化背景的外籍人士进行交流、互动,在熟悉媒体运作机制和能力要求的同时,锻炼语言应用能力和适应能力,获得跨语境交际技能。另外,通过与海外华文媒体合作,可使学生在更宽广的视野中了解华文教育与汉语国际传播的实际,并掌握与媒体互动交流的技巧,这对扩大华文教育的影响,营造汉语国际传播的良性环境,也大有裨益。

(三)中外联合创建"跨文化交际移动课堂"

根据学生未来职业对跨文化交际技能和国际传播能力的要求,与海内外教育机构、文化机构合作,联合创建"跨文化交际移动课堂",使学生走进外籍人士生活工作的具体环境,教在路上,学在路上,边行边学,边走边教,以锻炼自己的跨文化环境适应能力、跨文化交流意识和技能。

(四)中外联合创建"中外文化流动体验室"

根据学生未来职业对中外文化知识的要求,中外合作高校或机构可分别在本土建立"中外文化流动体验室",根据课堂教学和专业实践的具体需要,结合社会文化力量,营造温馨文化氛围,使学生在和外籍人士共同体验中外文化的过程中,体验生动的中外文化元素。

"体验室"可定期举办相关文化知识讲座,使学生加深对中外文化碰撞和融合原因的分析和理解,掌握解决中外文化冲突的技巧。

（五）中外联合开展"中华文化才艺训练营"系列活动

根据学生未来职业对中华才艺技能的要求，基于中外合作双方共享的中华才艺人才和机构的社会资源网络，开展"中华文化才艺训练营"系列活动，组建综合才艺夏令营、冬令营，或专门才艺集训营，如古琴、书法、绘画、剪纸、音乐、舞蹈、文物集训营等，通过现场观摩、专家系统培训、结业演（展）示等方式，培养学生掌握一项或多项中华才艺。

（六）中外联合创建"汉语国际社区"

根据学生未来职业需要深度走进外国社区，教学对象包含大量社会人士的特点，以及汉语国际教育人才"学在课堂、乐在实践、用在生活"的培养原则，中外合作高校或机构可联合共建"汉语国际社区"，把社区建成外籍人士体验中华文化魅力的基地和窗口，同时可使学生们走出狭隘的"象牙塔"，参与和体验中外文化融合的社区生活，把课堂语言知识与生活语言知识生动融合。通过创建"汉语国际社区"培养汉语国际教育人才，将会成为一种生动活泼的汉语国际教育专业人才培养的创新模式。

（七）建立"校—企"双导师制

人才培养质量，教师是关键。鉴于汉语国际教育人才对实践技能的要求高，中外合作机构可把"专业"作为人才培养导向，充分调动双方的人力资源和社会资源，形成一支以传授专业知识和培训职业技能并重为原则，以促进学生知识与能力相融合为目的，"校—企"双导师为核心的导师队伍，不断深化和优化课堂教学与实践教学的效果，借助社会资源，推动学生知识与技能的融合。

七、推动在"一带一路"沿线国家普及"互联网+语言服务+语言教学"教学模式

汉语国际教育如何借助互联网技术获得发展的快车道，是很多人都在积极探索的问题。在技术日新月异的今天，互联网无处不在。当前，汉语国际教学的模式与实际效果都与世界范围内快速增长的汉语学习要求有一定差距，极度缺乏的汉语国

际师资也对传统的教学和培养模式提出了挑战。汉语国际教育，不得不重视效率问题了，而提高效率的手段之一，就是技术。

经市场调研发现，虽然基于Web2.0的网络教学提高了汉语教学的质量，但网络教学仍然面临一定的问题：优秀师资缺乏；学生的汉语学习缺乏社交环境，课堂教学无法有效延伸；学习时间零散化，学习者一般都有自己的学业或工作，不能集中或者固定时间学习；网络教学依赖于设备和室内空间，受空间限制，对学习者难以集中教学；等等。如何打破这些限制，充分运用互联网的服务功能，提高汉语教学的效率和效果，将是未来互联网技术与汉语国际教育结合的关键点和创新增长点。

八、充分发挥"一带一路"跨境语言优势，推动海外华文教育与汉语国际传播

跨境语言是国与国之间感情与文化的纽带，中国作为多民族国家，跨境语言丰富，如何结合"一带一路"建设，发挥沿线国家跨境语言的基础优势，构建以跨境语言为基础，以普通话为标准，有利于汉语传播的语言、文化和社会生态环境，对推动"一带一路"建设和华文教育具有同样的价值。

但总体上看，中国与"一带一路"核心区国家的跨境语言并不活跃，社会影响力也有限，因此，要通过跨境语言融通中国与这些国家的经贸与文化合作，实现语言与文化互认，仍任重道远。

九、发挥"一带一路"沿线国家汉学家的桥梁作用

要向世界说明中国，首先需要沟通的桥梁，一座座用文化编织、用视野开拓、用心浇铸的桥梁。

2012年莫言获得诺贝尔文学奖后，中国政府和社会各界越来越明确地认识到：由外国人用本民族所能接受的表现形式，向世界客观介绍中国，更容易为外国人所接受和理解，这是中国文化国际传播的一种有效形式，也是世界"中国学"的一种主要功能。

"中国学"是中外文化对话的一个平台，如何借助这个平台，将中华文化融入世界，是"中国学"界一直在认真思考、探索的问题。在全球中华文化热的大背景下，"中国学"界目前正从主要关注中国传统的思想、文化、宗教向关注当代中国转变。这是中国文化走向世界的良机，我们应把握好、利用好这个转变，辩证分析，知己知彼，科学研究，合理布局，创新途径，占据主动，在充分保证中华文化作品质量的前提下，有效、适当、适度借助各种力量，助推中国文化走向世界，也让世界自然地成为中华文化的一部分，最终实现无国门的世界化。

世界的"中国学"发展史，实际上就是一部世界中国形象的塑造史，是中国实力在世界上地位的试金石，也是影响着中国走向世界的途径与步骤的重要参考。在"一带一路"倡议驱动下，我们更应该掌握言说的主动权，并借重沿线国家"中国学"研究界，讲清楚、讲好我们的故事。

十、确立"一带一路"话语体系的对外传播原则和基本方式

目前，关于"一带一路"的阐释丰富多彩，对外传播的途径也多种多样。但因为没有统一的话语体系，很多阐释在语气、表达方式方面采取了国内惯用的方式，而没有有效采取国际通用的表达方式，如"一带一路"崇尚和平，我们的阐释却采取了很多军事术语，如桥头堡、攻坚战、战略西进、夺取胜利等，这就让沿线国家自然产生警惕，甚至怀疑，为"一带一路"倡议的顺利实施增加了很多不必要的麻烦。因此，应在对已有的"一带一路"相关研究全面梳理的基础上，对核心词汇进行详细分类，甚至可以采取分级制，明确规定相关词汇的使用范围，尤其是对外宣传时，要有统一的审核机制，统一话语出口，只有这样，才能尽量避免因语言表达而造成的阐释混乱，这不但事关语言尊严，也从语言层面保证了"一带一路"倡议的严肃性，增加沿线国家对"一带一路"的信任度，有利于推动"一带一路"倡议的顺利实施和实现。

另外，为了保证"一带一路"核心词汇对外传播的一致性，应从国家层面规范"一带一路"所涉核心词汇在沿线国家的规范译文，以规范英译为基础，进而规范沿线各国官方语言和主要民族语言的规范译文。

第三章 "一带一路"沿线国家华文教育:现状、问题与对策

"一带一路"沿线国家的华文教育是汉语与中华文化国际传播战略的内在组成部分，而且因为有侨为媒，华文教育的推行与实际效果会事半功倍。"一带一路"倡议的顺利实施，离不开华侨华人的支持，也会推动华文教育在资源配置、机构设置、师资健全、教材整合等方面获得更大的发展空间和更丰富的发展路径。

第一节 "一带一路"沿线国家华文教育：现状

习近平总书记指出：

中华文明有着5000多年的悠久历史，是中华民族自强不息、发展壮大的强大精神力量。我们的同胞无论生活在哪里，身上都有鲜明的中华文化烙印，中华文化是中华儿女共同的精神基因。希望大家继续弘扬中华文化，不仅自己要从中汲取精神力量，而且要积极推动中外文明交流互鉴，讲述好中国故事、传播好中国声音，促进中外民众相互了解和理解，为实现中国梦营造良好环境。

中国梦既是中国人民追求幸福的梦，也同各国人民追求幸福的梦想相通。国家好、民族好，大家才会好。世界好，中国才会好。中国坚持走和平发展道路，是世界繁荣发展的正能量。广大海外侨胞要运用自身优势和条件，积极为住在国同中国各领域交流合作牵线搭桥，更好融入和回馈当地社会，为促进世界和平与发展不断做出新贡献。[①]

"一带一路"倡议的实施，为沿线国家华文教育既带来机遇，也可能加剧其危机。因为复杂的历史原因，世界各国的华人教育一直受到各种客观和主观因素的制约，发展坎坷，甚至屡遭取缔，以至人身迫害。但随着中国经济发展和国力增强，客观上使海外华人获得了来自祖国的直接或间接的支持，提高了华侨华人和华语的地位，使华语在各国社会生活和国际交流中越来越具有通行语

---

① 《习近平会见第七届世界华侨华人社团联谊大会代表》，新华网，2014年6月6日。

价值，也推动各国华语政策越来越宽松，华文教育获得的中外各国政府和华侨团体的支持也越来越多元和丰富。目前，沿线国家华文教育主要呈现以下突出特点。

一、华文教育处于发展机遇期

"打断骨头连着筋，五缘文化根盘根。"

海外华侨华人一直牵挂着党和政府的心，加强海外华文教育也始终是党和国家的重要战略任务和实际工作抓手。海外华侨华人是中华文化"走出去"战略实施的重要媒介和桥梁，既是实施的对象，也是实施的主体。这种特殊的双重身份，使华侨华人在中外文化交流中作用独特，是天然的文化沟通之桥，牵一发而动两端。这对增强世界范围内汇聚各处的中华文化力量，扩大中华文化的国际影响力，向世界讲好中国历史与当代故事，吸引海外华侨华人参与"中国梦"的建设，无疑是一项事关中国国际形象的战略工程。

当前，中国人民正在为实现"两个一百年"奋斗目标、实现中华民族伟大复兴的中国梦而奋斗。在这个伟大进程中，广大海外侨胞一定能够发挥不可替代的重要作用。中国梦是国家梦、民族梦，也是每个中华儿女的梦。广大海外侨胞有着赤忱的爱国情怀、雄厚的经济实力、丰富的智力资源、广泛的商业人脉，是实现中国梦的重要力量。只要海内外中华儿女紧密团结起来，有力出力，有智出智，团结一心奋斗，就一定能够汇聚起实现梦想的强大力量。[①]

海外华文教育与中国发展同忧同喜，同进同退。改革开放以来，华文教育工作日益成为国家战略任务之一，管理体制日益完善，资金支持日益雄厚，资源配置日益科学合理，对侨务工作和华文教育的定位也与时俱进，被赋予新的时代内涵，更具国际视野，更能体现国际规则，更能实事求是。

---

① 《习近平会见第七届世界华侨华人社团联谊大会代表》，新华网，2014年6月6日。

二、华文教育规模逐步增长

世界上凡是有华人的地方就有华文教育。大至学校，小至家庭，有华人繁衍生息，就有华文传承。也就是说，当第一个中国人踏上异国他乡的土地时，海外华文教育就开始了航行之旅。华文教育发展史，实际上就是华侨华人发展史的一个方面。

以中国华侨华人最集中的东南亚为例。早在汉唐时期就有华人移居东南亚，17世纪开始大规模移民。而应运而生的，则是"义学""书院"等华文学校，其中比较有名的如1690年印度尼西亚华侨创办的"明诚书院"，1819年马来西亚华侨开办的"五福书院"等，这些学校以方言为教学语言，所讲内容为《三字经》《千字文》《四书》《五经》，目的是认识汉字，并掌握一些生存技术，如算术等。

时至晚清，国内的维新变法运动兴起后，具有现代教育性质的新式学校出现，这也影响到海外华校。海外华侨也开始兴办新学，华文学校也从私塾一变而成现代的华文学校。如1899年在菲律宾创办的小吕宋华侨中西学校，1901年印度尼西亚创办的中华会馆中华学校，1903年缅甸华侨创建的中华义学等。海外华文教育随后进入了快速发展时期。至1942年，马来的华文学校已有800多所，印尼的华文学校有500多所。华文教育在东南亚呈现出一派生机勃勃的气象。

"二战"是华文教育的分水岭。在东南亚，日本占据时期，推行殖民主义教育，华文教育受到限制。日本战败后，东南亚各国实行民族主义语言政策，华侨大多被归化，加入所在国国籍，华侨成为外籍华人，以华侨及其后裔为对象的华文教育随之也被"归化"，华文授课时数大幅减少，汉语成为一门公共外语课，华文教材由所在国统一编写，华校学生也受到各种歧视。二十世纪五六十年代，一些东南亚国家甚至取缔华校，如泰国在1957年、印度尼西亚在1966年、缅甸在1966年、柬埔寨在1970年、菲律宾在1973年、新加坡在1987年，都通过法律关闭、取缔一切华校或将华校所在国化。这些国家的民族同化政策在把华侨变成华人的同时，也逐渐改变了华人对中华文化的认同，祖籍国成了异国，这对以后的华文教育，也造成了很大的影响。

在欧洲，"二战"前后，华人数量很少，且主要做商贩和劳工，没精力也没财力进行华文教育。整个欧洲，除荷兰华人社团"中华会"1919年创办的一个"中文班"、1930年广东人在鹿特丹创办的"华侨子弟识字班"外，几乎没有其他华文学校。"二战"后，大量华侨华人回国生存，导致欧洲华侨华人数量迅速减少，1955年，欧洲的华侨华人只有1万余人，华文教育基本处于停滞状态，虽有零星"中文识字班"，但总的来说没产生什么影响。

20世纪60年代后，随着中国与欧洲许多国家建交，海外华侨华人逐渐多起来，为了适应华侨华人子女学中文的要求，华侨华人社团开始陆续创办中文识字班或华文学校，但规模都不大，更不成体系，各国发展也不平衡。进入20世纪90年代，随着中国经济的崛起和综合国力的提升，到海外发展的华侨华人数量迅速增加，欧洲各国非华裔学习汉语的热情也日益高涨。欧洲主要国家的华文教育如雨后春笋，迅速发展起来。目前华侨华人创办的各类中文学校有300多所，英国最多，荷兰、法国、德国、意大利、西班牙等国家的华文学校也很多。这一时期华文学校的发展，除了华侨华人的努力外，与所在国政府的支持与帮助也分不开。因为认识到了汉语教育对本国经济发展的重要性，欧洲各国政府基本上对华文教育都持公开支持态度，并提供一定的经费支持。如德国曾有两位总统前后三次为波恩华侨中文学校题词；奥地利国务秘书亲自担任中文学校名誉校长；法国政府鼓励华侨华人通过华文教育保留中华文化之根；荷兰政府、西班牙政府、意大利政府都还提供专项经费支持华文教育。欧洲各国政府的支持，是华文教育发展的动力，当然，这与中国综合国力提升密切相关。

20世纪世界范围内兴起的"汉语热"，与中国改革开放以来经济的迅速发展密切相关。如果没有中国的改革开放，没有中国的经济腾飞，可能就不会促使世界上产生学习汉语、了解中国的需求，可能也就不会有世界范围内华文教育的复苏及当前的蓬勃之势了。伴随着经济的交往，中国与世界各国的文化交流日益增多，世界各国对中国的了解和认识也逐渐客观、全面，汉语成为与中国频繁交流的必要工具，很多国家对待华文教育的政策也逐渐宽松，有的国家还进行立法支持。

取缔华语所带来的汉语人才的缺乏，给那些取缔华语教育的国家带来了难以忘记的教训。痛定思痛，尤其是经济贸易竞争的压力，迫使这些国家调整华语教育政策，不但鼓励恢复华校，而且还在国民教育体系内增加汉语课程，或直接将华文学校纳入国民教育体系。菲律宾、马来西亚、缅甸、越南、老挝等国的华文教育迅速回暖，不但延续了以前华文教育的传统，而且在规模和层次上也越来越"高大上"，越来越形成独立的教育体系，并且在所在国的语言教学中，所占比重和所起作用也越来越大。

华人教育拥有这样悠久的历史，这样密集的分布，星星点点，蔚成浩瀚华文世界，中华文化走向世界，这点点星星，都是可以燎原的火种，只要齐心合力，海外华文教育定能积跬步成千里，积小流成江海；而中国政府和相关机构也要充分认识到每个华人都是中华文化国际传播的重要分子，内外相助，虽事繁而心齐，虽细草而成绿，从而有效助力汉语与中华文化走向世界。

海外华文教育与国内的语文教育、对外汉语教学有某些共同性，但从国家战略层面看，海外华文教育是中华民族根系中一条跨洋越海、绵延不绝的特殊之根，是沟通中国与世界、使中国融入世界的重要途径，所以，被视为海外华侨华人通过学习汉语传承中华文化，保持民族特质的"留根工程"。因此，从中国政府、社会到海内外华侨华人，都赋予华文教育一种特别庄严、伟大的使命感，付出了很多心血，并寄寓了深厚的民族情感和殷切期望。

中国崛起的历史，也是海外华侨华人存在与发展的历史。因国势积弱而冒险去国的海外华侨华人，对祖国的发展强大寄寓更大的期待。历史上华侨华人，也为中国发展的每一步都殚精竭虑，前赴后继，这种血浓于水的感情纽带不仅仅是同根同族的关系，更是在血与火的淬炼中凝结到一起的无法割裂的血肉联系。这是海外华人教育的历史基础，也是未来发展的基石。

改革开放40年，中国开始和平崛起，中华民族的伟大复兴之梦正在一步步变成现实。这是海内外所有中国人共同创造并推动实现的伟大梦想，包括海外华侨华人。海外华侨华人独具的经济、科技、跨文化资源，也是"中国梦"为世界所了解和理解的重要桥梁。

华侨华人身份具有时代性,这种身份的或隐或现,也就是他们与祖国关系,或者说祖国与世界的关系起伏不定的表现。汉语与中华文化国际传播的最终目的,不是要强化海外华人的身份,而是要使他们更本土化,是推动他们融入所在国的文化,直至华人身份的消弭,一如滴水汇入大海。这滴水的文化基因,也就融入了大海,成为世界文化大海中不可见但实实在在存在的文化因子。这也是我们向世界传播中华文化的最终目的:推动世界一体化,实现世界各民族文化和谐、和平。海外华文教育的最终目的,是使华文教育作为一种特殊的教育群体模式,不再成为独特的研究对象。

世界范围内的"汉语热",源于中国对世界的贡献越来越大,汉语成为个人和社会发展的机会工具。而且,华文教育的对象也从华人子弟为主发展到华人子弟与非华裔子女并重,而且后者的比例越来越大,尤其是在东南亚国家,这种现象尤其明显。如在马来西亚的华小就有7万多名非华裔学生在读,中学华文班也有很多非华裔学生。在菲律宾、新加坡、越南、泰国、柬埔寨等国,这种现象也是普遍的。

三、华文教育逐步纳入所在国国民教育体系

最初华侨华人创办华文学校的目的是传承母语和中华文化,但作为各国教育体系内的必要成分,以及华人子弟谋生发展需要,华语学习与所在国国民教育一直在趋于同流,成为你中有我我中有你的局面,使华文教育在保持相对的独立性的同时,也日趋本土化,在教学语言、教育政策、考核标准等方面,都越来越趋于所在国的国民教育。而所在国政府和教育机构也越来越认识到华文教育对提高学生的世界性竞争力和多元文化需求具有独特的价值,可为所在国培养双语和多语人才,因此,也通过政策和法规,将华文教育纳入本国教育体系,如泰国、马来西亚等都形成了从学前教育、基础教育、职业教育到高等教育的整个教育体系。

这样,华文教育为华侨华人融入当地政治文化与经济生活的需求与政府对华文

功能的诉求就一致了，也意味着华侨华人已经成为所在国国民的一分子。这种演变既是历史的必然，也是日益增强的中国综合国力推动的结果。

纳入所在国的国民教育体系，总体来说，对华文教育是好事，意味着华文教育政治地位和社会地位提高了，但又产生了"削足适履"的效果，华文学校汉语教学的自由度也在一定程度上丧失了，因为纳入国民教育体系的汉语教学必须接受教育部门的统一安排，在课时、教材使用等方面，都得服从学校的统一规定。华文只是课程的一个科目，成为华人子弟的第二语言，成为"对外汉语教学"的一部分了。相应地，华文教学也从以往的补习、培训为主转向规范的学历教育。这说明，华文教育教材、教法等都应适应这一变化而进行必要的调整和改革。

第二节　"一带一路"沿线国家华文教育：问题

一、多语教育体制下华文教育的瓶颈

从长远看，华文教育纳入所在国国民教育体系有利于华文教育融入当地社会文化，使华文成为所在国多语文化生态环境下的客观自然的存在，这对营造华语以及华侨华人的生存空间，推动华语在各国公共领域和国际贸易方面发挥主动或主导作用，无疑是积极的。但在各国国语和英语的压制下，目前华语在多语教育体制下实际上并未成为主导语言，仍只是作为选修外语之一，要实现华语的普及，面临的问题更大。即使华人子弟，当把华语作为第二外语学习时，他们所持的心态和学习汉语的态度，与非华裔子弟并无差异。对外语语种的选择，也首选英文而非华文。对他们而言，华文已非母语，也不存在通过学习汉语维持民族之根的焦虑和必要。而且，在其中一些对华不太友好的国家，华人身份实际上意味着歧视，所以出于身份焦虑，华人子弟也并非如父辈一样对华语满含深情，甚至特意通过华语学习和华人身份表达对民族歧视的不满。有时认识到自己的华人身份反而会造成他们身份选择和社会融入时的困惑，甚至一些华人父母也并不反对子女放弃华文学习，以免让孩子将来在社会上受到歧视。

客观地说，华侨华人对本民族语言和文化都有强烈的学习和传承愿望，但现实就是现实。作为所在国的少数民族语言，华语当然只是一种方言，而且在人口上也不占优势，在主河道旁流淌的小溪，莫不受到吸引而愿融入主流以成其大，所以，融入主流社会的主观愿望，华人也是强烈的。另外还有全球化造成的压力，也使他们在同等条件上优先选择更具有世界性的英语等，华语的独特性也使学习汉语需要花费更大的精力，这就使得华裔子弟难免漠视华语学习，并造成一部分新生代华裔逐渐脱离华文教育，新生代的下一代偏离华文会更远，这是常态，也不必大惊小怪。长此以往，华文教育之前奠定的根基，就会松动。这是我们必须面对且要找到应对措施的现状。

二、华文学习者缺乏主观动力

海外华文教育起点以汉语培训为主，且多由华侨华人自发组织，教育场所、内容、师资、教学方法等方面都缺乏系统和规范，也缺乏科学规划。这种先天不足，虽然后来有所改善，但痼疾仍在，而且目前仍是华文学校普遍面对的困难。因为最初华校教学的目的主要是出于传承民族语言和文化的朴素动机，学生没有凭依升学就业的压力，即使在目前"汉语热"的大背景下，学生在多语制下选学汉语，也缺乏足够的主观动力。如何将华人子弟的华语学习与其个人发展和民族文化身份认同有机结合起来，通过华语学习获得更多个人发展机会，并进而激发民族身份意识，进而通过华人身份获得更多的社会尊重和发展机会，形成华语与个人发展的良性互动，将是华文教育发展的重要研究课题。

三、孔子学院与华文教育资源不均

目前世界范围内兴起的"汉语热"，客观上为华文教育的发展带来了机遇，营造了环境，拓展了空间，但"汉语热"的兴起是基于中国政府的主动推广，如创办孔子学院，但这种推广的对象是外国人，而非海外华人。结果，孔子学院发展越快，影响越大，越挤占华文教育的发展空间，也从华文学校吸引了一些汉语学习者，包括华人子弟。加上孔子学院等汉语国际传播机构和华文教育机构之间缺乏沟通的渠道，更缺乏经常性的合作，甚至造成了两种同一目的的机构相互矛盾的社会印象，对汉语和中华文化形象造成了负面影响，让人遗憾。该如何平衡海外汉语传播的两条主渠道之间的分流所造成的矛盾而形成合流，使汉语国际传播的资源在孔子学院和华文学校之间合理分配，资源共享，形成合力，达成共赢，需要突破很多政策上的局限。但必须找到一个合理的解决办法，这对华文教育的未来发展，是至关重要的，对汉语国际传播这一宏大事业，也是必要的。因此，如何让华人教育更多分享到中国改革开放的成果，顶层设计海外汉语与中华文化国际传播的政府资源的配置机制，使海外华文教育机构和孔子学院相辅相成、优势互补，成为海外中国形象的双子星座，不但是保证华文教育的中华文化之根扎得更深更密的必要条件，也是实现中华民族一家亲、传承中华文化优秀基因的主流渠道之一。

　　孔子学院与华文教育的目的本质上是相同的，都是为了传承中华文化并向世界推广中华文化。孔子学院是要实施中华文化国际传播战略，是要满足世界学习汉语和了解中华文化的需求。而海外华人社会则是推动实现这一战略的主力军和生力军，中华文化走出去的每一步，尤其是筚路蓝缕的初级阶段，往往是海外华人提供场地、资金、宣传、介绍，他们是实实在在的文化载体和传播载体，是汉语和中华文化融入所在国的主要助力。因此，我们一方面要通过孔子学院和海外文化机构主动推动汉语与中华文化国际化，另一方面也更加关心、支持海外华侨华人和华文教育，并借助华侨华人与住在国政府、社会的密切关系，营造汉语在当地传播、生存、壮大的良性生态。

四、华文教育教材缺乏统一标准和大纲

　　中国政府非常重视海外华文学校的教材建设，先后组织专家，根据海外华文教育的现状和教学需要，经过大量实际调研，编写形成了从幼儿园、小学到初中以及一些大学汉语教材的完整体系，内容涉及汉语知识和中华文化知识，同时还充分利用现代教育技术，开发多媒体教学软件和网络学习网站，开发出了具有一定针对性的系列华文教材，如《幼儿华语》《娃娃学华语》《千岛娃娃学华语》以及"通用型"初、高中版《中文》《汉语》；编写了欧洲小学版《中文》、印尼小学版《华文》、柬埔寨初中版《华文》、中亚地区小学版《天山汉语》、澳洲高中班《中文》等；作为华文教学辅助读物，国侨办还组织修订、编写了《中国历史常识》《中国地理常识》《中国文化常识》等文化读物。应该说是比较系统的，而且是保证供应。同时，提供人力财力支持，推动本土化华文教材的研发。

但华文教育本身是复杂多变的，不同国家，甚至不同社区的华文教育，都在"华文"这一总称下，包含着各不相同的特殊性，学习对象、国别语言政策、汉语在华人所在国的使用情况和实际地位、汉语与其他语种之间的关系等都不相同。这些决定了海外华文教育较难使用统一的教材、统一的教学大纲和考核标准。

目前，海外华文教育所用教材堪称"百花齐放"。有简体字版，也有繁体字版；有普通话版，也有方言版；有汉语拼音，也有注音符号……这些教材主要来源地有二，一是大陆，二是台港澳。这些教材的最大特点，就是与华人所在国的汉语学习之间有层"隔"，未能"本土化"，内容脱离海外华人实际，不能反映华人当前真实生活和关注的热点，也没有充分考虑到华文老师的实际教学需要，所以，很多华校虽然得到大陆和台港澳赠送的教材，但主要教学用书，仍得自己编写。而在有些国家，如越南，所有教材、教辅用书都由政府严格管制，若要自编教材，则必须得到教育部的批准，编写的教材经过审核才能出版。而中国大陆和台港澳所赠教材并不是针对越南汉语学习者量身定做的，所以隔膜是必然的。而由越南教育部组织编写的华文教材断断续续只出版了小学生版，初、高中的还没编，教材使用情况就很杂，与小学也难以衔接，各华校之间也无法沟通，更不可能有统一的质量考核标准了。因为没标准，很多华文学校甚至在分班时仅根据学生的学习年限，而不是实际汉语水平。一所学校有标准，但并不能适用于其他华校，而且各华校学生情况不一，也难以制定覆盖所有华校层级的标准，这就难免会影响华文教育的质量。而国务院侨办赠送的教材，也更多是作为一种指导性的内容和标准，提供给相关华文学校作为参照和参考，海外华文学校主要使用的是自编或根据所在国对汉语作为第二语言的要求编写的。

所以，针对华文学校的汉语教材，应该着眼于引导而非指导，着眼于推动而非主动，更不能主导。要提供教学素材而非统一教材，要加强信息沟通而非要求教材流通。

然而，鉴于海外华文教育对统一教材和教学大纲的呼声，中国政府部门应该积极做出回应，并出台建议性大纲和教学质量评估标准，并以此作为提供资金支持和其他资源配置的根据，但大纲和标准必须符合国际通则，且要充分考虑到相关华文学校和机构所在国的特殊法律和国情。不能将国内的教育评估方式适用于华文学校。

"一带一路"倡议的实施，实际上也给华文教育提供了一个汇聚和统一标准的机遇。我们可以根据"一带一路"的倡议设计目标，编写"一带一路"汉语教材系列，围绕"一带一路"沿线国家的基本语言和文化政策，基于"一带一路"沿线国家的汉语与中华文化国际传播的实际情况，在编写相关多语种汉语教材时，在教材中增加"一带一路"沿线国家相关内容，突显"一带一路"色彩，并以教材为核心，编写相关中外文化读物，实现"一带一路"沿线国家通过华文教材达成和谐平等，这对通过华文教育促进"一带一路"建设，推动华文教育与所在国教育的融合与交流，应该都能起到积极作用。

华文教育的目的之一是传承中华文化。教材的中华文化元素对华文教育中的文化传播质量至关重要，而目前海外的华文教材很多因编写和出版年代久远，内容相对陈旧，文化知识点普遍与现实脱节，无法真实反映出当代中国的真实面貌，也就无法使学生通过教材了解到真实的当代中国。另外，由于这些教材更关注语言知识，相对忽略文化知识，所以教材中的文化成分多作为理解语言文字的辅助材料，缺乏逻辑性和系统性，也缺乏文化应有的时代敏感度。因此，华文教育教材必须与时俱进和转型。为此，中国政府和相关部门应联系海内外华文教育专家、一线老师，组织专业研发团队，编写出既符合语言与文化教学规律，包孕中国传统文化的精髓，又能真实反映当代中国社会风貌、文化特色，简便易学、口径适度的应用型华文教育教材。利用最先进的科技手段，开发针对不同层次学生的多媒体课件和辅助教材，研发网络交流平台和远程教育系统，多层面、多角度开发教材的语言和文化价值。同时，利用国内外的文化产业市场，向世界推广。

五、华文教育师资缺口大、合格率低

教育的关键是教师。华文教育因历史原因，最初对师资的语言能力、教学能力和文化传播能力并无严格要求和统一规范，但随着越来越多的国家将华文教育纳入本国国民教育体系或作为第二语言教学，华文教育就有了法律保证，也是汉语学习者升学、就业的途径，这就要求华文教育的师资必须具备专业化的要求，必须满足一系列的知识和技能要求。

目前，全球学习汉语的人数超过5000万，已有100多个国家超过2500所大学开设汉语课程，越来越多的中小学开始开设汉语课程。另外，美国、英国、瑞典、爱尔兰、塞尔维亚等40多个国家和地区已颁布将汉语教学纳入本国国民教育体系的政令。由于生源充足，对外汉语教学师资队伍急剧扩增，其中包括大量非专业出身的从业人员，他们迫切需要通过专业学习，提高专业技能和学位层次，近年来海内外各种社会培训机构不断增加，就是这种需求的产物。但培训机构资质不一，培训师资的师资本身就不够资，加上从业者的商业动机大于服务动机，造成了这一领域的混乱与无序，客观上削弱了师资的培养质量，使相应的专业教师队伍的建设远远满足不了形势的需要。目前合格的对外汉语教师人数不足，拥有《对外汉语教师资格证书》的教师只占从事对外汉语教学工作教师的1/5，师生比达1∶1000，缺口巨大，对外汉语教育师资已成为国家重点建设的人才队伍。

师资缺乏，尤其是合格师资的缺乏，现在已成为"一带一路"沿线国家华文教育发展的瓶颈，这个问题不解决，华文教育在数量和质量上就不会获得实质性的提高，这已引起海内外的广泛关注。

由于很多国家的华文教育都经历过政策式的断层，有的还延续了很长时间，所以，伴随着中国崛起而兴起的新一轮华文教育热潮，师资问题颇有薪火难续之感。华文教育的长期衰落，使华文教师青黄不接，如印度尼西亚自1966年起禁止华文教育，长达30年，曾经的华文教师早已云散。20世纪90年代华文教育复苏时，几乎无师可用，偶尔有老教师回归华文教育讲台，也都力不从心，更重要的是，他们的教学内容和方法已远远不适应新时期的汉语教学要求了。而仓促登上华文教育讲台的新老师，也缺乏必要的教育经历，学历低，甚至有初中生，或初中都没毕业，更谈不上教学法方面的训练，教学质量可想而知。越南的情况也相似，甚至在河内外国语大学这样的语言类大学，汉语课师资都严重缺乏，师生比竟在1：50左右，而且师资自身的学历和职称都不高。另外，现有的华文师资还存在着性别比例失调问题，女老师过多，男老师稀缺，尤其是青年男教师，这对华文教育的质量，也会产生很大的负面影响。而即使这样不足的师资队伍，目前也处于不稳定状态，很多老师时刻准备择良木而栖，认为华文教育从社会地位和经济收入方面看都不是理想的职业。

与之相对应的，则是"汉语热"越烧越旺，师资问题越发突出。如印度尼西亚政府虽然迫于汉语的重要性要在各类学校推广汉语，但苦于师资缺乏，心有余而力不足。从汉语国际传播的角度看，这些都是重大损失。

为了缓解海外华文教育师资的短缺问题，中国政府采取了很多有益的办法，其中最主要的是对海外华文教育师资进行培训，即采取"请进来"和"送出去"的方式，一是邀请海外华语师资来华，组织专家为他们进行专题培训，内容包括基础汉语知识、对外汉语教学技能、教材教法等；二是"送出去"，为了缓和海外华文教师的压力，中国政府不断扩大外派教师规模。但由于文化差异等原因，国内培养的华文教师在适应目的国的华文教学时有一定的障碍，也很难走进国外各类学校，尤其是国外的社会生活之中。

中国政府还组织专家团，到海外华文教育比较集中的国家和地区进行巡回培训，"送教到家"，听众踊跃，备受欢迎。这种形式本身，就成为中华文化海外传播的基本途径之一，拉近了与海外华文教师的距离，让海外华侨华人切实感受到祖国对华文教育的重视。更主要的是，通过这些培训，海外华文教师的语言文化知识和对外汉语施教能力普遍得到提升，进而推动了海外华文教育水平的整体提高。国务院侨办还在海外建立华文教育师资培训示范基地，优先保证资金支持，并面向全世界华文教师评选优秀华文教师和杰出华教人士并予以表彰，团结了全世界的华文教育界，得到了海外华侨华人的热烈拥护。

为了充分发挥已有的海外华文教师的作用并培养本土化汉语教师，中国应加强与各国政府的合作，从主要吸引留学生来华学习逐渐向培养海外本土师资，尤其是在岗老师的职业培训转变，提高已经具有一定的华文教育经验，但在教学理论、教学技能、跨文化交际能力方面尚待提高，或者在学历上尚不能符合所在国的教师学历要求的老师。

事实证明，来华留学生中，即使是汉语国际教育专业的硕士生，真正返回祖国做汉语教师的也很少，大多是选择在祖国或本国需要汉语人才的跨国公司或企业工作，而在政策层面也无法对汉语教育人才的流失进行监管。当然，留学生的这种工作选择对汉语国际传播事业来说也是好事，因为我们需要的就是汉语能日益日常化，成为其他国家的工作语言之一。只是从华文教育的角度看，这种人才流失现象需要我们调整思路。

第三节 "一带一路"沿线国家华文教育：对策

一、开展丰富多彩的文化留根活动

华文教育的目的是凝聚侨心、汇聚侨智、发挥侨力，齐心协力沟通中华文化与世界交流的桥梁。

华文教育的对象和未来是华人后裔，他们也是中华文化之根在海外扎深和延伸的载体和主体。因此，如何通过各种文化亲情活动，让华裔子弟发自内心认同血缘文化，加深中华民族大家庭意识，获得民族身份认同，进而提高学习汉语的兴趣和积极性，是华文教育的组织者和推动者都应思考的问题。目前，国务院侨办为华裔青年举办的中华文化体验活动主要有"中国寻根之旅"夏（冬）令营，包括"海外优秀华裔青少年夏令营""外国人领养中国儿童夏令营""中国民族舞蹈及中华武术夏令营""汉语言文化夏（冬）令营"以及各地侨办举办的地方文化特色的夏（冬）令营等；另外还有文化主题的各种活动，如中华文化大乐园、中华文化大赛、世界华人少年作文比赛、中华才艺交流会演等。这些活动都得到了海外华裔青少年的热烈欢迎，每年都有数万名华裔青少年参加。国务院台办每两年还在北京举办一次6000人的大型集结营，邀请不同国家与地区的华裔青少年齐聚首都，互动交流，亲近祖籍国文化，在海外华人群体产生了良好的影响。同时，国务院侨办还组织艺术团体，节日期间赴世界各地，为当地华人举行慰问演出，并在春节期间与中央电视台合办"四海同春·全球华人新春晚会"，同时举行才艺培训班，名家文化讲坛等，培养海外华人艺术家，受到海外侨胞的热烈欢迎。

二、华文教育应形成众筹经费体系

华文教育需要政府资金支持，这是保证华文教育方向的基本前提。如意大利的一些华侨华人聚居的城市，至今都无华文学校，其中缺乏办学经费是主要原因。实际上，迄今为止，海外很多华文学校，尤其是欧洲一些华文学校，都始终没有稳定的经费来源，华校工作人员多义务，甚至老师都只有象征性的报酬，而得不到应有的工资。虽然有些国家为华文教育提供一定的资金支持，但华文教育自身的复杂性和分散性，决定了只靠政府的力量难以保证华文教育所需资金支持。所以，中国政府和华文教育所在国政府应积极发掘民间基金，形成以政府主导、相关政府机构为主体、海内外民间资本为主流、华文学校收入为基础的华文教育基金体系，开门办华校，众筹募资金，尤其是要充分发挥海外侨团的社会影响和财力支持，以"寻根"为动议和动力，真诚纳入纳财，共同推动华文教育事业发展。同时，要重点支持具有全球示范效应的华校，打造精品华文课程体系，形成可推广的华校发展经验和模式，尤其是借助"一带一路"倡议机遇，打造能够体现中国发展的时代特色和要求，在经费、技术、教学体系和文化传播途径等方面具有崭新中国特色和世界文化交融特色的新型华校。

中国经济力量的崛起为振兴华文教育提供了强力经济后盾，也推动了海外社会力量对华文教育的支持意识和力度。在时机成熟时，中国政府应协调成立"一带一路"沿线国家华教基金会，充分发掘海内外各种社会资源，广开渠道，筹措华教基金，推动成立类似于新加坡"中华语言和文化基金会"这样的民间组织，为华文教育的教学、创新研究和合作交流，提供源源不断的经费支持。

目前，民间力量仍是海外华文教育的主体力量，如何充分有效集聚海内外社会资源助力华文教育，是中国政府和研究机构一直在研究和推动的工作，如在国内高校和地方部门设立华文教育基地，积极推动国内相关企业、社会团体、知名中小学与海外华文学校合作，为海外华文教育培养师资、提供学术资源，或在海外创办分校，合办国际学校，实现国内外华文教育资源一体化，并鼓励"八仙过海，各显神通"，合力推动海外华文教育大发展，新发展，快发展，稳发展，且始终保持根系一处，浇灌同一华人心。

三、建立"网络华校"实现华文教育资源共享

华文教育分布广，教育对象成分复杂，学习需求多样，教学目的层次不一，这决定了华文教育协同创新和合作难度大，但所有华文学校又都具有同一教育目标：传承汉语与中华文化。这说明，围绕这一核心教学目的，我们可以通过顶层设计，主导开发和推广一些教学资料、网络课程、文化活动，而现代教育和互联网技术，则为这一打破时空现状、国别限制和区域文化限制的网络华校提供了技术支撑和平台。

"网络华校"按照常规华校的体系设计和维护，但以服务为目的，不但汇集世界华校最优秀的课程，更重要的是根据虚拟课程体系，提供全方位的资源服务，既是数据库，又是课程包，还是中华文化大观园，并设有自由讨论区，华裔少年寻根区等，让天下华校都能成为这个虚拟学校的分校，同时也是分校舵主；都有发言权，也都有使用权。这所虚拟华校应成立董事会，董事由世界各华校推选产生，然

后由董事会成立学校管理机构,或委托基金会或文化机构负责网校的日常运营和管理,政府则负责筹措维护基金并对网校的运营与管理提出具体要求并负责监督网校的运行。

四、海外华文传媒应成为华文学校的后盾

海外华文媒体与华文学校都是海外华人为了维系华人文化血脉而创立的。华文媒体不分大小,不分国别,都记录了一部分华人在海外挣扎、奋斗、斗争的历史,是华人精神和心灵凝聚的桥梁和载体;也起到了维护华侨权益、表达华人呼声的作用;还是让所在国其他族裔借以了解华人、了解中华文化,实现各族裔平等相处的纽带。因此,借助华文媒体介绍中华文化、中华历史,应该成为华文学校的主要教学内容。

"一带一路"沿线国家华语生存发展情况不一,因此,各国华文媒体的数量和质量也不一,但华文媒体却真实反映出汉语在所在国的地位和通用情况。如印度尼西亚曾禁止华文媒体出版,后来因为政治环境的宽松,尤其是政治和经济发展的需要,政府开始推动汉语教育复苏,也同时解禁了华文媒体,汉语报纸也如春风吹又生,甚至有官办的中文报纸《印度尼西亚报》,其他还有《国际日报》《世界日报》《印尼商报》《新生报》等。华人还创办了华语电视台和广播电台。另外,来自中国的电影、电视、音乐等也是华文教育的途径,不少海外华人或非华裔汉语学习者就是通过这些华语媒介接受并喜欢上汉语和中华文化的。

话语权的占有率,决定了文化的普及率和影响度。我们应通过华文媒体营造有利于华文教育的宽松的政治和文化环境,培养华文教育的潜在对象;通过华文教育,培养华文媒体的作者和读者,以为华文媒体的未来积聚更具有本土性和世界性的人才,实现华文媒体和教育的协调一致,可以更有效地推动汉语与中华文化国际传播的效率,塑造正面中国形象;同时形成所在国多元文化和谐共处发展的态势,推动所在国的国际化,这对所在国的政治、经济和文化发展,也是必要的。

在语言竞争越来越激烈的今天,在语言实力就是文化实力的象征的今天,除了要充分梳理和发掘当前各国华文媒体在传播中华文化方面的媒介作用，还要在有条件的国家或地区创办新的华文媒体，包括报纸、电台、电视台华文节目、中文网络，等等。

五、细致调研，摸清海外华文教育的家底

兵马未动，粮草先行。华文教育要发展，先要摸清现在已有的基础，并依此制定新的发展规划。因此，要政府主导，借助海外华侨华人，细致调研"一带一路"沿线国家的华语教育的家底，要对沿线国家华侨华人的构成、华文教育机构的分布、与所在国国民教育体系的关系、不同华人社区华语使用和教育的差别、当地对待华侨华人、华语教育的政策等进行详细分析，尤其是发展中存在的问题，遇到的障碍。只有清楚了华文教育所依托的海外华侨华人的基本构成和与所在国其他族裔、其他语言和文化的关系，才能有针对性地进行华文教育规划，并对华文教育对象进行有针对性的引导，尤其是对非华裔学生的引导；也只有这样，我们才能针对华文教育所需师资、教材、教法、考核标准等，制定出更具实际的措施和方法。这对我们借助海外华文教育摸清汉语与中华文化国际传播所要面对的所在国的语言和文化障碍，进而采取有效应对策略，制定中华文化国际传播的战略，也具有基础价值。

六、以侨为桥：海外华侨华人是中华文化国际传播的先驱和先锋

海外华侨华人始终在自觉地传承着汉语和中华文化，他们始终是中华文化走向世界的桥梁，也是维护华人教育持续发展的坚强后盾，没有华侨华人的支持与付出，华文教育不会有今天。当华文教育受到所在国种种歧视与限制时，正是有赖于华侨华人的力量，才为华文教育保留了以后燎原的火种，其中代表是马来西亚的"董教总"（即"华校董事联合会总会"和"华校教师会总会"的合称）和"菲华商联总会"，它们为了维护所在国的华文教育，自20世纪40年代末一直到80年代，始终在与种种歧视性法律进行抗争，顽强地发展华文教育。

海外华侨华人是其他族裔的人借以认识中华文化的载体。因此，华文教育、中华文化国际传播能否成功，能否持续成为世界文化中的活跃一分子，华侨华人的作用至关重要。他们生活在海外，本身就是中外文化冲突、交汇、融合的主体，是中华文化在其所在国是否得到认可的试金石，也是中华文化传播是否深入其所在国的晴雨表。因此，我们在通过孔子学院等主动推广中华文化的同时，一定要发挥海外华侨华人的先驱和先锋作用，只有华侨华人，才能更好地做到中华文化传播的"润物细无声"，只有他们更懂得如何以当地文化所能接受和理解的方式讲中国故事，从而使汉语与中华文化国际传播的道路更加通畅无阻。

能否真正做到"以侨为桥"，是汉语与中华文化国际传播成功与否的关键，这是华侨华人形成发展历史的血泪结晶，也是世界各国语言文化传播的成功经验。当今世界华侨华人遍布世界每一个角落，他们都是身边的外国人了解中国的载体和窗口，而中国的发展所带来的世界地位的提高，更激发了海外华侨华人对母语文化的认同，他们主动推广汉语和中华文化的动机更强烈。而事实证明，也正是通过广大的华侨华人，中国才真正实现了与世界各国、各地的无缝对接。而以他们及其后代为对象的华文教育，则是各个华人个体力量的汇聚之地，在汉语和中华文化国际传播中，自然会发挥更为重要的作用。

"一带一路"倡议也引起了海外华侨华人的关注和支持。事实上。目前已达数千万的海外华侨华人，在知识结构上越来越成为所在国的重要智力资源，他们了解住在国的语言、文化、政治、民风、社会、法律和族群关系，知道如何融合中国文化与住在国文化，这种独具的身份优势，决定了他们将为"一带一路"的顺利实施提供丰富的人力资源、雄厚的资金支持和宽泛实用的人脉网络。因此，华侨华人既是"一带一路"倡议的实际设计者，也是具体实施者，是"一带一路"的桥梁和隧道。

七、创建"一带一路"沿线国家语言文化资源数据库

在充分调研的基础上，我们应将沿线国家的语言生活状况进行科学归类、分析，建立语言文化资源数据库，并根据目前世界华文教育的大致层次，分层级设置词汇、语篇、语法、文化热词、中介语、教材、案例、试题等数据库，既保存华文教育的历史，也为华文教育的未来发展提供必要的资料基础。

数据库还可更好地服务于世界华文教育教学与研究，推动开发华文教育的产业价值，实现华文教育资源的自我开发和自我服务，这对缓解华文教育的经费困难，也会起到积极的作用。

数据库还应服务于提供世界各国语言国际传播的标准以及各种成熟经验，如托福考试、德福考试、雅思考试等，为华文教育的语言教学和中华文化国际传播，提供借鉴和启发，从而推动华文教育不断创新模式，助力汉语与中华文化在世界语言文化传播的激烈竞争中起到引领作用。

八、华文教育纳入中国文化产业海外输出规划

任何国家文化产业的发展，都与本国语言与文化的宏观战略密切相关。在汉语与中华文化国际传播日益成为一门产业的同时，发掘汉语与中华文化的产业价值，不但有利于推动中华文化产业在国内外的布局和发展，并形成世界所公认的"中华文化品牌"，而且也可以形成汉语与中华文化产业之间的良性互动关系。

在文化本身已经成为一种产业的情况下，就文化言商并非不可告人。我们要考虑的，是如何在向世界传播中华优秀文化的同时，认真研究国际文化市场，充分尊重外国受众的欣赏习惯和审美情趣，用他们听得懂的语言和方式，讲述中国自己的故事，并把中国故事打造成适合世界的文化产品，积极出口能满足外国受众欣赏口味的文化项目。

中国文化产业走出去必须走市场之路，主体当然不能是政府，而是既懂文化，又懂经营，懂外语，会外交，熟悉国际文化市场运作规律的文化商人。目前，不但中国极为缺乏这方面的专业人才，世界上专营中华文化为主的国际经纪机构和经纪人也十分缺乏。所以，中国政府和相关机构、高校应放眼世界，采取各种有效方式，尤其是中外合作培养模式，培养出越来越多具有深厚的中外文化

修养和宽广的世界视野，熟悉世界市场规律，具备跨文化交流意识和能力的复合型、外向型人才。而海外华人因为具有跨中外文化的优势，可以成为中华文化产业的海外代理人，而华文学校则成为培养专门中华文化产业人才的基地。华文学校可针对所在国家的目标市场，设立专门的学历教育专业，或进行职业培训，对象既可是华人或华裔后代，也可是非华裔。因为华文教育意味着良好的职业前景，所以，以文化产业人才为指向的相关华文教育一定会受到海外侨胞的欢迎，推动当地的华文教育。

海外华文教育本身就是一个具有远大市场前景的文化产业，而且随着中国国际地位的持续提升，华文教育的市场会越来越大，而且越来越得到所在国政府和教育机构在经费和政策上的支持，从而形成：跨国市场人才需求—华文教育跨国市场人才培养—华文教育自身发展三位一体、相互依存的自足发展，最终使华文教育摆脱之前主要依赖于华侨华人社团支持的模式，从非盈利性教育机构发展成独立的自给自足的机构，既是教育组织，也是产业机构。不但独立的华校如此，所有的华文教育机构都应将华文教育作为一种教育事业和文化产业经营，成为独立的实体，从而获得自我发展的经济自由。

汉语要产生产业价值，必须按照产业的运行和运作模式予以产业化。我们可以根据汉语与"一带一路"沿线国家文化产业的结合度，优选与汉语相关的部分产业，试点建设汉语产业园区，这样既可发挥汉语的集约优势，加深所在地文化产业的中国属性，推动中国相关文化产业与当地文化产业的结合与融合，同时也可充分发掘汉语本身的产业特性和经济价值，培育新兴汉语文化产业，甚至可以借以创新文化产业的结构和生态链，形成具有"一带一路"汉语特色的产学研产业模式，把语言文化的软实力转变成经济硬实力，再以"硬化"的汉语文化产业，"软化"相关文化产业进一步强化所需要的文化环境，从而实现汉语产业所特有的"软硬兼具"优势，为"一带一路"沿线国家的汉语传播和经贸发展，提供新模式。

九、创立"一带一路"沿线国家华文教育智库

华文教育涉及国别多、族群广,与语言政策、政治外交、经济、教育等都有密切的关系,因此,应及时创立相关智库,全面梳理"一带一路"发展历史上汉语与中华文化国际传播的历史经验,加深对"一带一路"倡议与中华文化国际传播的理论和实践的历史渊源的深度理解,并从战略层面探索"一带一路"背景下汉语与中华文化国际传播的困境及对策,为中华文化国际化政策的制定提供理论依据,同时还能应用于汉语国际传播战略研究、国际汉语教材编写、教学法研究和国际汉语师资培养、中外学生融合发展研究等,全面推动汉语与中华文化国际传播工作。

智库还应基于当代教育技术,研发各种实用性的华文文化产品,如新教材、新教学课件、新教学软件、留学生汉语文化水平测试、文化读本等,使研究成果成为中华文化产业的一部分,在产生社会价值的同时,也产生一定的经济价值。

智库还应服务于华文教学,创新具有普遍性且可普及的华文教育理论,在时机成熟时指导编写标准化的华文教材、文化读物、华语词典、教学课件、数据库,助推世界华文教育更好地适应中国发展的新形势和世界发展一体化的大趋势。

十、创立"一带一路"沿线国家华文教育资源协同协调中心

华文教育本身就是一种复杂的特殊教育,若要有意识地将"一带一路"沿线国家的华文教育进行整合、资源共享,单靠中国政府或任何一个国家相关部门的协调,都不会产生应有的效果。因此,中国政府应该主导成立一个超越国家和地区的华文教育协调机构,并且赋予其自主权,开放权,以吸引更广泛的社会各界力量参与华文教育事业,以实现政府机构、华文学校、华语教师、华人企业等有一个平等合作交流的平台,参考"联合国"的组织架构,由沿线国家轮值并负责运行费用,并主导轮值期内的华文教育发展诸事项,以保证协作平台的可持续良性发展,这样可充分调动沿线国家华文教育力量,汲取各国华文教育之长,并使彼此之间的交流合作成为常态,最终受益的是华文教育这一事业,以及以华文教育为纽带实现"天下华人一家亲"的中国梦,并推动世界各民族之间的和谐共处。

十一、重视华文教育学科体系建设

完善的学科规划是华文教育发展的前提,也是可持续发展的基础。随着海外华文教育事业日益壮大,学科建设的迫切性也日益明显。

华文教育理论研究目前严重滞后于海外华文教育实践。在未来很长一个时期内,世界范围内的汉语学习需求将持续快速增长,并将拉动汉语持续快速走向世界,只有依托华文教育理论研究,华文教育传播工作才会健康、可持续发展。

华文教育作为汉语国际传播战略的重要组成部分,也是国家战略的重要组成部分,是能充分体现国家软实力的重要战略,与中国"和平崛起"战略相呼应。因此,抓住当前汉语国际传播的历史机遇,准确定位,及早建立华文教育学术话语体系,并进而建立华文教育这一富有特色、充满希望的研究型学科,可以有力推动华文教育工作,提升华文教育的国际地位,促进华文教育工作更加科学、健康、持续发展。

作为一门学科,华文教育是以语言学、教育学、心理学、文学、新闻传播学等学科为基础的跨文化、跨语言、跨学科的创新学科。它的建设将能推动解决当下以母语或第一语言非汉语的海外华人、华侨为主要教育对象的海外华文教育发展过程中面临的主要问题,从而有效整合国内外各种资源,提高华文教育质量,完善学科特色优势,提升学科地位,促进相关学科理论与应用研究。

华文教育学科的建立,将以提升国家软实力、促进汉语与中华文化的世界化为目的,从战略高度审视全球汉语与中华文化热的现实,以全球化的眼光、国际化的思维、创新性的行动理念,集中国内外优势学术力量,凝练具有深远发展前途的学科研究方向,努力提高华文教师队伍教学与科研水平,深入开展教学改革和科学研究,改善教学和科研条件,精心培养华文教育教学与研究领域的高层次复合型人才,提高人才培养质量,推动华文教育工作更好更快发展。

华文教育学科应重点研究以下问题。

1. 华文教育的理论与实践研究

华文教育的理论研究目前仍很薄弱,因此,应基于学科的建设,加强研究10个问题：

（1）华文教育传播方略研究，包括世界范围内华文教育的总体战略、国别战略、学校布局、与孔子学院的合作战略等。

（2）华文教育国别问题研究，包括国别教育体制、国别语言政策、国别汉语教学需求研究以及国别文化与华文教育的关系。

（3）华文教育体制、机制与科学发展研究。

（4）华文教育的本土化问题研究。

（5）华文教育与中国软实力建设研究。

（6）华文教育典型个案研究。

（7）华文教育的有关标准研究。

（8）华文教育质量评估体系研究。

（9）现代教育技术与华文教育研究。

（10）华文教育史的研究。

2. 华文教育教师、教材、教法研究

主要内容包括：

（1）华文教育师资培养理论与实践。以服务华文教育实践为宗旨，围绕华文教育亟待解决的师资、教材和教法等问题进行深入系统的研究。

（2）华文教育教材开发与研究。探讨华文教育教材编写新理念，积极开发体现先进教学理念和方法的科学实用的汉语教材。

（3）华文教育教学法研究。

3. 汉外语言对比研究

紧密结合汉语学习者学习过程中的重点和难点，联系汉语学习者母语或第一语言的特点，以汉外语言对比和学习者中介语及偏误分析为基础，对汉语语音、词汇、语法、汉字等进行深入系统的研究，为华文教育的教学实践提供理论指导。

十二、与华文教育所在国加强沟通与合作

华文教育的发展历史证明,一国华文教育的兴衰,与所在国政府支持与否直接相关。因此,为了推动各国的华文教育,实现汉语与中华文化的世界性传播,中国政府和相关机构必须加强与所在国的沟通与合作,以双方共赢模式,营造海外华文教育成长与发展的良性环境,并争取所在国政策、法律上的支持,使汉语教学取得合法地位,从而使华文教育得以纳入所在国正规化的教育体系,实现华文教育自身的规范化。

第四章　培养华人翻译人才，推动中华文化国际传播

中华文化在世界文化史中占有显著且重要的地位，是世界文化史上的一座巍峨耸立、风光旖旎的高峰。文化具有民族性，同时也具有世界性。中华文化海外传播的历史，也是中华文化与世界不同文化进行对话的过程。通过文化的国际传播，中华文化本身也开始获得了世界性的文化价值与文化意义。

中华文明在世界文明史上的突出位置，首先在于其内在涌动的活力与丰富内涵。但是，内在的因素只是中华文化不断兴盛发展的原因之一。一种优秀的文化，无论它曾经多么丰富、多么先进、多么伟大、多么辉煌，如果把自己封闭起来，完全与外部世界相隔绝，不仅难以保持自我更新、自我发展的生命力，也不可能获得世界性的文化价值和意义。因此，中华文化在世界文化史上的显著地位，更在于它的开放性，在于多方位的中外文化交流，在于中华文化在海外广泛而持久的传播所产生的重大影响。而这其中，翻译与文化推介对中华文明在国际的传播起到了不可磨灭的重要作用。

第一节　基于丝绸之路的早期翻译与中西文化交流

在中西文化交流史上，翻译对中华文化的发展和对外传播所起到作用是巨大的。季羡林先生曾说："倘若拿河流来作比，中华文化这一条长河，有水满的时候，也有水少的时候；却从未枯竭。原因就是有新水的注入。注入的次数大大小小是颇多的。最大的有两次，一次是从印度来的水，一次是从西方来的水。而这两次的大注入依靠的都是翻译。中华文化之所以能常葆青春，万应灵药就是翻译。翻译之为用大矣哉！"[①]从东汉到盛唐的佛经翻译、明末清初的传教士活动与"东学西渐""西学东渐"都无不与翻译密切相关。尤其是最近几十年，随着中国经济的快速发展与国家地位的显著提升，翻译对中华文化发展的影响更是无处不在。毫无疑问，在中华文化发展的过程中，翻译就是源头活水，它连接了自有文化与外来文

---

① 林煌天：《中国翻译词典》，武汉：湖北教育出版社，1997年，序言。

化，丰富了中华文化的内涵，同时又让中华文化逐渐地融入世界文化，最终成为世界文化的重要组成部分。如何通过翻译活动传播好中国声音，让世界更加客观全面的认识与了解中国，已经成为国家发展战略的重大课题。

中华文明源远流长、从未中断，为人类文明的发展做出过不可磨灭的贡献。中华文明史上两次重要的"文化走出去"，都与宗教经典的翻译有着密切的关系。中华文化首次大规模走出去缘起两汉时期的佛经翻译与佛教的本土化。据史家考证，最早的佛典汉译始于东汉桓帝年间的安世高，他翻译了《安般守意经》等35部佛经，开后世禅学之源。这里值得一提的是天竺人鸠摩罗什，他创立了一整套译场制度，开集体翻译、集体审校之先河。鸠摩罗什倾向意译，其译经重视文质结合，既忠实于原文的神情，读来又妙趣盎然，能"以实出华"，传达原经的文体美和修辞美。他反对前人译经时用"格义"①的方法，创立了一整套佛教术语。佛经的翻译在两汉发展速度较慢。东晋之后到魏晋南北朝，佛教开始在上层建筑与民间盛行，源于印度的佛经逐渐被中国文化吸收并本土化。到了唐代，佛经翻译事业达到顶峰，出现了以玄奘为代表的大批著名译者。玄奘即"唐三藏"或"三藏法师"，他于贞观二年（公元628年）远赴印度学佛求经，17年后归国。他带回佛经657部，主持了比过去在组织制度方面更为健全的译场。在19年间译出75部佛经，共1235卷。他不但把佛经由梵文译成汉文，而且把老子著作的一部分译成梵文，成为第一个把汉文著作向国外介绍的中国人。他还制定了"五不翻"的原则，即：秘密故、含多义故、无此故、顺古故以及生善故。唐代末年，无人赴印求经，佛经翻译事业逐渐衰微。到了宋代，虽也有人西去求经，印度也有名僧东来传法，宋太宗也曾兴建译经院，从事佛经翻译，但其规模与水平已远不如唐朝的玄奘时期。元、明、清三代从事佛经翻译的人数渐少，几百年间只译了几十部经卷。佛教对中国古代文化产生重大影响，并逐渐被中华文化吸收与再发挥，进而输出开始影响朝鲜、日本、越南等亚洲近邻。

---

① 格义是指用中国哲学的传统概念比附和传译佛学概念。

通过翻译引入的外部文化与中国本土文化碰撞，进而被中国文化逐渐吸收并形成具有强大生命力的新的中华文化，最终引发了中华文化向世界的再次传播与发展。强大的汉朝，开启了中华文化海外传播的道路，使中华文化以独立的整体形象走向世界，最终在盛唐达到了高潮。美国历史学家伯恩斯（Edward McNall Burns）曾说："汉朝标志着中国历史上最辉煌的时期之一。中国人开始在公海上扬帆远航。中国商人不仅与印度、锡兰，而且与日本、波斯、阿拉伯半岛、叙利亚进行贸易，甚至间接地与罗马帝国贸易。"[1]始自汉朝的佛经翻译，改变了早期汉字与儒家文化的向东传播。被中国本土化的佛教，开始向朝鲜、日本、越南等亚洲国家传播，逐渐形成了具有世界影响力的中华文化圈。佛教的东传，比早期传入日本的儒家思想所起到的作用更加全面和重要。正如一些日本学者指出的那样："从大陆来的文化影响虽然在上一个时期已经进入日本，但是大陆文化由于佛教的传入而在这一时代才在日本昌盛起来。从佛教建筑、雕塑、绘画方面来看，其成果之辉煌，足以使这一时代称为佛教艺术的黄金时代。"[2]以汉朝佛经翻译为起点的中华文化，经过几百年的吸收、消化与发展，最终远播四海，声名天下，达到了最高潮。这一历史时期，中华文化不仅始终保持着独立、一贯的发展系统，而且长久以来文明水平明显高于周边地区。当时的东方世界，在地理上以中国本土为中心，在文化上以中华文化为轴心，直到19世纪西方列强势力进入东亚前，基本保持着这样的格局和态势。中华文化以其强大的文化影响力向周边地区辐射和扩散。其他国家的文化通过翻译、交流、战争等方式传入中国后迅速被吸收、同化并融入中华文化中。而周边的日本、朝鲜和越南等国则以本土文化为基础，大规模吸收和融合中华文化，并在此基础上构建起符合本民族特性的文化体系。

---

[1] 爱德华·麦克诺尔·伯恩斯、菲利普·李·拉尔夫：《世界文明史》第一卷，罗经国等译，北京：商务印书馆，1987年，第354-355页。
[2] 田泽坦：《日本文化史——一个剖析》，东京：日本外务省编印，1981年，第3页。

第二节　明清西方传教士与汉学家的翻译活动：作用与局限

中国历史上第二次大规模"中华文化走出去"发端自西方天主教和基督教在中国以传教为目的的翻译活动。历史上中华文化与西方文化的碰撞与交流都是双向的。但是，由于政治、经济以及军事实力的变化，中西文化在碰撞与传播中总有强弱之分。唐朝之后，由于中国国家实力的强大与中华文化的繁荣，西方文化通向中国之路逐渐被关闭，对西方文化的翻译与引进处于停滞状态。这种文化上的优越感，为后来中华文化再次走向弱势埋下了伏笔。

当中国依旧沉浸在中央帝国农耕社会的时候，欧洲文艺复兴与英国工业革命正如火如荼地进行。此时的西方，思想开始大解放，科学技术迅速发展。一批来自欧洲的传教士带着使命来到中国，他们以翻译为手段，在传播西方宗教的同时，也传入大量科学技术，内容涉及数学、物理、地理、天文、水利、机械、火炮制造以及欧洲古典哲学、逻辑与艺术。例如利玛窦与徐光启合译的《几何原本》成为第一部译成中文的科学著作。徐光启编译的《同文算指》，系统介绍了西方算术的算法，对中国科技与文化的发展影响深远。当时中国一些士大夫及皇帝接受了科学技术上的知识，但是在思想上基本没有受到这些译作的影响。近代大规模"西学东渐"始于鸦片战争。东方文明古国的尊严被西方的坚船利炮轰得支离破碎。丧权辱国的不平等条约给中华民族带来耻辱的同时，也带来了西方文明。西方传教士不再仅仅局限于广州一地传教，通过鸦片战争"五口通商"的五个城市，再到后面深入内地，传教士与西方殖民者得以看到更加全面的中国。而他们也不再局限于传播西方宗教文化与科学技术，开始大量译介中国传统文化、宗教与哲学思想、文学作品等等，并将它们逐步地推介到海外。

19世纪中叶开始的西方传教士翻译活动与明末清初时期的翻译活动表现出很大的差异。除了翻译活动依然以传播西方宗教与西方价值观为主要目的之外，鸦片战争之后传教士的翻译活动内容比之前更加丰富，采取的传播方式更加系统而灵活。为了把宗教与文化传播的主动权掌握在自己手中，他们总是把翻译与办学活动、兴办报纸和创建出版机构三者有机地结合在一起。晚清在华传教士的西学译介活动总体上经历了三个阶段：第一个就是宗教译介阶段（1811—1860），是西方宗教与文化的大量输入，并总体上由英美传教士垄断。在这一时期，在华传教士的译书活动主要在中国沿海地区开展，内容以宗教为主，辅以一部分自然科学和社会科学的内容。国门被逐步打开，西方传教士以传播福音为初衷，因此，神学及与神学相关的哲学理论最早传入我国。据统计，从1810到1867年英美传教士翻译编著的中文著作共有将近800部。其中宗教书籍占五分之四。第二个阶段是科技与文化译介阶段（1860—1895），是西方科技知识大量引进中国的一个高潮时期，中外学者合作译书是最常见的方式。这一时期是中国近代史上的洋务运动时期，西方大量的科学技术知识被主动引进中国。与前一阶段相比，这一时期的西学翻译活动，虽仍以传教士为主，但中国先进知识分子已经有所觉醒，逐渐参与到西学的翻译与引入工作。据熊月之统计，从1860年到1900年共出版各种西书555种，其中哲学社会科学123种，占总数22%；自然科学162种，占总数29%；应用科学225种，占总数41%；其他45种，包括游记、杂著、议论等，占总数8%，其总量是此前半个世纪所出科学书籍的5倍多。[①]第三阶段是以中国知识分子为主体全面引进西方知识文化体系的译介阶段（1895—1911），这一阶段传教士翻译者不再占译介的主导地位，他们将译介内容的关注焦点放到中国社会变革的思想需求上。1894年，甲午战争爆发，清政府战败，割地赔款，受尽屈辱。中国封建末期的社会问题集中爆发。为适应中国的这一特殊国情，传教士们将译书重点放在宣传介绍西方政治制度和政治文化思想等社会科学上。据熊月之先生统计，从1902到1904年，翻译出版的西方社会科学方面的书籍136种，占此间译作总数的25.5%；有关史、地方面的书籍128种，占总数的24%；有关哲学方面的也达到34种，占6.5%；而有关西方自然科学、应用科学的译作则大为减少，分别占总数的21%和10.5%。[②]

西方传教士在进行大量翻译活动的同时，也为进一步传播译介内容而做着系统且周密的工作。建立教会学校，培养传教人才；创建出版机构为译介作品传播

[①] 熊月之：《西学东渐与晚清社会》，上海：上海人民出版社，1994年，第11—12页。
[②] 熊月之：《西学东渐与晚清社会》，上海：上海人民出版社，1994年，第11—12页。

寻找渠道；创办报纸，扩大传播影响，缩小传播周期。所有这些工作，都为传教士翻译活动奠定了坚实的传播基础。新教传教士马礼逊（Robert Morrison，1782—1834）、麦都思（Walter Medhurst，1796—1857）于1818年在马六甲创办了首个中文印刷所。他们在中国大陆设立的第一家出版机构是1844年创立的美华书馆，继之有1845年在宁波设立的花华圣经书房（1844年初创于澳门），1847年创办的上海墨海书馆，1862年创办的上海华美书局，1877年创办的上海益智书会，1887年创办的上海中华广学会，1899年创办的广州美华浸会书局等。新教传教士在中国设立的最大规模、持续时间最长的出版机构，是英国长老会传教士韦廉臣（Alexander Williamson，1829—1890）于1887年11月在上海创立的同文书会。该出版机构最初以出版宣教书为主，1892年英国浸礼会传教士李提摩太（Timothy Richard，1845—1919）接任督办，主张宣教书与世俗知识书并重，1894年同文书会更名中华广学会，通称"广学会"。翻译与出版是密不可分的双胞胎。大量出版机构的建立，不仅保证了西方传教士译介作品的顺利出版与发行，而且确保了西方知识界在中国进行文化传播的渠道畅通。大量西方译介作品通过出版社出版发行，通过报刊快速流通，同时经由教会学校不断的学习，最终，西方社会的思想、先进的科学与技术源源不断地涌入中国，对中国近现代社会的发展与变革产生了重要的影响。

  传教士译介活动对中西文化交流与碰撞产生了重要的作用。首先，西学在中国的广泛传播开阔了国人的视野，推动了中国的近现代化进程。在鸦片战争前，闭关锁国的中国对世界尤其是文艺复兴及工业革命之后的欧美等西方资本主义国家毫无概念。而随着来自欧美的西方传教士在中国开始传教并开展翻译、出版等文化传播活动，中国人开始意识到国家的落后，进而逐步掀起了向西方学习的高潮。西方先进社会科学的传播使中国传统孔孟学说及儒家价值观受到了质疑与冲击，并由此产生了一系列的政治文化连锁反应。毫无疑问，晚清的"洋务运动""戊戌变法"等政治事件与美国传教士译介出版工作的影响是密不可分的。西方文化在中国的传播，大大冲击了中国封闭保守的封建文化体系，涤荡了人们故步自封的帝国心理，促进了社会的进步，最终促使中国人抛开羁绊，开放而自强地走向世界。其次，传教士的译介活动推动了西学在中国的传播，促进了中国近代教育与出版事业的繁荣。为了顺利传播宗教思想，西方传教士在中国大规模兴建教会学校与出版发行机构，从而保证从翻译、文化传播到理念接受形成一个良性而高效的认知体系。"无心插柳柳成荫"，新的教育体制的建立，使中国传统的科举制最终走向末路，进而催生了中国现代化的教育体系。京师同文馆被认为是中国近代最早的高等院校之一，它在教学理念和形式上都借鉴了西方的模式，比如班级授课制，大大提高了教学效率。最早的中国现代女子学校，也是由西方传教士在浙江宁波建立，成为中国教育史上具有重要意义的事件。西方学科概念丰富了中国传统的学科分类，外语、哲学、数学、化学、物理等新式教学科目的引入有利于突破传统中国教育科目的局限，对中国教育的发展产生深远的影响。而始自西方传教士的现代报业与出版机构的建立，也为中国传媒业的发展，为解放中国封建社会遗留的守旧顽固思想，产生巨大的推动作用。再次，西方传教士的翻译活动也促进了中国的经济与科技发展。中国几千年的封建思想都是重文轻理，认为洋人的科学技术不过是骗人的伎俩。从利玛窦（Matteo Ricci，1552—1610）到丁韪良（William Martin，1827—1916）等西方传教士翻译出版的图书本来是为了在华传播基督教，维护西方国家的政治、经济和文化主导地位，但在客观上也推动了中国近代经济和科技的发展。数学、物理、天文、地理、医学等，几乎每一个中国近现代科学的分支都可以看到西方传教士译介活动的影响。大量有关自然科学书籍的翻译出版不仅培养了一大批科技人才，也奠定了中国近代工业的基础。值得我们注意的是，虽然西方传教士的翻译活动大部分为西学中译，但是不可否认，也有大量涉及传统中国思想与文化的著作被西方传教士译介到海外，从而开辟了持续至今的中学西传之路。比如马礼逊在翻译出版《圣经》的同时，也翻译过《三字经》《大学》等国学著作。理雅各（James Legge，1815—1897）的中国古代经典翻译几乎覆盖了所有重要典籍：《论语》《大学》《中庸》《孟子》《尚书》《诗经》《左传》《春秋》《道德经》《易经》《离骚》等等。从某种意义上来说，不少像理雅各这样的西方译者，已经不单单只是传教士的身份了,他们中的不少人在翻译的过程中逐渐成为研究中华文化的西方学者。虽然,他们对中国经典的理解与翻译依然有许多不足;他们的译作在西方普通读者中也鲜有问津,但是,这是中华文化经典第一次被大规模翻译并推介到海外,在中华文化海外传播史上占有重要的地位。

当然,由于种种原因,西方传教士的翻译活动也存在着自身的局限性。第一,西方传教士翻译活动的首要目的就是传播宗教福音。因此,他们在翻译手法与策略上总是以宣扬宗教教义为首要目标。从利玛窦时期翻译的"适应"策略开始,西方传教士就试图从中国古老经典中寻找与天主教、基督教教义相印证的观点。他们忽视了东西文化本源的不同,在译本当中融入了他们的宗教信念,从而让他们的翻译活动打上了深深的宗教痕迹。这样的翻译策略不仅使得中国人对传教士翻译作品产生不信任感,同时也会歪曲中国经典的原意,对国外读者产生严重的误导,最终形成西方人对中国文化的偏见与歧视。第二,由于文化背景与身份认同的原因,传教士译介作品常常出现文化误读或误译,进而影响翻译文本的可靠性。传教士由于传教原因或多或少的通晓汉语,并对中国社会文化有一定了解。但由于本身的宗教使命与传统的"西强中弱"思想影响,导致大部分传教士无法从中国传统文化本源出发来看待中国历史与社会现象,再加上本身中文水平限制导致传教士译介作品中常常出现文化误读甚至文化歧视。有些误读甚至影响了中国的历史进程。例如,《南京条约》的主要翻译者马儒翰(John Robert Morrison,1814—1843)在翻译条约第二项条款时出现翻译错误,直接造成后来福州拒绝英国人进城的外事争端。而《南京条约》签订后中英之间在广州的入城与反入城之争,也部分是因为《南京条约》第二条款的翻译错误。第三,资本的流动决定了文化属性与文化阶级。明末清初的西方传教士大多是以传播福音为主要目的。但随着鸦片战争战败,中国门户洞开,西方列强开始瓜分在中国的利益。不少传教士作为翻译或者顾问也参与其中,这些人逐渐剥去了宗教的外衣,露出贪婪与逐利的本性。他们的译作或灌输西方资本主义价值与文化,或对中国传统文化持歧视与贬低态度,这从一个侧面反映了"西强中弱"的实质就是资本流动的方向。

从本质上来说，西方传教士在中国的翻译活动就是一种跨文化交流现象。在全球信息化和经济一体化背景下，跨文化活动比以前更为频繁。但现代跨文化活动和过去的表现形式不尽相同。在过去，由于文化背景知识的缺乏和信息的不对等，不同文化背景之间的交流方式和交往行为是不明晰的，甚至有时会产生敌对。而现代社会由于信息科技的发展，我们有更多机会学习和了解不同的文化。明清时期西方传教士在华翻译和出版活动作为一种典型的跨文化交流行为，是世界近代历史发展的必然，研究这段特殊的中西交流史对翻译与跨文化传播的研究具有积极的启示意义。

第三节　留学生与华人在中华文化传播中的作用

中国人早期留学与侨居国外缘起明清欧洲传教士来华。西方传教士进入中国后，为了传教便利，在努力发展教徒的同时，也非常注重培养中国本地的翻译及神职人员。据记载，历史上第一位被耶稣会传教士派往欧洲留学的中国人叫郑玛诺。郑玛诺出生时，葡萄牙人已入驻澳门80年，澳门已逐渐变成中西经济与文化交流的港口。郑玛诺的父亲为虔诚的天主教徒，圣名安多尼，他与有"安南使徒"之称的法国人陆德（Alexandre de Rhodes，1591—1660）神父往来密切。郑玛诺在陆德带领下信主。郑玛诺在归主后进入澳门教会学校学习，由于成绩优异，深受西方教士赏识。1645年，澳门教区正拟设中国神职人员，陆德神父提议率领中国及安南北圻、南圻少年各一人赴罗马深造。12岁的郑玛诺被教会选中，随陆德神父赴罗马深造。在意大利罗马，他入读耶稣会主办的圣安德鲁学院（St. Andrew's College），以不到两年的时间，完成欧洲中学生四年的全部课程。1653年加入耶稣会，并转入罗马公学学习修辞学、逻辑学、物理化学、音乐和希腊语等多门课程。毕业后居留罗马，教授拉丁文和希腊文法与文学，此举给中国人赢得声誉。"一个中国人在欧洲文艺复兴的中心——罗马，著名的学校教授希腊文学，在历史上，尚无先例。"①

在郑玛诺之后，在欧洲产生轰动影响的中国留学生叫沈福宗。他生于江苏省江宁府（今南京），读书后没有参加科举考试。他在结识当时在江南传教的比利时耶稣会士柏应理（Philippe Couplet，1623—1693）后，从其学习拉丁文。康熙二十年（1681年），柏应理奉召向罗马教廷陈述康熙皇帝对"仪礼问题"的立场。离华之前，他约定与时年25岁的沈福宗和50岁的吴历等中国人同往欧洲。吴历由于种种原因滞留澳门而未能成行，而沈福宗最终得以踏上欧洲的土地。1682年，沈福宗抵达葡萄牙，随后在里斯本的宗教学校学习，在这期间，罗马教皇英诺森11世因柏应理介绍，曾邀请沈福宗见面。耶稣会当时正在翻译《四书五经》，而沈福宗也参与其中。耶稣会这一工作并非出于对中国的崇拜，而是希望通过了解中国文化，更好地向中国传播欧洲文化，尤其是天主教。1684年，沈福宗和柏应理应邀前往法国，他劝说并推动路易十四批准印行了一批拉丁文的中国经典，其中包括《大学》《论语》《中庸》等，许多欧洲学者都受益于这些书。之后，沈福宗收到越来越多欧洲学者的聚会邀请，通过聚会沈福宗使这些学者更加了解了中国，后来很多学者包括东方学家托马斯·海德（Thomas Hyde，1636—1703），因为他的口头宣传与著作影响，给予中国极高的评价。沈福宗带来的中国文化，对欧洲后世思想家产生了影响，无论是见过沈福宗的海德，还是通过他带来并加以校译的拉丁文中国经典了解中国文化的伏尔泰与莱布尼茨等，对此都有表述，某种程度而言，欧洲的启蒙运动也受益于此。

几乎与沈福宗同一时期，福建莆田人黄嘉略被巴黎外方传教会选为赴欧洲专使达到巴黎。他是中国第一个定居巴黎的留学生，后来成为近代中国译坛的先驱，也是中西文化交流使者，对中国文化的传播起了重要的作用。黄嘉略旅欧恰逢法国的"中国热"盛行，因而他得以交往很多法国名人。在交往中，法国学者通过黄嘉略了解了有关中国历史、政治、哲学、文学等方面的知识，这大大的增

---

① 方豪：《中国天主教史人物传》（中），北京：中华书局，1988年，第192页。

进了他们对中国的认识与理解。这些人包括法国著名启蒙思想家孟德斯鸠、法国汉学家傅尔蒙(Etienne Fourmont, 1683—1745)与弗雷莱(Nicolat Freret, 1688—1740)等等。此外,黄嘉略在中国翻译史上第一次把中国小说译为法文,虽因为种种原因,最终未能完成,但此举与比埃杜(M. A. Eidous)由英文转译《好逑传》相比,要早半个世纪。黄嘉略翻译《玉娇梨》头三回后,弗雷莱觉得情节单调并不是法国人所热衷的类型,就劝他放弃。相关小说翻译遗稿现存于巴黎国立图书馆抄本部。

在早期中国留学史上,规模较大的当属意大利传教士马国贤于1732年在意大利那不勒斯创办的中国学院,又称文华书院。中国学院从1732年开办,到1868年被意大利政府没收,共有中国学生106人,意大利学生191人,土耳其学生67人。无论从汉学课程设置,还是中国人赴欧留学来讲,那不勒斯学院都是中国留学海外的开拓性实践。它所培养的留学生日后多成为神职人员,对基督教在中国传播产生一定影响,并在中西文化交流史上留下了不可磨灭的印记。

早期赴海外的中国留学生和侨居华人几乎都与西方教会有关。而被称作中国近代留学教育的拓荒者和奠基人的容闳,开启了中国海外留学的新时代。从此,中国学生赴海外留学之风日盛,不仅是欧美,几乎世界每个角落都可以看到中国学生或是华侨的身影。中国留学生在海外学习生活的同时,也带去了中华民族的思想文化与生活习俗。他们其中的优秀分子,通过翻译或文学创作的形式,在海外一代又一代地传播着中华文化,奏响了一曲曲动听的中西文化交流的乐章。

在中国历史上,真正大规模的海外留学与移民开始于辛亥革命与五四运动时期。日益庞大的中国留学群体,在为中国社会带来多元知识的同时,也在近现代中国文化反省中担当了重要角色,有意或无意、直接或间接地在中国社会的观念变革中留下了特殊的印记。海外中国人尤其是中国留学生无论在中西学素养还是文化自觉意识上,都具备明显的优势,传播文化的渠道更为广泛而直接,内容也更为丰富而深刻。其中,用外文翻译中国作品是其传播中国文化重要方式之一。中国传统文化经典与中国近现代文学佳作成为中国留学生翻译并向国外推荐的重点。在儒家经典译介方面,有林语堂编译的《孔子的智慧》、陈荣捷译的王阳明《传习录》、朱熹《近思录》、陈淳《北溪字义》等;老庄哲学方面,有林语堂编译的《老子的智慧》、陈荣捷译的《庄子哲学》、初大告译的《道德经》;佛教经典方面,有陈荣捷译的《六祖坛经》等。就中国传统经典来说,中国人所熟知的"儒释道"三方面都涉及了。在近现代名家的学术作品译介上,中国留学生也做了不少工作。比如张庆桐俄译版的梁启超《李鸿章》,鲍文蔚法译版的郭沫若《先秦天道观之进展》《周易的构成时代》等。

推向海外的中国古典诗歌,涵盖了从中国第一部诗歌总集《诗经》、晋宋之际的陶渊明诗、南北朝乐府民歌到李白、杜甫、王维、白居易、苏东坡、李清照等的唐宋诗词名作,也有《红楼梦》《西游记》《金瓶梅》《水浒传》《儒林外史》等明清小说,以及鲁迅、茅盾、老舍、沈从文、郁达夫、萧军、冰心等现代作家的作品,内容丰富,题材多样。清末至民国时期的留学生与海外华侨中涌现出了一大批德才兼备、心怀祖国的优秀中华儿女,他们为吸收西方文化经典、传播中华文化做出了杰出的贡献。一大批中国古典文学名作与近现代作家作品逐渐为国外知识界与民间爱好者所了解。他们深厚的国学基础和中文修养以及通过国内教育特别是长期国外教育所养成的外语水平,造就了卓越的翻译与再创造能力,其水平丝毫不亚于同时代的国外汉学家和传教士,如林语堂的英译中国经典就堪称中译外之典范。他译的《孔子的智慧》一书,取材于《论语》《礼记》和《孟子》,是儒家思想的精髓。他将其分门别类,重新编目,并加以评述。又如英译中国作品的陈荣捷、王际真,法译中国作品的敬隐渔、梁宗岱,俄译中国作品的张庆桐等,也都以其中译外作品而产生重要影响。20世纪上半期的中国留学生正是通过大量的、种类与题材丰富的、具有较高质量的中国作品与著述的外译,成功地向国外展示了中国优秀文化成果的魅力。

中国留学生与海外侨民群体的崛起,既是中国封建社会危机与灭亡过程中集体救国图存意识下的历史产物,也是中国社会从传统走向现代转型过程中新兴力量崛起的标志。留学生与侨民处于中西文化交流的历史焦点上,他们一方面背负着几千年的中华文化传统,一方面最先开眼看世界,领略西方先进的科学与思想。他们吸收着外来文化,建构着中国的新文化;他们是中西文化交融早期的主要载体,肩负着传播中华文化的历史使命,对中华文化海外传播有着重要的意义。首先,中国留学生与海外华侨为包括知识界与普通民众在内的西方人士提供了一幅幅完全不同于西方文明的中国文明图景,丰富了西方对中国与中华文化的认知,提供了完全不同于西方的对中华文化的观察视角,这对进一步打破"西方文化中心论"创造了有利条件。其次,中国海外留学生翻译与撰写的大量有关中国题材的哲学社会科学著作,既从学术层面对外传播了中国文化,也推动了中国现代学科与学术的发展。留学生的经济学、教育学、社会学、政治学、法学等领域的中国问题研究,都充分吸收了西学营养,并为中国现代学术发展奠定了坚实的基础。从这个意义上说,中学西传的过程也是中华文化自身不断更新、进步、发展的过程,留学生传播中华文化亦有成就中华文化自身的意义。再次,中国留学生海外传播中华文化所做的工作,对留学生本人的发展具有重要的意义。相当一批中国留学生以向国外译介中国作品与著述或向国内译介西方作品而成就个人的事业;一大批留学生因为用外文创作中国题材文学作品享誉海内外,为中西文化交流找到了有利的支撑点。

第四节　培养华人翻译人才的对策与建议

一、加强翻译学科建设、建立高层次翻译人才培养基地

毫无疑问推动中华文化的国际传播对我国翻译人才培养提出了更高要求。高等学校作为翻译人才的摇篮与培养基地,承担了艰巨的历史使命。但是,高校翻译人才培养面临着巨大的现实挑战。在科技发展日新月异的当今世界,在科技兴国的大政方针指引下,越来越多的高校与研究机构把学科建设与科研重点放到了理工学科。

在新中国成立初期,学者董思秋就明确提出建立中国翻译学。但这之后由于国内政治运动等历史原因,建立翻译学科的建议被束之高阁。改革开放之后,由于中

国对外经济、政治、外交和文化交流不断增加,翻译人才的培养很快又被提到议事日程。中国教育界重新提出建设翻译学学科。很快,翻译学所属的翻译理论与实践专业在各大院校外语专业开始设立。

从那时起到今天,中国翻译界无论在翻译理论研究还是翻译人才的培养方面都取得了相当大的成绩。翻译理论研究向系统、科学的方向前进了一大步,在翻译史、翻译基本理论、翻译批评、翻译教学理论研究等各个方面,都有一批具有代表性的著作问世。但是应当看到的是,由于深受西方现代译学思想、思维方式及研究模式的影响,中国学科建设以及翻译人才的培养与研究在很长一段时间内依旧模仿西方翻译思想,缺乏批判的态度,缺少独立的有创见性的研究。这种方式必然会局限人们的思维和视野,不利于中国的译学研究和翻译学学科建设。翻译学学科建设要以翻译理论研究为基础,以培养高质量的翻译人才为目的。没有成体系的翻译理论作为翻译学科的依托,翻译学科的建设只能是镜中花、水中月。

现有翻译专业师资大多是在英语语言文学专业和外国语言学及应用语言学专业人才培养体系中培养出来的,在这个学科体系中翻译是作为上述专业一门课程,而不是单独自成一体的学科;由于英语教师教学任务繁重,若非自己的研究领域或研究兴趣,往往也不会十分关注翻译学科的特点以及发展要求。而即使在翻译专业本身,翻译理论与笔译由于无法快速看到经济效益与社会效益而被不少从业者放弃,相反,外语口译专业却受到众多学校与学生的欢迎。一个缺乏翻译理论研究、缺乏翻译笔译实践的学科,怎么能够让人看到希望呢?!

那么如何加强翻译学科建设,如何培养融通中外且具有批判性思维和创新能力的国际化翻译人才呢?

首先,要加强翻译师资队伍建设。随着全球化趋势的发展,中国与外界交流的日益增多,建设一支具有国际视野与学术创新精神的翻译师资队伍成为翻译学科建设的当务之急。但从学科建设的角度看,目前国内翻译学科学术队伍建设跟不上时代发展的步伐。国内高校与各科研究所的翻译学学术队伍学历层次和学术经验还有待于提高。不少从事翻译的研究与从业人员属于闭门造车,鲜有国际经验与全球视野。此外,翻译研究与实践者,更多对是翻译技巧的研究,而对翻译基本理论研究的人员却相对较少,对翻译批评、翻译教学理论的研究更显得薄弱。翻译学术队伍比较分散,各地区之间翻译学科实力悬殊。翻译学科建设较强的地区基本位于北京、上海和广州这样的一线大城市,或是与外界交往较多的沿海地区。而内陆地区翻译研究实力明显偏弱,各地区之间互相协作也不够。针对翻译学科师资队伍存在的问题,我们要把翻译研究与教学人才的培养当作一个突破口,努力培养高质量的人才,强大学术队伍。加大中央政府与地方政府的资金与政策支持,形成国际翻译人才的引进与国内高水平翻译人才良性流动的人才队伍体系。同时,扶持内陆高校与研究机构,逐步设立翻译学科硕士点与博士点,进一步为翻译学科的发展奠定人才基础。

其次,要不断完善人才培养体系,加强翻译学科教材建设。2006年初,翻译专业正式得到教育部的批准,成为一门独立的学科,复旦大学等三所院校开始试招翻译专业本科生。2007年,国务院学位办批准15所院校试办翻译专业硕士点。这是我国翻译学科建设中非常重要的里程碑,为翻译专业在中国大陆的建立和发展奠定了基础,使翻译学形成了比较完整的从学士、硕士到博士的教育体系。在中国,翻译教学一直是外语教学的一部分。因此,各类外语专业课程中的翻译教材设计也受到了外语教学大纲的束缚,不能很好地突出翻译的特点和规律。据不完全统计,在中国教材市场上,各类翻译教材多达1000余种,但是质量参差不齐,编写模式总体上未脱离比较陈旧的狭隘框架,在教材编写理念、教材内容、教材结构等方面重复成分过多、缺乏创新,翻译理论与实践不能很好地融合在一起,严重影响了翻译教学的效率和方法,阻碍了高质量翻译人才的培养。而在为数不多的质量比较好的翻译教材中,真正适用于翻译专业的就更少。随着教育环境的改变,教学理念的更新,国内翻译研究,特别是应用翻译研究的发展,翻译教材建设也需"与时俱进",翻译教材构建模式与使用的理论探索有必要进一步拓展。此外,传统的翻译教材偏重于政治、经济与法律翻译,而缺少对中华文化对外传播起到关键作用的文学与文化经典的翻译。如何编写适合全球化发展需要的翻译教材，如何正确对外传播中华文化，这是摆在每一个翻译人面前的紧迫而又艰巨的课题。

再次，加强建设高层次翻译人才培养基地，为中华文化国际化助力。在全国范围内建立高端理论型及应用型翻译人才培养基地，为学术机构、国家机关、中央企业、省区市外办、驻华使领馆及其他涉外机构培养高级翻译人才。除了各大高校的翻译学院、国家外文局的"高翻"基地，还要积极联合国内外优秀出版机构，建设具有国际视野的文学、文化翻译机构。在整合国内翻译人才的基础上，花大力气引进国际知名翻译理论与翻译实践人才，以课程研发为中心，以师资建设为先导，整合资源，围绕人才需求，构建高端翻译教学体系，创新高端翻译人才培养模式，进一步提升我国翻译实践水平，为中华文化和中国企业"走出去"提供具有国际视野的人才支持。

二、扭转"西强我弱"的国际文化格局

国际话语权是国家文化软实力的重要组成部分。尽管近年来我国国际话语权有了较大程度提升，但"西强我弱"的格局还没有根本改变。以鸦片战争为开端，西方列强打破了中国闭关锁国的状态，"门户开放"让夜郎自大的东方大国领略到了欧洲文艺复兴及英国工业革命给西方带来的文明与进步。但是，随着门户洞开而来的还有陷入危机的中国传统文化。事实上，中西话语权的相互争夺从大航海时代开始一直到今天都在进行中。15世纪地理大发现以来，欧美国家以武力和资本为后盾，先后进行了500多年的扩张、侵略、杀戮和征服，完成原始积累，并不断盘剥世界各国。在这个过程中，西方发达国家尤其是英国、美国，在国际金融上逐渐取得垄断地位，它可以随时开动机器印刷货币，投入金钱兴办并引领各种新闻媒体，诱使整个非西方文明加入以所谓"自由与民主"为框架的话语体系。于是，在国际交往中，西方在话语权上也就逐步垄断了世界。而对中国来说，这种"西强我弱"的文化格局总体上来说依旧没有改变。长期以来我们跟在西方后面跑，陷入对西方的盲目崇拜。而这种盲从，使得我们缺乏批判的态度，缺少独立的、有创见性的思

想。这种方式必然会局限我们的思维和视野,不利于中华民族的伟大复兴,不利于中华文化走向世界。

改革开放40年,中国经济不断发展,中国国际地位不断提高,如何通过对外文化交流、对外文化宣传、对外文化贸易等途径,来扩大中华文化的国际影响力,增强文化产业竞争力,塑造中国的文化大国形象,营造中国和平发展的国际环境,进一步提升当代中国的文化软实力,逐步扭转"西强我弱"的国际文化格局,成为学界备受瞩目的新课题。

中华文化走出去战略是从经济走出去战略中逐步延伸出来的。"走出去"首先是在经济领域提出的一个战略,其萌芽可以追溯到党的十四大。江泽民在党的十四大报告中提出:"积极开拓国际市场,促进对外贸易多元化,发展外向型经济""积极扩大我国企业的对外投资和跨国经营""更多地利用国外资源和引进先进技术"。"开拓国际市场""对外贸易多元化""跨国经营"和"利用国外资源"等就是"走出去"战略的核心概念。2000年10月,党的十五届五中全会第一次明确提出要实施"走出去"战略,在此次全会上通过的《中共中央关于制定国民经济和社会发展的第十个五年计划的建议》中指出:"实施'走出去'战略,努力在利用国内外两种资源、两个市场方面有新的突破。"2002年11月,江泽民在党的十六大报告中强调:"实施'走出去'战略是对外开放新阶段的重大举措。""当今世界,文化与经济和政治相互交融,在综合国力竞争中的地位和作用越来越突出。文化的力量深深熔铸在民族的生命力、创造力和凝聚力之中。"文化建设要"立足于改革开放和现代化建设的实践,着眼于世界文化发展的前沿,发扬民族文化的优秀传统,汲取世界各民族的长处,在内容和形式上积极创新,不断增强中国特色社会主义文化的吸收力和感召力"。

2003年12月,胡锦涛在全国宣传思想工作会议上指出:"大力发展涉外文化产业,积极参与国际文化竞争","走出去"战略首次出现在文化产业领域。2004年9月,党的十六届四中全会通过的《中共中央关于加强党的执政能力建设的决定》提出:"推动中华文化更好地走向世界,提高国际影响力。"

文化自信，重在把握中国自身发展的规律与脉络，在于认清中国与亚洲、与世界关系的历史过程与形象重塑路径。当今的世界，在各种动荡和不确定因素增多的情况下，无论个人还是社群与国家，都不得不寻找和重新定位自身的文化根性。在文化领域互动已经深深融入国际经济、政治博弈的大背景下，目前世界各国普遍重视文化软实力，我们也必须尽快从更加宏阔的战略视角看待文化问题。重塑中国文化自信，大力推动中华文化走出去，为中国经济、外交和安全影响力的扩展提供更加有效的软保护、构筑更加有利的软环境，是我们必须重视的时代课题。那么，如何推动中华文化走出去，扭转"西强我弱"的国际文化格局呢？

  首先，党的十七届六中全会通过的《关于深化文化体制改革推动社会主义文化大发展大繁荣若干重大问题的决定》指出，推动中华文化走向世界，实施文化走出去工程，完善支持文化产品和服务走出去政策措施，支持重点主流媒体在海外设立分支机构，培育一批具有国际竞争力的外向型文化企业和中介机构，完善译制、推介、咨询等方面扶持机制，开拓国际文化市场。加强海外中国文化中心和孔子学院建设，鼓励代表国家水平的各类学术团体、艺术机构在相应国际组织中发挥建设性作用，组织对外翻译优秀学术成果和文化精品。毫无疑问，推动中华文化走出去亟须培养高素质的非通用语种人才。文化的国际传播离不开语言与翻译。国以才兴，业以才立。中华文化走出去作为一项跨学科、跨国别、跨领域的文化传播工程，在人才资源方面，不仅需要具有国际视野、中国情怀的专家学者，也需要大量具备较好外语能力、谙熟国际文化传播规律的实践性人才，特别是具有中国情怀、世界视野、跨文化沟通能力、外语水平出众以及通晓国际惯例的非通用语高层次复合型人才。随着"一带一路"倡议的实施和提速，破解我国非通用语种人才的匮乏，已成当务之急。我国作为"一带一路"合作倡议的积极倡导者和参与者，相应的非通用语建设及人才培养工作面临着重大的发展机遇和挑战。这既是国家亟需也是外语院校的责任担当。

  其次，文化走出去是文化软实力的海外接受而非仅指产品出口。文化出口，要体现中国影响力，关键是要有能在西方生根的、有持续影响力的文化因子走出国门。纵观改革开放之后走出国门的一些文化产品，无论是影视作品，抑或是武术和美食，大多都只能风光一时，却无法在西方社会中留下深远影响。这些东西本质上还不是文化软实力的出口，最多只能看成一次性消费的"文化产品"出口。要想改变现状，就必须改变出口模式，在一些能够持久且具有内容和创意的"软件产品"上下功夫。而最近几十年，中华文化走出去最具代表性的无疑是孔子学院以及中国文学的海外译介。

作为在海外传播中国文化的重要教育机构，孔子学院已成为各国人民学习汉语、了解中国传统文化及其深刻内涵、促进中外文化交流的重要平台。建设孔子学院此类教育机构的优点就是通过坚持不断的基础教育，在海外产生持久的影响。但孔子学院在建设与发展过程中也面临一些问题。比如在日常操作层面，孔子学院提供的一些教学材料被认为是意识形态宣传材料，一些外国学生认为这导致孔子学院在对中国的呈现和介绍上存在偏见，不能使外国学生了解完整而真实的中国，这在很大程度上影响了孔子学院在外国学生心目中的权威性和可靠性。另一方面，教师资源存在严重短缺。尤其是在非洲等不发达地区，由于卫生条件和社会治安状况堪忧，很少有教师愿意被派驻教学。此外，在非英语母语国家和地区，能够通过语言关且胜任孔子学院教师的人也非常有限。当然，虽然目前存在一些问题，但是在中国国力不断增强、国际影响不断扩大的大背景下，孔子学院在中华文化对外传播中将会继续发挥重要作用。

除了孔子学院，最近几年在国外备受关注的无疑是中国文学。在经济全球化语境下，通过文学作品传递中国的价值观和文化精髓，其可接受度和可覆盖面将会超出简单、直接的推广，其影响也将更久远。从早期的中国古典名著的海外传播，到改革开放之后的现代小说译介，再到以莫言、曹文轩为代表的中国现代作家作品的海外传播，中国文学已经越来越多的引起海外读者的关注。德国柏林自由汉学学者彼特·舒米茨接受记者采访时说，中国文学在德国正进入"第三阶段"。第一阶段时间最长，经历上百年，一直到21世纪初。那时，对德国人来说，中国文学就是孔子等古人。近10年，用外文写作的海外华人作家，在德国引起一阵"中国热"，比如戴思杰的《巴尔扎克和小裁缝》、虹影的《中国情人》和裘小龙的《红英之死》等，都进入德国畅销书榜。而2009年中国作为法兰克福书展主宾国，让德国人更深入认识了中国文学。莫言的获奖也助推了这股中国文学热。但是我们也应该看到，虽然部分来自中国的文学家与他们的作品得到西方读者的认可与接受，但是中国文学依然在西方文学世界中处于边缘地带。译介莫言作品的美国汉学家葛浩文在2014年华东师范大学举办的"镜中之镜：中国当代文学及其译介研讨会"指出：中国文学在西方，地位还没日本、印度甚至越南高。文化差异与"西强中弱"的固有偏见是制约中国文学在西方传播的主要因素之一。事实上，经典的外国文学作品几乎没有不被介绍给中国读者的，国外文学名著在中国一译再译，很多经典名作被多次翻译出版。但是，中国著名作家和经典作品在海外至今仍少有人知。

近年来，中国政府及相关文化机构虽然发起了"中国当代文学百部精品对外译介工程""中国文学海外传播工程"等文学译介与文化传播项目，但是文化差异及不同的体制所导致的翻译困难及相关译文的不可读性等问题却非常突出。许多中文作品的文体内容和表达方式与译介国读者的社会习惯和审美要求不相符合，除了少数极受欢迎的作家作品外，很难出现畅销书，这让国外翻译家和推介者很伤脑筋。而一直以来"西强中弱"的固有思想在西方读者脑海里作祟，形成另一种恶性循环。有些西方出版商、媒体甚至学者对中国文学作品的印象还停留在停滞封闭的乡村、政治迫害或扭曲性爱。在推介作品时因对刺激主题猎奇而忽略了读者对文学欣赏的共识，或者把中国文学简单地归结为某一流派，低估了国外读者的鉴赏水平，导致读者对作品的失望，而这在无形中又加深了国外读者对当代中国认知的隔膜。第二个制约中国文学海外传播与接受的因素就是翻译的质量与水平。文学作品的翻译难度大，对译者的水平要求高。译者不但要对作品的文化背景有深入的了解，还要有深入的生活经历，如果自己母语缺乏文学造诣，很难把握翻译这项任务。翻译极大地影响着读者对作品的解读与认识。好的翻译者需要扎实的文字功夫、敏感的文化触觉，甚至与作者和作品的情感联系，才能跨越文字与文化差异的双重沟壑，把作品的原貌和灵性完全呈现出来。目前看来，在西方被读者接受的中国现代文学作品多为西方汉学家所翻译。比如莫言获诺贝尔奖，英文译者葛浩文功不可没。第三个制约因素，也是中国作家经常忽略的一点，就是缺乏经纪人，特别是海外版权代理人。中国作家进入版权交易领域比较晚，需要国际图书市场的认知过程，宣传推广就变得非常重要，特别是针对某个作家的专项推广。除了媒体推介，经纪人是最好的"媒人"。日本翻译家饭冢容也表示，不管原作有多好，译者的热情有多高，如果没有人从中搭桥牵线，译作的出版也就不可能实现。在英美国家，作家九成以上都有自己的代理人，把版权谈判、宣传推广这些商业事宜交给代理人，作家也得以更加心无旁骛地投入创作。

三、建立海外华人翻译与语言中心，架起中外文化沟通的桥梁

中华文化随着华人走出国门已有两千多年的历史。海外侨胞是中华文化的重要承载者和传播者，是在海外展现中国形象的重要窗口。而中国现代化的发展离不开世界，中华文化实现大发展和大繁荣离不开走出国门。海外华人与祖籍国千丝万缕的联系和骨子里那份故土情怀无疑成为中华文化传播的重要载体。特别是在这个多元社会，伴着全球化进程，中外人文交流将日益广泛，海外华人在外地位将不断增强，中华文化也必将随着华侨华人融入世界而发扬光大。

海外华侨华人是传播中华文化的一座天然的桥梁，华侨华人既是中华文化的"守望者"，又是"传播者"。实际上，在异国他乡，华侨华人的存在本身就是一种文化载体。海外华人是中华文化走出去不可忽视的重要中介力量，主要原因有如下几点：第一，海外华人具有人数众多、组织健全的特点和优势。据统计，有逾4000多万华侨华人分布在"一带一路"沿线各国，主要覆盖区亚洲是华侨华人传统聚居区，特别是在东南亚地区最为集中，约有3000万人。而聚居在欧美的海外华人也达到将近1000万人。他们根植于所在国社会的经济、科技、教育、传媒等各个领域，为所在国社会发展做出了杰出的贡献。第二，海外华人经济实力雄厚。据统计，"一带一路"主要覆盖区亚洲华商经济实力占世界华商经济的三分之二以上，世界华商五百强中约三分之一分布在东盟各国，在许多国家华商成

为当地经济的重要支柱。而在欧美的海外华人，也改变了早期移民时期的劳工与餐馆老板的角色，更多的华人开始进入所在国经济与金融核心圈。第三，保持着中华文化的认同感。海外华侨华人在传承中华文化方面，尽管有代际和地域的差异，尽管对所在国文化有不同程度的认同，尽管一些显象的东西在文化融合过程中有所消失，但中华文化的核心，即根植于中华民族体内深层次的精神却被长期保持下来。这种精神支撑他们在当地的生存和发展，同时它化为一种民族感情，一种延绵不绝的文化情结。正是这种文化情结，使他们关注祖国或祖籍国的发展，尤其关注中国的经济实力和国际地位，愿意帮助乃至直接参与中国的各项建设。从总体倾向来看，华侨华人尊崇中华传统文化的价值取向，爱好传统文化的表现形式，保留传统的民俗民风，关注自己的祖籍渊源。他们既了解中国，也熟悉所在国的政治、经济、法律和社会状况；既熟练掌握中国及所在国的语言系统，又了解两国文化环境和民众心理差异，是经济文化往来和民心交流的天然"桥梁"。

中华文化对外传播有许多不同的方式。有基于我方视角的主动传播，也有基于西方视角的被动传播。而海外华人所具有的特殊优势，恰恰起到连接与再平衡双方观点的作用，从而架起中外文化沟通的桥梁。这种沟通过程中，语言与翻译起到了最为关键的作用。因此，尽快建立海外华人翻译与语言中心，从而有效架起中外文化沟通之桥已成为中华文化海外传播过程中亟需解决的问题。

那么如何建立海外华人翻译与语言中心呢？我们要发挥华侨华人的优势，搭建中华文化研究、交流和传播的语言与翻译平台，培养一支海外中华文化传承队伍。第一，重视培养和利用海外高层次人才，充分发挥华侨华人的优势和特点，建立首批海外华人翻译与语言中心。改革开放之后，国家放开中国学生海外留学的限制，一批又一批优秀的中国学子飞跃重洋，在世界各国学习深造，其中一部分人最终工作、定居国外。他们有的就职于国外著名科研院所或教育机构，或在定居国经济、政治、金融等机构工作，具有相当分量的社会话语权。充分利用这些海外华人的人才效应，尽快建立以海外华人语言人才为基础的翻译与语言中心,对进一步推动全方位的中华文化海外传播有着极其重要的意义。第二,搭建中华文化研究、交流和传播语言平台。充分发挥华文学校、华文传媒和华侨社团这三支华人社会主力军作用,借用三者的资源为华人语言翻译中心提供人力与财力帮助,同时引导国内语言与翻译学术团体、高校、社会组织、中资机构与海外华人翻译与语言中心的联系,鼓励代表国家水平的学术团体在华人语言与翻译中心建设中发挥辅助性作用。第三,从国家层面出台具体政策,整合国内外华人力量,引导政府与社会力量积极参与海外华人语言与翻译中心建设,从制度设计和经费资助上保障海外华人语言与翻译中心的良性发展。海外华人翻译与语言中心不仅仅是海外华人自己的事情,中国各级政府与社会力量应该积极参与进去,为中心建设提供必要的人力、物力与财力的支持。第四,注重新生代海外华人在中华文化传承中的重要作用。充分利用网络及其他新媒体途径,聚力打造电子、数字文化载体,采用新颖、符合潮流的现代"包装",根据不同国家、不同区域、不同受众的文化和兴趣点,有针对性的为海外华人语言与翻译研究提供展示的平台,从而进一步促进中华文化的海外传播力度。

随着中国经济的高速发展并与世界经济接轨,随着海外华人专业人士群体继续壮大,海外华人翻译与语言中心的建立与发展必将在促进中外交流,服务国内发展等方面扮演重要角色。一方面,通过翻译与语言中心的相关文化活动,加强了海外侨胞对祖籍地的认识,使年轻一辈的华侨华人了解其祖先的文化,并进而对翻译与华文活动产生兴趣,为世界各地的同乡同宗提供了一个重温并强化某种群体意识的机会。另一方面,随着中心文化交流的扩大与深入,也会加深世界范围内华侨华人对中华文化的认同。一个正在强大的中国在文化上对全球华侨华人产生一种辐射源作用,也为海外华侨华人在海外居住地继续保持自己语言和文化创造了良好的客观环境。

四、大力支持海外华人文学发展,使之成为中外文化交汇的载体

海外华人文学一直以来就充满了争议。虽然相关作品经常探讨海外华人的归属

感、身份认同、国家意识、民族意识、乡土情结等主题，但是海外华人文学经常被归类为外国文学，尤其是海外非华文文学，更是被视为外国文学而被国内学者所忽视。中国的文化机构专门把中国文学翻译成外文而推向海外，却忽视了海外华人对中华文化与异邦文化碰撞的书写与感受，这是对海外资源的极大浪费。毫无疑问，大力支持海外华人文学发展，使之成为中外文化交汇的载体，可以进一步推动中华文化海外传播，促进中西文化的碰撞与交流。

由于近代历史的原因，中国人走向世界之路充满了艰辛，更伴有耻辱的血泪。追溯海外华人文学的历史，最早有书面文字记载的是19世纪中叶的诗歌和民谣，代表作为张维屏的《金山篇》（1848—1852）和黄遵宪的《逐客篇》（1882—1885）。前者描述了早期华人美好的美国梦，后者表达的却是美国梦在现实中的幻灭。到了20世纪初，庚子赔款中旅美小留学生容闳写的《西学东渐记》被认为是最早的华语留学生文学。1905年，由上海集成图书公司出版、作者化名为溯石生写的《苦生活》，被称为是"旅美之人述旅美之事"，描写了海外华工的故事。另一部晚清域外题材的小说《黄金世界》于1907年刊登在《小说林》杂志上，描写了旅美女工在美的凄惨境遇。早期的华人文学多为海外留学生或侨民所写，文字上以文化描写为多。因此，早期的海外华人作品只在海外华人圈产生一定的影响，而大多外国民众对早期华文文学并无实质性的认识。

从世界华人分布来看，东南亚一直以来都有华人文化与使用华语的基础，因而也成为海外华人文学的重要影响地区。而其他地方，例如欧美等国，华文创作的文学作品随着第二代、第三代华裔的诞生，逐渐在强势的英语文化影响下成为非华文文学创作。这些往往被国内所忽视的非华文文学作品，由于语言表达和文化习惯的关系，却恰恰在西方受到了广泛的关注与接受。早期的非华文作品如20世纪初加拿大华裔女作家水仙花（Edith Eaton，1865—1914）和她妹妹的发表的作品。作为一种文学形式，海外非华语文学从一开始就经历了漫长的岁月等待，直到20世纪70年代，美国作家汤婷婷的《女勇士》（*The Woman Warrior*）才有了突破。到了20世纪80年代谭恩美的《喜福会》，华裔作家的作品才真正开始被更广泛的西方读者所接触。海外华人文学中的非华文文学比起华文文学，更能够利用语言的优势为西方读者提供一个较为真实具体的中国图景。尽管有不少评论家认为这些作品很大程度是为了满足西方猎奇心理需求，但是不可否认，他们借着语言之便，已经打入了世界读者市场，为中华文化传播提供了更为广泛的空间。

而同样属于海外华人文学的华文文学创作，直到20世纪中叶才真正具有了自己的规模和声音。以北美为代表，20世纪50年代，不少从中国出来的留学生学有专长却由于政治或家庭等原因而报国无门，笔力雄健且思虑沉重，在当时美国的华文传媒上时常可见留学生的文学作品，主题多徘徊在"去"和"留"的内心痛苦与挣扎。到了20世纪60年代，台湾、香港掀起"出国潮"，涌现出一批年轻而成熟的作家，于是有了以於梨华、白先勇、欧阳子等为代表的"纽约客系列"。其作品充分表现出留学生文学所具有的基本特质，在"无根"的精神痛苦中，在"接受与抗拒"的文化冲突中寻找自己的位置，同时在事业、国家、爱情、婚姻的漩涡中走进"移民文学"的前沿，并创造了海外华语文学的第一个高峰。与此同时，以旧金山"天使岛诗文"为发轫而形成波澜的"草根文学"也成为美国华文文学的重要一支，其特征就是表现海外华人特别是底层华人在美国几代拼搏中所经历的血泪悲欢。

从20世纪70年代末开始，随着中国大陆改革开放与留学潮的开始，海外新移民文学逐渐成长壮大，尤以北美文坛阵容最为强大，被誉为是"美华文学的第三次浪潮"。据统计，从1978年到2007年底，中国大陆各类出国留学人员总数达121.17万人。他们带着纷繁各异的自身经历，沧桑深厚的文化印痕扑入这个全新的国家。或许是经历的更多，他们的心智更加成熟，比起上一代作家，在扑面而来的美国文化面前，他们显得更敏感更热情，同时又不失自我，更富思辨精神。他们减却了漫长的痛苦蜕变过程，增进了先天的适应力与平行感。他们浓缩了两种文化的隔膜期与对抗性，在东方文明的坚守中融入了西方文明的健康因素，他们中很快就涌现出一批有实力、有创见的作家和写作人。从他们的作品中，我们能闻到东西融合的气息，也能观览到全球化的视野。此外，随着网络与信息时代的到来，海外华人文学不再局限于通过书面文字来传播，传播手段逐步扩展到了电影、电视等大众传媒领域，最近还走进了互联网空间，出现海外华人文学相关的网络文学。关注并研究海外华人文学如何通过电影、电视、网络等手段传播塑造华人新形象等问题正在成为海外华人文学研究的新领域。

海外华人文学对中华文化海外传播有着多重现实意义。

首先，海外华人文学多是有关华人在海外漂泊、扎根、奋斗、痛苦或成功的故事，反映了一个族群在异国文化中所面对的生存危机与理想困境。它从一个特殊的角度反映了中华文化在世界传播和演变的过程，而这个过程是大部分中国本土文化故事或本土文学作品所难以寻觅和表达的，它曾是被中华文化所忘却的一角。如今，它又在全球文化交流过程中焕发生机。这些作品给读者提供了完全不同的视角去追溯海外华人寻根溯源、认识自我的方式与路径。它也让曾经被人淡忘的海外华人文化历史记忆重新被世人所认识。

其次，海外华人文学重新塑造了海外华人的文化形象与精神状态。海外华人文学的核心是华人文化，是展现华人文化的文学。海外华人文学发掘分布于全球的海外华人共同文化传统及这一传统在当前的母体文化精神重构及转型时期对海外华人文化的影响。在过去的世界文学中，华人或者亚洲人常常被描写成为权力欲望强烈的暴君、愚钝而又忠诚的仆人、无能无助的异教徒等等。但是，随着华人文学被定居国越来越多读者接受与认可，华人作家所展现出来的多维度世界观与鲜活的人性，正在逐渐重新塑造华人的精神状态与文化形象。

再次，海外华人文学为我们了解外国的风土人情与社会观念提供了参考，也为中国与其他国家的跨文化交流提供了借鉴。随着多元文化主义不断深入人心，以及中国国际地位的大幅度提高，海外华人开始积极认同自己的多元文化身份。文学作品不再局限于早期的寻根主题，而是更多的把中国元素融入当地文化，主题更加积极明快，作品中对外国风土人情与社会观念的描述也越来越客观生动。这就为我们从另一个角度观察外国文化提供了极有价值的素材。

最后，海外华人文学也是海外华人在新的全球化语境中对新文化空间的诉求。目前，海外华人文学虽然还未形成一个研究与创作良性互动的成熟文化空间。但是，一个突破从前漂流、寻根悲情、不再以边缘自居的海外华人文学发展的新时期正随着中国国际地位的提升而悄悄地向我们靠近。新一代的海外华人作家正在用自己的作品向全世界宣布：中国人并非天生的漂泊命，中国人要在世人面前创造一种健康的新形象，别的民族能做到的，我们华人也同样做得到，甚至能做得更出色。正如20世纪90年代移民美国的阙维杭在最近出版的《美国神话》一书的序言中所说："过去从未想到会近距离、面对面观察美国这样完全与我的祖国不同的社会，一旦接触了，所谓文化的冲击、价值观的异同和身为第一代移民每每被动的充当边缘人角色的心理矛盾，使我在观察、触摸美国的同时，也不断调整、审视自己的心态、情感；或者也不妨说，在不断调适自己心态、情感的历程中……"[①]阙维杭从被动的边缘人角色到主动的调适，这个角色转换过程正是新一代华人作家带有普遍性的文化历程也是他们在新的国度寻找文化生存空间的过程。

毫无疑问，支持并推动海外华人文学发展，不仅可以进一步促进中华文化的海外传播，同时也可以给我们提供了解海外社会与文化的新视角。那么，我们该如何支持海外华人文学发展，使之成为中外文化交汇的载体呢？第一，从国家及各级地方层面出台具体政策与措施，加大国内高校及科研院所对海外华人文学研究的力度，积极建设高层次的海外华人文学研究中心。确保从制度设计和经费资助上保障海外华人文学研究的良性发展。不仅要加大各级社科基金对华人文学研究的力度，同时要设立专门的海外华人文化研究基金，让更多的语言与文学人才关注海外华人文学。第二，在海外华人聚居的国家建立华人文学促进会。海外华人文学促进会的建立意在挖掘当地华人华侨文学爱好者，在海外传承和弘扬祖国的传统文化，扩大华人文学在海外的影响力，促进华人文学在海外的进步与发展。事实上，华人移民需要有一片肥沃的土壤让华人文学在异国落地生花。海外华人的整体形象也需要从文化范畴待以提升，从而带动整个华人移民在文化和其他领域脱颖而出。2010年初，欧洲华人文学促进会在罗马成立不仅标志着意大利华侨史上文学发展的新道路

[①] 阙维杭：《美国神话：自由的代价》，广州：花城出版社，2002年，序言。

而且为世界其他地区成立华人文学促进会树立了榜样。第三，鼓励国内更多的出版机构及相关媒体参与海外华人文学的推介与出版工作。在实施中华文化走出去的过程中，我们更趋向将传统中国文化与经典文学译介推向海外，让更多的西方人了解传统中华文化的内涵。但是我们更应该将优秀的海外华人文学推介到国内与海外市场，让更多的中国人和外国人了解华人华侨在海外的经历与故事。我们必须明白，海外华人文学不仅仅只是华人华侨自己的故事，它们更应该是中华文化宝库中璀璨发光的一盏文化之灯。

第五章 华侨与华文师资培训、教材和教法改革

古代"陆上丝绸之路"和"海上丝绸之路"既是连接亚洲、非洲、欧洲的商业贸易通道，也是沟通东西方文化与思想交流的重要桥梁。在21世纪，国家从战略高度提出"一带一路"的构想，就是想通过主动发展与相关国家的经济文化合作，为实现中华民族的伟大复兴创造良好的外部环境与合作共赢的新格局。无论经济往来还是文化交流，语言沟通都起着重要的桥梁作用，因而汉语国际推广具有举足轻重的作用。而在汉语教学过程中，教师的教学水平与教学方法，教材的适应性与实用性都起着至关重要的作用。毫不夸张地说，高素质的汉语教学队伍与高质量的汉语教材开发，对中国"一带一路"倡议的顺利实施起着极其重要的作用。

第一节 "陆上丝绸之路"沿线国家汉语师资与汉语教材现状

从20世纪90年代中期开始，随着中国综合国力的增长和国际地位的提高，汉语在全球的影响力迅速提升，学习汉语的外国人也急剧增加。进入21世纪，随着中国政府倡导的"一带一路"倡议的实施以及"一带一路"沿线上海合作组织国家间的合作深入、中国与东盟自贸区的建立，学习汉语、了解中国文化正在成为"一带一路"沿线各国的迫切愿望。在印度尼西亚的一些地区，人们甚至提出了"汉语学习要从娃娃抓起"的口号。据国家汉语国际推广领导小组办公室的数据，海外学习汉语的人数已超过1亿。汉语正逐渐跃升为在全球可能仅次于英语的新强势语言，其国际化的趋势日益明显。随着"一带一路"沿线国家"汉语热"的升温，汉语教学也呈现出普及化、大众化、教学对象低龄化、教学层次多样化等特点。汉语课程在许多国家已经开始渗透到整个国民教育体系，特别是中小学汉语教学发展势头迅猛，可谓方兴未艾。在东南亚，中文教育更是有着悠久的历史，20世纪60年代世界进入冷战期后，东南亚地区的华语教育曾一度遭到压制，华文教育因而断层数十载。如今中国的崛起以及"一带一路"倡议的实施，直接带来了东南亚国家对中文教学的大量需求，东南亚许多国家都号召在全国中小学普遍开设汉语课程。中文教育体系最完整的马来西亚，华文小学成为教育的热点。可以说，在东南亚许多国家，汉语已成为与英语同样重要的外语。"一带一路"沿线国家的汉语教学已呈现一片欣欣向荣、方兴未艾的喜人局面。但是，我们在欣喜之余必须看到，对外汉语教学人才缺乏的问题也越来越突出，教学方式与教材无法适应国情各异、文化不同的国家需求。如何能够加强汉语教师的培训、提高教师质量；如何出版适合不同国情的汉语教材；如何推动汉语教学改革成为摆在每一个汉语国际教学从业者面前的紧迫任务。

"一带一路"沿线各国汉语师资与汉语教材现状到底如何呢？

地处"陆上丝绸之路"的中亚五国，由于历史原因以及参与上海合作组织的关系，对汉语教学一直都非常重视。吉尔吉斯斯坦是上海合作组织成员国中与中国关系最为密切的国家之一，中国新疆与吉尔吉斯斯坦山水相连，陆路相通，拥有1100公里的边境线。目前在只有500多万人口的吉尔吉斯斯坦有3000多名在校大学生学习汉语，而各类非学历教育的汉语班像雨后春笋般遍布各地，学汉语的人数增长迅速。中国在吉尔吉斯斯坦建立的两所孔子学院及各种教育合作对中吉两国的文化教育交流起到重要的作用，对汉语在该国的顺利传播具有重要的意义。在吉尔吉斯斯坦，现有的汉语教学师资主要来自本国公民，约占汉语教师总数的70%，主要来自比什凯克人文大学和国立大学汉语专业的毕业生，中国籍教师约占30%，他们当中来自中国国内的大学教师不到10人，其余均为在比什凯克经商或学习的中国人。[①]无论是当地的，还是中国籍汉语教师，他们的年龄大多都在30岁以下。年轻教师缺乏教学经验，尤其是临时聘用的中国教师具有很大的不稳定性，常常是中途不辞而别，给校方带来很多困难。汉语教师短缺，直接影响汉语教学质量，导致生源流失。此外，汉语教师教学经验不足，限制了教学水平的提升。除了教师问题，吉尔吉斯斯坦目前流通的汉语教材也有不少问题。该国各类学校采用的教材有十几种，其中大部分是由北京语言大学出版的，比如《汉语新

---

① 范晓玲、古丽莎妮·加玛勒：《吉尔吉斯斯坦汉语教学现状及思考》，《新疆社会科学》（汉文版），2010年第4期。

目标》《汉语速成》，还有语文出版社出版的《中国全景》。虽然从中国引进的教材并不算差，但突出的问题是这些教材俄文、吉文注解不系统、不配套，另外吉尔吉斯斯坦也缺少本土化中高级精品教材。在教授中文的大专院校里，只有比什凯克人文大学汉语教材、参考书比较充足，其他院校均反映缺少教材和教学辅助材料。另外让人担心的是汉语课程设置单一，汉语教学缺乏科学性、系统性、规范性。大部分学校是一门汉语课只有一本教科书，这本书却包括所有的技能训练。老旧的教材使得汉语学习不能从听说读写四个方面横向展开，从而导致无法高效率地培养学生的语言运用能力与交际能力。

中亚五国的另一大国哈萨克斯坦共和国自20世纪90年代末开始，从离中国最近的大城市阿拉木图逐渐扩展到内陆，自愿学习汉语者日益增多。从开展汉语教学的学校分布情况来看，越靠近中国，开展汉语教学的学校越多，不仅是离中国最近的大城市阿拉木图的学校，而且离我国边境地区较远的哈国北部、南部及西部地区城市的"汉语热"也逐年升温，渐呈燎原之势。中哈两国均为上海合作组织成员，随着中哈两国领导人的频繁接触，政治、经济、文化、贸易方面的合作不断扩大，民间往来频繁，我国对哈国的影响力得以不断提升，与此相应，汉语学习热也由东向西、由南向北蔓延，几乎所有的大城市都有汉语教学点。但是，与吉尔吉斯斯坦相似，由于师资和教材等问题的制约，哈国汉语教学的全面展开遇到一定的困难。哈萨克斯坦的汉语教学师资队伍绝大部分由来自中国新疆地区的哈萨克族教师组成，他们为汉语教学的发展和扩大起到了不可否认的作用。但这些哈萨克族汉语教师的母语为哈萨克语，他们在移居哈国之前，虽然大部分受过中国的高等教育，曾在中国从事过不同工作，但只有少数人真正从事过汉语教学。由于自身的汉语水平还不够理想，他们的汉语使用显得很生硬，在语音、语法等方面都存在一些问题。从汉语教材方面来说，来自中国与俄罗斯的汉语教材并存于该国很多学校。俄版的汉语教材大多是在中国出版翻译的老教材，后对其内容进行改动，使其适合俄国汉语教学的实际情况。因其有俄语翻译，诠释语法，这种教材对大多数城市里长大的懂俄语的学生比较方便。但是，大部分俄版教材内容老旧，严重滞后于时代发展。由于没有本国出版的汉语教材,哈萨克斯坦汉语教学中存在着教材严重缺乏的问题。该国的汉语教材的获得完全依赖于中国和俄罗斯。与我国高校有较多合作的哈萨克斯坦国立大学和外国语大学等少数高校,能从各种渠道获得我国提供的汉语书籍。而其他院校和地区的汉语教材情况则不太乐观。这种现象已成了汉语在哈国不能得以全面展开的一大障碍。除了这两个国家,土库曼斯坦、乌兹别克斯坦和塔吉克斯坦也在汉语师资与教材上面临同样的问题。

第二节 "海上丝绸之路"沿线国家汉语师资与汉语教材现状

"陆上丝绸之路"沿线国家的汉语教学现状如此,那么"海上丝绸之路"沿线国家汉语师资与教材是否也存在同样的问题呢?

让我们来看看东南亚各国的现状。

马来西亚汉语教育在东南亚乃至全世界首屈一指,是除中国大陆、台湾、港澳地区以外唯一拥有小学、中学、大专完整华文教育体系的国家。马来西亚人口约2600多万,由马来人、华人、印度人等组成,是个多元种族、多元文化、多元宗教的国家。马来西亚华人约620多万,约占全国人口的23.6%,祖籍以中国福建、广东和海南为主,日常社交中除使用方言外,华语是他们共同使用的母语。据马教育部提供的最新资料,马现有华文小学1290所,华文独中60所,华文大专院校3所(南方学院、韩江学院、新纪元学院)。除此之外,还有153所国民小学提供交际华文课程,78所国民改制型中学设有华文必修课程,24所寄宿中学向马来学生提供华文课程,16所师范学院开办中小学中文教师培训课程,马来亚大学、博特拉大学、国民大学等国立大学也设有中文系,其中马来亚大学还设有中国问题研究所。[①]全国就读华文学校人数超过20万人,其中华文独中在校学生6万多人。近年来,不仅

---

① 数据来源:中华人民共和国驻马来西亚大使馆官方网站:http://www.fmprc.gov.cn/ce/cemy/chn/zt/nycf/t314470.htm。

是华裔子女进华校，一些马来人、印度人的子女也开始到华校读书。目前就读华文独中的马来学生约5000多人，就读华文小学的非华裔学生近7万人。相对于"一带一路"沿线其他国家，马来西亚的汉语师资质量相对较好，但是依然面临着诸多问题。由于马来西亚是个多民族、多语言国家，汉语被政府所限制，目前依然没有一所独立的中文大学，只有华文学院。这就导致汉语师资力量的流失，而在岗的汉语教师多呈现严重老龄化，以至于汉语言文化知识跟不上实际语言的发展变化。因为不能及时掌握运用汉语研究新成果，部分教师知识面狭窄，教法缺乏灵活性，不能满足学习者的需求。从使用教材的情况来说，现在所使用的汉语教材无法适应马来西亚多民族、多文化的国情。如何从不同的文化背景、社会习俗、思维方式、价值标准等方面编写汉语国别化教材是马来西亚中文教学面临的大问题。

那么与马来西亚相邻的印度尼西亚汉语师资与汉语教材又怎么样呢？虽然从历史的角度讲印尼与中国存在着芥蒂，但是印尼政府从本国利益出发，于1999年解除了对汉语的禁令，印尼社会特别是华人社会掀起了学习华文的热潮。但是，由于禁止学习中文的时间太长，汉语教育无论从硬件还是从软件来说都存在着较大问题，其中师资问题尤为突出。由于历史上的排华运动，导致一个时代的华语教师出现断层，印尼中文教师老龄化现象突出。同时，印尼年轻人由于工资待遇低，愿意做华文教师的少之又少。老教师年事已高，精力有限，若无年轻一代接班，再过5年、10年，印尼的华文教育势必出现"青黄不接，后继无人"的局面。同时，由于历史原因及社会经济条件与气候原因，中国具有资格的汉语教师不愿意赴印尼做中文教师。与泰国、新加坡和马来西亚相比，中国教师并不热衷印尼的工作。而印尼本地中文教师，多为华侨或华侨后裔，他们学历普遍较低而教学水平不高。印尼现有华文教师接受过高等教育特别是师范教育的很少，致使业务水平普遍较低。有些教师常常写错字；有的教师上课乏味，照本宣科，缺乏教学技巧，直接导致学生失去对中文的兴趣。另外，印尼的汉语教材非常缺乏，各种机构或学校所使用教材也是来源各异，五花八门。比如台湾免费赠送的注音字母和繁体字教材，还有新加坡出版的《好儿童华文》、印尼本国编写的《汉语教科书》等,都与中国大陆出版的比如《中文》教材有一定差距。如果选择地道的中文教材,又需要教材适应简体字逐渐普及的趋势并要结合印尼当地风土人情。这成了目前印尼汉语教育非常棘手的问题。

  与马来西亚和印度尼西亚相比,同为东南亚国家的泰国和新加坡则在汉语教育师资与教材改革上取得了不小的成绩。这既与两国一直以来对华柔性政策有关,也与其对华历史关系与文化认同关系有关。在20世纪60年代,新加坡率先开始使用中国大陆推行的简体中文,这场华语运动是为了统一新加坡华人的中文使用规范,消除方言的隔阂。到1968年8月,新加坡成立"汉字简化委员会",在1969年颁行《简体字表》。1974年,新加坡教育部规定教科书须横排印刷。1971年开始采用"汉语拼音方案"。"多讲华语,少说方言"是华语推广运动的口号。这种政策其实反映了新加坡领导人李光耀是一个很有远见的人。李光耀重视华文教育,是因为他看到中国未来的发展。李光耀在回忆录中曾这样总结新加坡华语推广的背景:"1965年独立之初,我们决定推行华文为第二语文的政策是正确的。新加坡华族讲七种中国南方的主要方言,在这种情况下,比较容易说服大家一起改用华语。对许多新加坡人来说,方言是真正的母语,华语不过是次母语。不过,再过两代人,华语就会成为新加坡华人的母语了。"[1] 正是由于政府的推动,新加坡的汉语教育比东南亚各国更加彻底与规范,再加上新加坡良好的法制与发达的经济保障,新加坡汉语教育走入了良性循环。新加坡开发的汉语教材也被很多国家和地区的学校采用。除了已开拓的印度尼西亚与马来西亚市场,现在一些美国学校也开始使用新加坡的普通汉语教材。当然,在新加坡也存在着汉语师资缺乏的问题。新加坡本地汉语老师相当缺乏,很多人因为中文科目不受重视的原因,宁可选择别的科目,也不选择汉语,所以本地汉语师资后备力量严重不足。虽然政府一直在鼓励学生报考中文师范专业,但是仍然阻挡不住日趋下降的趋势。由于本地师资匮乏,所以政府不得不从中国大陆及台湾、香港地区以及马来西亚引进汉语师资,但是这些引进的汉

---

[1] 李光耀:《李光耀回忆录:我一生的挑战》,南京:译林出版社,2013年,第23页。

语师资大多数是本科或研究生刚毕业,且多数为女性。有些老师不能适应新加坡工作的压力,出现了各种各样的问题;有的合约未满则已经回国;还有一些合约期满立刻回国。美丽的花园城市难以留住引进的汉语教师,以至于现在许多新加坡学校已经出现无华文部门主任的状态。

泰国从20世纪80年代开始,就放松了对汉语教育的管制,汉语教育开始蓬勃发展起来。尤其是2006年泰国《战略规划》实施后,学习汉语已然成为泰国的新潮流,汉语课程成为泰国中小学的常规科目。进入21世纪,随着国际形势的深刻变化,尤其是中国国际地位的提升,中国与东南亚国家全面经贸合作的开展为两地民众带来诸多实惠,在这样的背景下,汉语教育热潮在泰国一直延续,而中国主导的孔子学院在泰国的建立,更是标志着汉语教育在泰国的新纪元。但是,泰国的汉语教育虽开展得如火如荼,也存在诸多问题。首先,汉语教学的方式方法落后。泰国在汉语教学方面存在诸多制约因素,因为从幼儿阶段、中小学阶段和高等教育阶段,不同学校学生接受汉语教育水平各异,从而导致学生接受能力和学习基础参差不齐。在这种背景下,各个学校在具体的教学策略和教学内容上难以统一,也难以建立系统化的、长效性的汉语教学模式。基于此,泰国学校的汉语教育从本质来讲依然较为落后。其次,师资队伍建设落后。泰国开设汉语教育的学校,在师资队伍建设方面普遍存在投入少、重视程度低等弊端,在某些学校,汉语教师的选聘甚至会找一些泰国人,这些人自身的汉语素质并不强,导致整个师资队伍素质滞后。目前,在泰国从事汉语教学的中坚力量几乎都是中国汉办派出的教师志愿者。泰国部分本地教师不是中文专业毕业,汉语知识不够,汉语水平与运用能力也不高。再次,泰国学校里所用的汉语教材适用性差。泰国汉语教材大部分是从新加坡及中国香港或中国台湾等地引进,这些教材多数较为陈旧,跟不上当前汉语发展的趋势和潮流。

从以上列举的"一带一路"沿线国家汉语师资与汉语教材现状可以看出,师资的培养与教材的开发是阻碍汉语教育国际化的瓶颈。缺少师资、缺少完整的课程设置,造成选修中文的学生有比较高的弃学率,他们无法攻读整个学位,只能把中文作为一种兴趣来学习。尽管国家汉办每年派出不少志愿者，但仍然远远不能满足"一带一路"沿线国家日益增长的汉语教育需求。除了师资缺口外，另一个就是教材的需求不能被满足。国外汉语学习者分布在各年龄阶段，有各种各样的文化背景和目标需求，但目前还缺乏针对性的汉语教材。不少教师在教学中只好自备教材。如何能够在了解各国需求和当地政府教学标准的基础上编写适合各国国情的教材是摆在每一个汉语教育工作者面前的任务。同时，应该花大力气研制开发配套资源，特别是教具以及体验实材，在多媒体和网络教学资源方面可以有更多的作为。

第三节 "一带一路"沿线国家华文教育的困境与难点

中国"一带一路"倡议的实施给沿线各国带去了快速发展的机遇也带去了新的挑战。在中国和平崛起的全球背景下，汉语教育国际化成为"一带一路"沿线国家融入与分享中国崛起所带来经济与文化利益的重要途径与手段。但是，"一带一路"沿线国家的华文教育仍旧面临着许多问题。其中师资力量的匮乏、汉语教材质量欠佳和汉语学科建设薄弱依然是海外华文教育三个亟待解决的问题。

首先就是华文师资的供需失衡与教师素质良莠不齐。随着中国经济的不断发展与国力的持续增强，"汉语热"在全球范围内兴起。虽然最近几年中国相关机构派遣了大量的华文教师、汉语志愿者到"一带一路"沿线各国任教，但相对于其华文教育的蓬勃发展，华文教师的供给和需求还存在很大的缺口，具有高业务水平的华文教师相当匮乏。据估计，东南亚地区华文教师缺口约在五六万人左右。仅印度尼西亚华文教师目前的缺口就达3万名。印度尼西亚华文教师中，年龄在65岁以上的老教师约占65%。教师问题已经成为印尼华文教育发展面临的最大困难。印尼30岁到50岁的华文教师出现了断层，华文教师至少有2万人的缺口。培养年轻的本土华文教师迫在眉睫。这仅仅是教师数量上的问题，更严重的是师资质量问题。大多数"一带一路"沿线国家的本地教师中文水平不高，缺乏中文专业师范教育背景和经验。甚至有些师资是曾与中国有过经贸往来的本地商人。师资质量问题严重阻碍着汉语教学在所在国的顺利进行。同时，由于历史、经济与所在国政治局势原因，华文教师在不少国家出现年龄断层现象，这种现象可能不是短时间之内可以解决的；另外，中国外派的华文教师不愿意去某些历史上对中国存有芥蒂或者经济欠发达、安全无保障的国家，这都直接导致所在国中文师资问题恶性循环。中国政府和社会虽然为"一带一路"沿线国家的华文师资问题做了许多工作，例如通过派遣、培训、组织专题活动等方式，但对于庞大的需求而言依旧是杯水车薪。

除了师资问题，严重制约汉语教学的因素就是教材问题。一套规范而品质精良的中文教材对于海外汉语学习者，尤其是华侨、华裔学习汉语乃至了解中国传统文化起到非常重要的作用。近些年来，国务院侨办根据"一带一路"沿线国家华文教育发展需要，逐步构建起了从小学到大学、从语言学习到文化感受、从平面书本到网络与新媒体的海外华文教育教材体系，编写、出版了20多种华文教材。虽然中国出版发行了不少优秀的华语教材，但是，这些教材在"一带一路"沿线国家的引入却遇到了各种各样的困难。有些是因为所在国经济原因，有些是因为意识形态原因。也有不少国家将中文版教材直接翻译为当地语言，成为当地华文学校的教材。由于各国语言文化的不同，将中文版华文教材直接翻译为当地语言的做法，使华文教材缺乏准确度与本土适用性。此外，"一带一路"沿线不少华文学校从小学到中学乃至大学会换用几套不同的教材，字体繁简不一，内容也不连贯。华文教材的编辑与出版亟待转型，教材应该不再是不同语言环境下的简单翻译或转换的产物，而应结合当地文化和语言环境，结合学校的特点和学生的学习习惯来制订。这既需要中国出版机构、汉语推广机构和世界教育出版同行的深入接触、交流、探讨，也需要"一带一路"沿线各国的教育与出版部门通力协作才能实现。

除了以上两点，薄弱的汉语学科建设也是严重掣肘汉语教学在"一带一路"沿线国家快速、持续发展的原因。虽然"汉语热"在"一带一路"沿线国家不断发展，但是很少有国家设立华文大学或华文学院，而更多的华文学习只是以外语语言学习的形式出现。华文教育与海外华侨华人社会是相生相伴的，华文学科建设的规范与完善是保持华侨华人文化认同的根本保证。这也是中华语言文化在海外传播最正规、基础最雄厚，且效果最好的一种教育形式。

改善"一带一路"沿线国家汉语学科建设薄弱的现状，形成标准化、专业化、正规化的华文学科，是海外华文教育发展的重要一步。中国相关部门应联合"一带一路"沿线国家具体部门，根据不同国家和地区的情况，针对不同办学模式需要，组织力量研发制定海外华文教育教学大纲、华文教材编写大纲、华文学校办学标准、华裔青少年华文水平测试标准等，推进华文学校办学的标准化；进一步加强华文教育学科建设和理论研究，构建起高水平的教学科研和人才培养基地，促进华文教育朝专业化方向发展；要引导华文学校转变观念，积极同当地国民教育体系相衔接，更好地发挥华文学校在增进中外人文交流方面的独特作用。另外，在学科建设中突出中文语言与文化功能，从而创造出更好的中华文化在海外传播的途径与渠道。

除了以上三点，"一带一路"沿线国家华文教育还存在资金与办学场地的问题。"一带一路"沿线主要国家，包括中亚五国、东南亚与南亚多国基本上属于发展中国家，经济实力与国家国力较为有限，因此对华文教育的投入也有限。此外，由于华文教育学费低，而场租费、设备费等办学成本较高，许多海外华校存在办学资金短缺的问题。学校因资金短缺而关门的事件屡见不鲜。办学经费短缺，必然导致华文教师和职工薪水低，难以聘到高水平、高素质的华文教育人才，从而严重影响华语教学工作者的工作积极性。除了办学资金有限，华文学校的资格问题也是造成办学场地被局限的主要因素。大部分的华文学校不是由当地政府组织创办而是当地华人社团自发组织的教育机构。这些华文学校，既不在所在国的教育体系内，也不从属于中国的教育体系，因而无法享受所在国相应的教育待遇，不能与当地公立学校一样由政府自主建设或出资协助建设校舍。办学资金与场地的困扰一直以来就是阻碍"一带一路"沿线国家发展华文教育的重要因素。

第四节　发展"一带一路"沿线国家汉语教育的对策与建议

一、编写具有各国独特地域、经济和文化特色的汉语教材

"一带一路"沿线国家由于其各自历史、地域、文化的差异，形成了各具特色、区别明显的民族与地方文化。而汉语教育在沿线各国的推广也离不开具有各国独特地域、经济和文化特色的汉语教材。2008年4月19日，《阿克苏日报》一则报道《新疆特色汉语教材中亚受宠》引起很多人的关注。原来，新疆师范大学编写的《新丝路汉语》教材在中亚五国受到了汉语学习者的热烈反响，深受所在国学生的欢迎。哈萨克斯坦、吉尔吉斯斯坦、塔吉克斯坦的高校竞相购进这本教材。《新丝路汉语》分为汉、俄、吉语和汉、俄、哈语两个版本。内容涉及日常生活、学习、经商、社会交往和网络交际等内容，语言简洁、现场感强。同时，这本教材还介绍了新疆的风土人情，像著名的国际大巴扎、新疆天池和新疆风味小吃等都收录其中。这套具有强烈中亚地域文化特色的汉语教材之所以受到中亚各国汉语爱好者的热衷与喜爱，就是因为它契合了当地的经济与文化特色，在学习者中形成了共鸣。

汉语教材的编写应该根据各国不同国情，因地制宜，从而形成各具特色、适合不同人群需要的汉语教材精品。

首先，教材编写的题材应该符合区域文化与时代发展的潮流。受不同地域文化与社会意识形态的影响，海外汉语学习者在观念上与我们有很大的差异，即便是海外华人，他们对许多问题的看法也与国内不同。汉语教材的编撰者必须要了解"一带一路"沿线国家的社会意识形态与宗教信仰；还要真正理解当地的文化和思维习惯；明白不同国家的人们在思想文化层面的特点和差异，避免与当地的社会价值观相悖。作为教材主体的课本，其汉语教学的内容题材是至关重要的，题材除了要符合汉语教学对字词句文等语法讲解的需要，还应在题材的选择上适合于当地社会文化的特殊性。例如，在"一带一路"沿线的中亚五国教材中加入具有穆斯林文化特色的题材，这是新疆版汉语教材在中亚受到欢迎的原因。此外，还可以结合该地区"陆上丝绸之路"的特点加入历史元素，这样既可以学习中文也可以增强沿线国家

的历史文化认同。要避免选用诸如政治、宗教、战争之类涉及意识形态方面的题材作为教材内容，因为这类题材往往带有争议，可能会使一部分师生产生分歧和反感，对汉语教学造成不必要的负面影响。

其次，教材的编写要充分考虑体裁形式与学生特点。在海外，学汉语的学生大致可分为两类：一类是华侨华人子女，另一类是非华人的在校学生或社会人，他们学习汉语的目标往往各不相同。华侨华人子女因为家庭影响，汉语的听说能力普遍比较好，其学习汉语的目标通常是中文读写能力和对中国历史与文化的了解。因此，篇章、会话式的教学体裁就不如趣味性和知识性的阅读材料更实用，特别是具有中国传统文化与历史典故的教材比较受华人子女喜欢。相反，非华裔类学生学习汉语的目标就是沟通与交流。口语、情景对话相对来说更加实用。我们通常在海外汉语教材中发现有大量诗词散文素材和其他中文文学作品，这对非华裔学生的初学者来说实在是太难、太不实用了。学生要想较好地理解这类体裁的汉语内容，不仅要有相当的汉语阅读和理解能力，还要对中国文化有广泛和深入的了解，而这些恰恰是汉语初学者所不具备的，因此学生难以真正理解和掌握，更难以在实际中应用。其实，换位思考，在中国英文的初学者中，有几个会对莎士比亚、华兹华斯的诗歌或者是狄更斯、萧伯纳的小说和戏剧感兴趣的呢？

再次，教材的编写应该循序渐进。其实早在一百多年前，西方传教士也是从注音开始学习汉语，进而过渡到阅读、翻译，最后成为熟悉中国语言及文化的传教者与文化传播者，他们当中不少人后来甚至成为著名的汉学家。汉语学习有其内在的规律，好教材的重要特点之一就是从易到难、由浅入深、循序渐进，从而达到易学好懂、事半功倍的教学效果，反之则事倍功半。在海外汉语教学中更应该利用汉语教学的规律，缓解课时短缺和教学量大的矛盾，提高教学效果。先教汉语拼音和汉字输入，再过渡到汉字的认识与书写，这样有利于学生掌握汉字形音意，练习及使用汉字。最后，汉语教材除了课本的编写之外，还应该有与之配套的辅助材料，包括学生练习、教师参考和其他学习材料。充分利用高科技手段开发出声像和网络多媒体课件，使用听说、读、写、译等多种手段给予汉语教学以帮助。

二、完善相关教材体系建设

海外华文教育与汉语国际推广是我国在海外推广汉语,弘扬中华文化的两大主渠道。就教学对象而言,海外华文教育主要是面向华侨华人,而汉语国际推广则主要针对非华裔人士。海外华文教育是广大华侨保持民族特性的根本保证,是凝聚侨心、汇集侨力,促进海外华社和谐发展的内在动力,对祖籍国和华侨华人都具有重要意义。而汉语国际推广则对传播中华文化,促进中华文化与世界各国文化交流、交融的重要手段。近年来,国家相关职能部门基于"一带一路"倡议需求,组织专家编写了一系列国际汉语教材,初步构建起了从幼小到大学,从语言到文化,从学生到教师的较为完备的国际汉语教材体系。但是,目前的汉语教材总体上仍无法满足汉语热的需求。教材质量不高、同质化现象较为严重。创新教材建设思路、突出教材特色、提升教材质量成为汉语国际推广的当务之急。教材合理的策划与定位、教材内容、呈现的形式、资源建设、组织管理都成为完善相关建材体系建设的重要内容。

首先,在充分了解市场的前提下,策划针对性强、有市场影响力的品牌汉语教材。21世纪的全球汉语热不应该让我们头脑发热,而是应该让我们更能够看清楚汉语热背后存在的对不同类型汉语教材的需求热。全球汉语学习者年龄、水平、学习目的、知识和文化背景各异,开设汉语课的教学单位的课程设置、学时安排、学习目的也不同,这就要求我们在教材策划时充分考虑到这些因素,策划的教材应该有针对性。对汉语国际教育教材而言,把握不同国家市场需求,把握最新的行业动态,研究国家汉语国际推广的最新政策,孔子学院总部和国家汉办的最新动态都是编写教材前必不可少的准备工作。只有在充分调研定位教材潜在的使用者情况,包括使用者的数量、分布区域、年龄层次、汉语水平、知识和文化背景等,以及相关院校情况、授课老师们的意见反馈等,我们才能策划出针对性强、有市场影响力的品牌汉语教材。

其次,要开发形式创新与内容创新兼收并蓄的经典教材。"一带一路"沿线各国现在使用的大部分教材都是较老版本的汉语教材,不仅质感欠佳,不够美观,内容也过于陈旧。进入21世纪，随着中国国力的不断强大，中国人积极正面的国际形象也更多展现在各国人民面前。作为语言文化传播的重要工具，汉语教材不仅仅要追求内容创新，也要追求形式创新，让教材从内到外都能代表崛起中国的正面形象。形式是内容的载体，理想的教材，形式上应该既能体现装帧设计之美，又能很好地呈现教材内容。封面和版式设计符合教材内容定位，层次清楚、色彩和谐、美观大方、新颖活泼。而事实上，教材形式的创新也是一国文化与艺术实力的展示，能给教材使用者留下良好的印象。教材的内容创新应着重体现在教学理论与教学内容的创新。教学体系不盲从、不照搬西方教学法，也不全盘否定，要结合汉语自身特点，创造性吸收。在教学内容上要将汉语文字与中华文化的传播巧妙结合在一起，遵循循序渐进、精讲多练、系统性、基础性、趣味性、语言结构的碎片化、主题式教学、学有所用的原则安排教材内容的编写。

　　再次，教材编写与出版要适应信息化时代的要求，开发教学资源与数据库。信息时代与网络时代的到来，使得原来的平面教材逐渐向立体教材发展。毫无疑问，围绕汉语课程的立体化教学资源库建设成为汉语教材建设新的方向与着力点。汉语课程教学资源库与数据库的建立，不仅有利于各国学习者共享资源，而且还可以形成大的汉语教学大数据，从而为汉语教学发展的方向与趋势提供有力的数据支持。在网络与移动数字资源上，我们可以开发教材网络课程平台，提供智能化的班级和学生管理系统，同时可以开发针对移动媒体的各种AP软件，为学习者提供针对性教学服务。另外，要形成系统的汉语教材编写与出版组织与管理工作。一套经典教材从筹划到编写再到应用并被使用者广泛接受要经历漫长的过程。参与其中的包括教材策划、编写人员，还有出版社的负责人、中文编辑、外文编辑以及封面、音视频编辑等，这么多人参与其中，就需要要建立一个科学的组织管理制度。教材的推出与接受就如同一个产品的生产与消费，必须形成一套高效的运转管理机制，这为教材的问世与流通打通了渠道。总而言之，在不断变化的国际形势下，汉语国际教育教材建设唯有不断创新，才能跟上汉语走向世界的步伐，才能更好地满足世界汉语热对中文教材的需求。

三、多形式多渠道培训华文教师

随着中国综合国力持续增强和经济全球化不断深入，更随着"一带一路"倡议的实施，汉语作为一种交流与沟通工具越来越受到海外华人及非华裔学习者的欢迎。汉语作为经济与文化沟通的工具日益受到各国重视，这使得华文教育师资匮乏和专业素质不强等问题日渐突出。教师数量严重不足，老龄化现象严重；年轻教师梯队培养断层，退出率高；华文教师业务能力不足，专业水平有待提高。华文教师存在的这些问题时时刻刻都在提醒我们要不断地开拓多形式多渠道华文教师培训与培养方式，为有力推动汉语国际化，让中华文化顺利向海外传播提供基本的师资与人力保障。

针对华文教师师资严重不足以及专业素质不高的问题，相关各方都在积极寻找解决途径与方法。"一带一路"沿线很多国家都在积极派遣留学生来中国进行学习与交流，中国越来越多的高校开始设置对外汉语教学专业。中国国内各省区市侨办、华文教育基地也都积极争取政策支持，全力帮助海外华校解决困难。但是，应该看到，现有的培训华文教师的方法与渠道，依然无法满足汉语热对海外华文教师的需求，我们应该积极开拓更多培训渠道，为汉语国际化助力。

第一，要坚持举办"请进来""走出去"的短期师资培训活动。为提高海外华文教师教学水平，国务院侨办每年组织"走出去""请进来"的各项活动，对华文教师进行系统培训。除此之外，完善培训、考核、认证三位一体的华文教育培训机制工作也在推动中。众多来华参加培训的海外华文教师表示这样标准化、系统的培训，不仅让他们在汉语教学中游刃有余，他们个人的汉语水平和汉语知识也得到很大提升。这种无论是国务院侨办还是国家汉办，或者国内各大高校所举办的权威性较强的中文师资培训班，能够为海外华文教师提供正规的多形式、多渠道、全方位、多专题培训，培训的同时建立和完善考核、认证制度，从而为未来华文教师资格认定提供统一而权威的标准。据权威部门预测，到2017年，将有3万人次的华文教师接受系统的专题培训，其中通过考核认证者将达到2万人。[①]

---

① 黄小希：《"六大体系"提升华文教育》，《人民日报海外版》，2014年12月8日。

第二，加快国内高校汉语国际教育的发展，从而源源不断地为海外华文教育提供高素质师资力量。1985年，全国第一批开设汉语国际教育专业（对外汉语专业）的高校仅仅只有4所。历经30年的发展，目前全国共有343所高校招收汉语国际教育专业。[①] 汉语国际教育专业的发展与中国经济在世界经济中的地位关系密切，汉语国际教育专业是汉语言文化传播事业的引擎，担负着传播中华文化的使命。在人才培养方面，汉语国际教育专业应重视应用型、实践型、技能型的特点，合理安排课程设置，处理好知识养成与技能培养的关系，顺应留学生汉语培训市场的需求。尤其是最近几年，越来越多的国外留学生开始在中国高校的汉语国际教育专业学习，这些人未来学成归国就是华文师资的中坚力量。而随着全球化的深入，国内的对外汉语专业学生也越来越多的奔赴世界各地，为海外华文教育贡献自己的一份力量。

第三，大力发展新媒体培训与网上远程培训。对于大部分海外华文教师来说，完全脱离工作岗位参加培训有不小的难度，而短期培训因时间限制和培训内容不够全面而导致学习内容得不到深化和拓展。因此，与"一带一路"所在国共同开发汉语培训的数字资源与网络资源成为解决海外华文教师培训的有力手段。目前国内有多家高校或相关机构已经开展华文教师的网上远程培训。但是，对于华文教育数字资源与数据库的开发与建设力度依然不够。如何与所在国合作，如何解决数字资源开发的资金，如何高效地将数字资源共享，依然是摆在我们面前亟待解决的问题。

第四，尝试建立华文教师培训的国际组织机构与实施机构。在国内，国务院侨办与国家汉办及其各高校相关学院成为相对固定的培训组织与承办单位。但我们应该意识到，海外华文教育发展不仅仅是国内的问题，开展华文教育的各国有着不同的历史与政治形态、文化差异，那么尝试建立华文教育的国际组织与实施机构就显得越来越迫切。我们如果了解英语与英美文化在国际传播的历史，就可能明白华文教育的发展与师资的培训是需要形成一个国际标准才可以顺利进行的。尽快成立华

[①] 崔维真：《汉语国际教育专业发展现状及对策分析——以华东地区高校为例》，《特区经济》，2016年第7期。

文教育的国际组织与实施机构可以保证师资培训的稳定性、延续性，从而逐步实现海外华文师资培训的国际规范。

第五，加强对华文教师科研意识和科研能力的培养。目前，与华文相关的教学实践基本都在海外，研究者则主要在国内，而在海外从事华文教育遇到的许多特殊问题和困难，是身处国内的研究者难以想象的。一线的海外华文教师对教学过程中遇到的具体问题的分析与解决会为华文教育与发展提供直接的帮助，这也是海外华语教育想长期良性发展下去的重要保障。而多年来，华文教育研究特色不够鲜明，对教学指导意义不强以及华文教育学科发展的停滞与海外一线华文教师科研工作的缺失有着直接的关系。毫无疑问，加强对华文教师科研能力的培养将会对华文教育海外发展提供有力的理论支持。

四、发挥华文教育基地作用

1997年，国务院侨办发文将华侨大学"华文教育中心"改为"对外中华语言文化教育基地"，华侨大学不仅要面向海外华侨招生，开展中国语言文化教育，同时要兼顾海外华校的师资培训，外派教师以及编写教材等工作。同时国务院建议华侨大学加大改革力度，优化育人环境，改善办学条件，提高办学水平，为成为示范华文教育基地而努力。从20世纪90年代末到今天，国务院侨办从全国各地的师范类院校、中小学和幼儿园中，遴选出师资力量比较雄厚、教学质量比较高的部分学校作为华文教育基地。国侨办开展这项工作，主要是为了充分利用社会力量，共同做好海外华文教育工作。目前，国侨办确定的华文教育基地有30多个，办得比较好的除侨务系统5所院校（暨南大学、华侨大学、北京华文学院、云南华侨学校、广西华侨学校）外，还有湖南师范大学、辽宁师范大学、青岛大学、华东师范大学、上海师范大学等院校。一些省市侨办，如广东、福建、上海、山东等，也根据各自需求建立了省市级华文教育基地。这是国家为了适应海外华侨华人学习中文的热潮持续升温而做出的重要举措。进入新世纪，随着中国国力的不断提升，中国国际影响力的不断扩大，华文教育基地在推动中华文化、中国语言走出去方面依然发挥着重要的作用。

办好华文教育基地,发挥华文教育基地作用对团结华人华侨以及促进中华文化走出去起着积极的作用。

第一,华文教育基地是海外华校培养、培训华文教师的重要场所。随着中国影响力在海外的扩大和华文在国际交往中的需求,越来越多的外国人希望加强学习华文。而从港、澳、台移居海外或早已定居海外的华侨、华人也希望接受或补充以简体字为基础的华文教育。但是师资人数的不足与业务水平的低下一直是困扰华文教育的首要问题。华文教育基地则可以利用自身的资源为海外华文教师提供多种形式的人员教育与培训。来华文教育基地接受培训的教师,主要由国侨办统一组织,给各国华校分配名额,通过各国的华文教育组织和中国驻各国的使领馆协助办理来华手续。华校教师如想得到华文教育基地的培训机会,可向当地的华文教育组织或中国驻当地的使领馆提出申请。华文教育基地可为华文老师提供短期培训和系统的学历教育。短期培训主要安排华文教师在师范类院校接受专业理论及教学技巧方面的培训,然后去指定小学进行教学实践。系统学历教育是从各国华校中招收一定数量的青年学生,通过提供奖学金或助学金的方式,安排其到国内接受三或四年的系统学历教育,学成回国后到当地华校担任华文教师。国内的汉语语言环境与文化环境,以及正式规范的教学手段都会为这些来自海外的华文教师提供有益的帮助。华文教育基地也应不断开展科学研究,深入理论探讨,促进教学实践,为参加培训的海外教师提供良好的培训环境。

第二,华文教育基地也是为海外华校编写高水平华文教材重要基地。海外华文教育除了师资问题就是教材问题。已有的教材不够规范,教学方式陈旧且不够系统。而华文教育基地往往有较强的师资与汉语言相关的科研实力。那么,加强海外华文专用和通用教材的研究和编撰,扩大和完善分发系统,使高质量的教材能尽快发挥作用就成为华文教育基地的重要功能。国内一些华文教育基地研发的华文教材比如北京语言文化开发的教材和华侨大学开发的教材,被越来越多的海外华文学校所接受。

第三，可以依托华文教育基地开展与华文和中华文化相关的活动，从而提高中国语言与中华文化的影响力。近年来，国侨办以及所属华文教育基地开展了许多令华侨华人子女与外国朋友喜闻乐见的活动，如夏令营、冬令营、征文比赛、中华文化知识竞赛、汉语文字大赛等。这些活动对于那些从小生长在海外的华侨华人子女以及从未亲眼见过、亲身感受过中国的外国朋友来说，都是学习汉语、了解中国文化的有效途径。很多参加过相关活动的孩子，后来爱上了中国文化、爱上了中国，甚至亲身投入到了海外华文教育工作当中。

毫无疑问，加强华文教育基地的建设、发挥华文教育基地的作用是促进海外华文教育发展、促进中华文化海外传播的战略性举措。当今世界，华文已成为国际上使用人口最多的语言之一。华文教育是传承和弘扬中华民族优秀文化的手段。开展华文教育，传播中华文化，使中华民族悠久的历史和灿烂的文化不但在炎黄子孙中传承，更要使之成为全人类的宝贵财富。我们必须充分利用文化教育基地的"品牌"效应，积极发挥基地优势，努力挖掘基地潜力，使之为海外华文教育事业的繁荣做出应有的贡献。

五、海峡两岸华文教育建立沟通机制，资源互通共用

华文教育是连接华人世界的纽带。在中国国力不断崛起的今天，在促进海外华文教育发展的时候，我们不应该忘记曾经在海外华文教育事业做出重要贡献的台湾地区。只有海峡两岸通力协作、有效沟通、资源互通共享，海外华文教育才能达到一个崭新的高度。

大陆与台湾同宗同源，都肩负着弘扬中华优秀文化的历史使命。长期以来，台湾地区的华文教育工作者为海外华文教育事业付出了艰辛的努力，长期为海外编印赠送华文教材和图书，努力改善海外华文办学条件，招收优秀华侨华人子女到台湾学习深造，为海外培训了一批宝贵的师资力量。但是，由于历史与政治的缘由，海峡两岸华文教育沟通不够畅通，再加上台湾地区编印的教材使用繁体字，大陆使用简体字，造成海外华文学校出现一些教材使用上的纷争。因此，加强海峡两岸华文教育沟通机制，加强两岸文化交流，消除两岸分歧对海外华文教育产生的不良影响，共同传承和发扬中华文化，增强中华民族的凝聚力，已经成为迫切需要解决的问题。

第一，建立海峡两岸华文教育沟通机制，成立两岸华文教育交流协会。建立顺畅的两岸华文教育沟通交流机制，有利于两岸教育机构与教育工作者高效合作。两岸华文教育交流协会可由大陆民主党派、侨联或高等院校等非官方机构，与台湾岛内有关华文教育的民间社团、高等院校组成，构建两岸华文教育机构和人员之间的交流平台，使两岸华文教育交流工作常态化，将有利于两岸华文教育资源的充分利用，有利于两地形成密切的华文教育联系。

第二，建立两岸华文教育教师与研究生论坛。教师与研究生是华文教育最重要的教学与科研力量。让两岸的研究人员建立联系与沟通会对今后两岸的华文教育合作发挥重要作用。同时，建立华文教师论坛将有利于未来建立两岸华文教育的高层论坛。两岸华文教育界的不断沟通与交流，将有助于我们摸准华文教育的脉搏、理清华文教育发展规律，为将来整合大陆与台湾乃至整个华人世界的华文资源奠定基础。另外，两岸教师与研究生的交流与合作会直接推动两岸华文教育机构的合作，这将有力地促进华文教材编写、出版与师资培训工作。

第三，尝试建立两岸统一的华文教育认证标准。面对方兴未艾的海外华文教育，中国大陆推出了"中国汉语水平考试"，成绩达标者，可获得相应等级的"汉语水平证书"。在华文师资培训方面，教育部推行的"汉语作为外语教学能力证书"，也为海外华文教育培养了大量的教师。在台湾方面，由教育主管部门协调成立了"对外华语教学小组"，筹划"华语文能力测验"，推行华文师资认证及其标准。海外华文学习者会对来自华语世界的两个不同的认证标准产生强烈的疑问，这对海外华文教育发展产生不利影响。因此，建立海峡两岸共同的华文教育认证标准，有利于海外华文教师队伍的建设，也利于减少两岸因为认证标准不同而产生的冲突，从而促进华人世界的团结，扩大海外华文教育的影响。

第四，海峡两岸定期合作举办华裔青少年寻根活动，增强华裔青少年对祖籍国的认同。华裔青少年是海外华侨华人的未来，是海外华文教育的重要对象。为了争取新生代华侨华人更多的了解自己的文化之根，增进他们对中华文化的认同感，最终促进中华文化在海外得到传承和发展，海峡两岸要经常举办寻根夏令营、海外青年回国观摩团、海外华裔青年回国研习班等活动。两岸海外华文教育机构加强合作，在夏令营活动中，同时参观大陆和台湾两地的人文历史景观，感受祖籍国悠久的历史，使华裔青少年认识到台湾是祖国不可分割的一部分，增强民族自豪感，增强中华民族的凝聚力。

　　建设海峡两岸华文教育沟通机制，加强两岸华文教育资源互通共用会有力推动华文教材开发、文化师资培训以及推动华文教育的全球网络连通，最终会有效提升华文教育教学品质。只要两岸的华文教育工作者从传承中华民族优秀文化的大局出发，相互借鉴，求同存异，相信合作，那么我们终将会开创国际华文教育的新局面。

第六章　孔子学院与当地华文学校的资源整合与共享机制建设

当今时代，全球形势纷繁复杂，国际地区局面云谲波诡。和平、发展、合作、共赢仍是21世纪的主题。加快"一带一路"建设，秉持"和平合作、开放包容、互学互鉴、互利共赢"的丝绸之路精神，有利于促进沿线各国经济繁荣与区域经济合作，加强不同文明交流互鉴，促进世界和平发展。①孔子学院作为中华文化走出去的重要载体，旨在与接受国异质文化之间互动交流，建成与接受国当地中文学校的资源整合与共享机制模式。孔子学院应以开放、对话的精神为指导，加强孔子学院与当地中文学校的资源整合与机制共享，融古通今，东西合璧。《国语·郑语》有云："夫和实生物，同则不继。以他平他谓之和，故能丰长而物生之。若以同稗同，尽乃弃矣。"意为和谐相生是万物相生的基本准则，若是万物均整齐划一、没有个性，则不能够持续发展。将具有不同特质的万物结合，使之和谐共处，万物便可丰盛繁衍。反之，便会被摒弃。以古语为鉴，中华文化"走出去"旨在达到文明互鉴、文化交融，应兼具民族性和世界性的眼光，打破族群和地域观念限制。中华文化"走出去"不具有功利性，不是为了"走出去"而"走出去"；而是国内外环境内驱力共同作用的结果。"一带一路"沿线国家的孔子学院亦应秉持"和而不同，文明互鉴"的发展策略，与中文学校在当地的优势相携相生，共同服务于国家"一带一路"倡议，与接受国文化共同繁荣，达到更高层次的理解，而非走向一体化。

第一节　孔子学院：缘起与发展

孔子学院是中国政府为普及汉语教育、增进世界各国对中国的理解与友好而创办的非营利性机构，是中国软实力工程的重要举措。②孔子学院的设立，为中华文化走出国门搭起了一架交流的桥梁；本着互惠共通的原则，孔子学院尊重目的

---

① 《推动共建丝绸之路经济带和21世纪海上丝绸之路的愿景与行动》，2015年3月，网址：http://news.xinhuanet.com/gangao/2015-06/08/c_127890670.htm。
② 严晓鹏：《孔子学院与华文学校发展比较研究》，杭州：浙江大学出版社，2014年，第6页。

语国家民众的精神及物质文化需求，使世界了解并接纳兼容并包、海纳百川的中华文明。孔子学院是中国通向世界的一扇窗户，其设置有利于改善中国的地缘政治形象。孔子学院并非力促他国受众"戴上儒冠、穿上道袍"。其设立宗旨为增强与他国进行文化交流，推动双边互动关系，构建中国与世界商贸往来和民间交流的重要渠道。

一、孔子学院缘起

中华文化是中华文明沉淀的产物，也是中华民族多样文明的体现，是世界文化不可或缺的一部分。孔子学院是中华文化走出国门的重要媒介；孔子及儒学是中国的一张名片。孔子思想不仅点燃中国智慧，在世界他国亦有深远影响。"天不生仲尼，万古如长夜"，古蜀道驿站上曾有此诗句。作为中华文化的精华，中国人对孔子及其相关学说具有非比寻常的情结。在中国古代，孔子被尊奉为"天纵之圣""天之木铎"，被多代统治者尊称为孔圣人、至圣、至圣先师、大成至圣文宣王先师、万世师表。孔子被列为"世界十大文化名人"之首，被尊为儒教始祖（非儒学），对中国和世界都有深远的影响。

毋庸置疑，中华文明博大精深。然而，中国文化和文学在国际上还处于弱势地位，中国文化向西方传播的历程仍处于最初阶段。随着中国对外开放政策的深入实施，中国为发展中国与世界各国的友好关系，促进与世界他国人民的文化交流，增强各国汉语学习者对中国语言文化的了解，2004年，中国国家汉语国际推广领导小组办公室（简称"汉办"）着手设置孔子学院，以中国古代圣人代表孔丘命名，旨在开展汉语教学汉语和传播中国民族文化。实际上，从2001年开始，汉办就酝酿借鉴各国推广本民族语言的经验，在海外设立语言推广机构，这些机构就是孔子学院的前身。孔子作为中华文化的标志性符号，可以充分发挥文化效应。以孔子之名命名的"孔子学院"体现了中国历史悠久、博大精深的语言文化底蕴，也体现了新世纪中国语言文化将逐步融入世界的发展趋势。

孔子学院的权威定义可简述为：孔子学院是一种自上而下的非营利性组织，由汉办承办，资金来源主要依靠政府。虽然汉办是教育部直属单位，但孔子学院又不完全受制于政府，孔子学院总部具有独立的法人资格，各孔子学院也具有独立的法人资格。[①]

"孔子学院"的英文名称为"Confucius Institute"，世界各地孔子学院的中文名称就是"＊孔子学院"，其英文名称是与中文相对应的"＊Confucius Institute"。孔子学院总部位于中国北京。作为中国国家积极推动的项目，在海外建设孔子学院成为21世纪初中国外交的重要战略决策之一。正如中国国务委员、孔子学院总部理事会主席陈至立女士在第二届孔子学院大会上的主旨讲话所讲述的："世界文化是丰富多彩的，不同文化之间的相互学习和借鉴是促进文化自身和世界多元文化发展的必然要求，而语言作为人类相互交流的工具和载体，在加强各国之间的学习和借鉴中发挥着越来越重要的作用。为适应各国朋友日益增长的学习汉语的要求，使外国朋友不出国门就能学习汉语，我们决定在海外设立汉语推广机构，并用中国古代著名的思想家和教育家孔子的名字将海外汉语推广机构命名为孔子学院。"[②]自2004年开始创办以来，孔子学院迅速在世界各国发展迅速，为中华文化的传播与发展做出了不可磨灭的贡献。

孔子学院并非一般意义上的大学，而是推广汉语言文化的教育和文化交流机构，是以教授汉语和传播中国文化为宗旨的非营利公益机构。它秉承孔子"和为贵""和而不同"的理念，推动中外文化交流与融合，以建设一个持久和平、共同繁荣的和谐世界为宗旨。孔子学院属于非学历教育，其教学重点是使受众具备应用汉语的能力。孔子学院的建设多采用中外合作的方式，涵盖各层次汉语教学、汉语师资培训、汉语考试、学习辅导、汉语比赛、来华留学咨询、文化体验和对华商贸知识等各层次内容。

2007年12月12日，由孔子学院总部第一届理事会第一次会议通过的《孔子学院章程》正式生效。该章程内容共有八章包括四个条款，是一份比较完整并具有法律

---

① 严晓鹏：《孔子学院与华文学校发展比较研究》，杭州：浙江大学出版社，2014年。
② 汉办：《第二届孔子学院大会特刊》，北京，2008年，第19页。

效力的活动宗旨。该章程从总则到附则，较详细地涉及了孔子学院的业务范围、总部、设置、经费、管理、权利与义务等方面。①

二、孔子学院的发展概况

目前，"一带一路"沿线国家的孔子学院数量与"一带一路"发展愿景并不匹配。孔子学院在"一带一路"沿线国家存在覆盖率低，设置数量不均等问题。"一带一路"沿线国家孔子学院主要集中在经济比较发达的国家，如俄罗斯、泰国、印度尼西亚、波兰、乌克兰、菲律宾等。值得注意的是，中国能源主要进口国家如沙特阿拉伯、伊朗等，才有1所孔子学院，有的国家一家都没有。见微知著，在"丝绸之路"经济带的建设中，汉语国际教育肩负重任。"一带一路"倡议是与各沿线国家平等相处、协同发展、均衡发展的重要战略决策。故应调整孔子学院在世界各国的整体布局，避免其在"一带一路"沿线国家的星点分布状况，避免盲区。孔子学院的布局应致力于与"一带一路"的产业合作格局保持一致，重点在中亚和西亚等尚未充分开发的区域设置。与此同时，应在中西亚国家适时辅佐设置孔子学院，这对保障国家安全，增强互联互通具有重要的战略意义。

目前，我国在中亚地区仅开设了9所孔子学院，且设置分布不均，无法满足汉语学习者的语言需求。另外，应保持东南亚国家华文教育的既有优势，巩固现有孔子学院的汉语传播成果，加强理论研究，提供理论和方法指导。

中印两国有着数千年来沟通的牢固纽带：相似的经历，相似的命运。但是，中国在印度的孔子学院设置状况却并不可观，只有韦洛尔科技大学孔子学院和孟买大学孔子学院两所。同为东方的文化大国，在印孔子学院数量似乎昭示着一个不言自明的道理：中印的文化交流虽纵横千年，古有玄奘千里寻经，今有各类文化交流，却仍存在交流嫌隙，两个民族的文化交往仍存在很大的上升空间。印度作为"一带一路"沿线国家，加强两国的文化沟通、丰富两国交往途径，任重道远。

---

① 汉办：《孔子学院章程》，2013年7月29日，网址：http://www.hanban.edu.cn/confuciousinstitutes/node_7537.htm。

(一)"一带一路"与"文化丝路"

随着世界的全球化形势,中国和世界他国和地区交往可谓无远弗届。但是,地区之间发展的不平衡性、经济发展的不稳定性等问题频现。中国"一带一路"政策的实施推广,是中国"心系天下,不单计身家"的表现,亦是中华民族的忧患意识使然。

随着经济全球化时代的到来,一国的国家战略政策的制定应充分考虑他国受众的接受因素。"一带一路"倡议的实施,对于中国及沿线区域的国家来说,既是机遇也是挑战。杨复俊曾言,要消灭一个民族,首先要消灭他的民族文化;如果这个民族的民族文化灭亡了,那么,这个民族就灭亡了。要振兴一个民族,首先要振兴他的民族文化;如果这个民族的民族文化振兴了,这个民族就会繁荣昌盛。这是中外历史的教训。[1]在铭记中外历史教训的同时,中国文化、文学也为当今世界的各种危机提供了一条可行之路:东方文化的基本思维方式是综合,表现在哲学上就是"天人合一"。张载的《西铭》有言:"乾称父,坤称母,予兹藐焉,乃混然中处。故天地之塞吾其体,天地之帅吾其性。民吾同胞,物吾与也。"张载的思想与印度哲学中的"梵我一如"如出一辙。[2]东方思想与西方文化的碰撞交流,有望解决当前世界的危机和弊端。举其大者,如环境污染、大气污染、臭氧层破坏、生态平衡破坏、物种灭绝、人口爆炸、新疾病丛生等。正如薛克翘所言,这种危机的产生与西方"人定胜天"的思想有些许关联。而东方文化的"天人合一""万物和谐相生"的传统思想将有利于解决人类所面临的困惑。中国文化是东方文化的集大成者;印度虽同为东方文明大国,但由于古印度文明缺乏史书记载传统,加之被殖民化的历史因素,其文明主体已然消解,中国甚至担当了传播佛教精华的角色。从这一点来讲,中西方文化交流可谓势在必行。20世纪以来,西方文明的衰退,中国的崛起,使得世界目光开始再度聚焦东方。世界整体思潮的"东方转向",中国元素的盛行高潮"一波未平一波又起"。"西方不亮东方亮"的趋势明显。

---

[1] 杨复俊:《人文易经》,上海:上海大学出版社,2010年,第29页。
[2] 薛克翘:《中印比较文学研究》,北京:昆仑出版社,2003年,第11页。

中国的"一带一路"政策为东西文化的交流融合提供了全方位的平台,如何调动沿线各国的参与积极性,是亟待提上日程的重要议题。

2015年10月26日,Global Asia对比了中国新旧丝绸之路:"事实上,中国的发展挑战可能是民心和智慧,而不是金钱。""中国企业和私人投资者在一带一路国家投资的极大热情与其外国合作伙伴的沉默和焦虑形成鲜明对比,中国的倡议可能遭到民族主义抬头的邻邦的抵制。""中国政府需要意识到,若要在另一个主权国家建设基础设施,就要充分调动这些国家的参与,包括开展更多的国际咨询和磋商。"[①]在"一带一路"沿线国家设立孔子学院,可充分调动这些国家参与"一带一路"建设的积极性,是启动民心和智慧的关键一环。如《论语》所说:"远人不服,则修文德以来之。既来之,则安之。"孔子学院的设立可为"一带一路"沿线国家带来深远的影响,增强沿线国家对中国文化的认同,缓解对中国的误解和抵制,是增强中国文化的"软实力"的有效举措。但是,需要注意的是,由中国汉办出面承办的孔子学院,这种政府干预型的办学形式,在某些程度上引起了孔子学院所在国意识形态层面上的抵制,如何避免与所在国意识形态方面的正面冲突,达到文化交流的宗旨和目的,是当代孔子学院发展历程中亟待关注的问题。

"一带一路"主要由三条线组成:一条北线贯通"北京—俄罗斯—德国—北欧";一条中线贯通"北京—西安—乌鲁木齐—阿富汗—哈萨克斯坦—匈牙利—巴黎";一条南线贯通"泉州—福州—广州—海口—北海—河内—吉隆坡—雅加达—科伦坡—加尔各答—内罗毕—雅典—威尼斯"。[②]

由"一带一路"北线可以看出,欧洲是"一带一路"的关键市场和重要合作者。欧洲和中国利益攸关,从经济层面来讲,二者都处于发展的紧要关头。由南线可以看出,"一带一路"将南亚与中亚链接起来。如果进展顺利,也将与中国

---

① 王辉、贾文娟:《国外媒体看"一带一路"(2016)》,北京:社会科学文献出版社,2016年,第264页。
② 《推动共建丝绸之路经济带和21世纪海上丝绸之路的愿景与行动》,2013年7月,网址:http://news.xinhuanet.com/gangao/2015-06/08/c_127890670.htm。

西部相连。因此,"一带一路"倡议被西方媒体称为欧亚一体化战略。实际上,"一带一路"共可惠及65个国家和地区,包括"丝绸之路经济带"和"海上丝绸之路"两部分。"一带一路"倡议符合亚欧国家共同繁荣和发展的美好愿景,经济规模大、覆盖人口多、涵盖区域广,对沿途国家的经济增长、文化交流提供了很大便利。"一带一路"旨在发展与沿线国家的经济合作伙伴关系,共同打造政治互信、经济融合、文化包容的利益共同体、命运共同体和责任共同体。尽管"一带一路"潜力巨大,但其有效性将取决于中国如何将其国家利益与地区共同利益相结合。①

互信是"一带一路"成功的必要条件。"一带一路"要推进与沿线各国间的政治互信、经济互联、文化交融、民心相连。在"一带一路"建设中,"五通"即政策沟通、设施联通、贸易畅通、资金融通和民心相通,而人文交流是"民心相通"的重要途径,民心相通是"五通"建设的重要一环。因此,要充分重视"一带一路"人文方面的研究,为"一带一路"建设铺路架桥。在"一带一路"沿线国家设立孔子学院是打造亚欧利益共同体和命运共同体的重要举措。有迹象表明:中国的"一带一路"倡议得到了沿线多个国家和许多国际组织的支持。然而,参与国之间的经济文化差异,甚至是一些国家之间的相互敌对关系,都构成了"一带一路"建设的潜在威胁。将如何调动、发挥华侨华人力量作为一大课题,是可化解意识形态分歧的重要探索。而如何建设和完善孔子学院,则是这一课题的核心命题和关键环节。

(二)借孔子学院,使民心相连

"一带一路"沿线孔子学院适当布点,既能弘扬儒家伦理,也能促进商业文明,能够受到商人尤其是儒商的普遍欢迎。②但是,在"一带一路"沿线国家设置孔子学院还面临明显挑战。

---

① 王辉、贾文娟:《国外媒体看"一带一路"(2016)》,北京:社会科学文献出版社,2016年,第32页。
② 吴明海:《"一带一路"与孔子学院》,《文化学刊》,2015年第3期。

其一，文化融合势在必行，需保证政府交流和民间交流"双管齐下"。古代的"丝绸之路"不仅是道路上的互联互通，更是人与人之间的了解与沟通。不同文化的融合带来不同程度的理解与相互尊重。从这个角度讲，现代丝绸之路的合作伙伴们要继续努力。以中国与印尼西亚的合作为例：中国民间组织"国际交流促进会""亚洲基金会"和印度尼西亚科学院共同宣布，为了加强合作将成立永久对话委员会。委员会的成立旨在加强"一带一路"成员国之间的有效联系。"国际交流促进会"常务秘书长尤建华指出，所有"一带一路"成员国已经整装待发，"我们将发起更多民间对话，加强非政府组织的作用"。但这并不意味着所有国家都已达成共识：中国同菲律宾、越南等国在国家边疆领土问题上依旧存在争端，从这一层面来讲，亚洲仍是全世界国家间外交关系最松散的地区之一。

其二，深化孔子学院与当地中文学校的资源整合与共享机制。孔子学院被某些西方国家扣上了具有意识形态色彩的帽子，受到了一些受众国的抵制，甚至引发了局部冲突。究其原因，西方某些团体和个人对中国政府支持资助下的孔子学院仍存有忌惮心理。寻求消除他们对中国孔子学院偏见之法，对扩大孔子学院的接受度具有很大的作用。

（三）涵摄中外，看孔子学院未来发展

事物的发展具有阶段性，不同的阶段具有特定的阶段性特征。关于孔子学院的设置和发展，我们可做一下阶段性预测：一则可以为理解孔子学院的布局情况和发展过程中遇到的具体问题提供参照；二则有利于对孔子学院的整体发展情况做到"知己知彼"，深化孔子学院的阶段性问题的了解，并提出相关对策。

科学研究的跨视角阐述，可为科学研究特别是人文社科研究拓宽视野。叶隽就曾参照李石的"侨学"概念，延伸发展成"侨易学"观念，尝试建构一种解释人类、世界、宇宙的基本规律问题，建构起"乾元-坤贞"的二元结构，三维（上、中、下；始、中、终）、六步（起、承、持、转、合、极）的基本层次，用于解释事物发展的基本范式。

通俗来讲，叶隽借用《易经》中乾坤卦辞，说明万物缘起、兴盛、幻灭的基本

规律。《易经》乾卦的卦辞为"乾、元、亨、利、贞"。①正如刘珣将跨文化交际中文化的冲突和适应分成蜜月阶段、挫折阶段、调整阶段和适应阶段一样,叶隽的"六步(起、承、持、转、合、极)说"也适用于"一带一路"具体的历史语境中。

借助"侨易学"概念,我们可以更好地理解"一带一路"沿线孔子学院发展状况及特征,厘清阶段性问题,制定相关对策。参考"六步说",在"一带一路"沿线设置孔子学院的过程也可具化为以下六个阶段:

第一步,事物"起步"之时,可称之为"潜龙勿用",在"一带一路"沿线孔子学院的具体实施过程中,要精心部署,不可以随性设置;应该做足充分准备,对当地、当时整体环境进行调研。

第二步,承势,即辨别和把握适当的时机,充分展示孔子学院自身优势,即"见龙在田"。孔子学院的设立与发展存在一定的阶段性问题,可用"和实生物总相继,以他平他谓之和"概括。作为中外合作建立的非营利性教育机构,孔子学院致力于适应世界各国(地区)人民对汉语学习的需要,增进世界各国(地区)人民对中国语言文化的了解,加强中国与世界各国教育文化交流合作,发展中国与外国的友好关系,促进世界多元文化发展,构建和谐世界。当今时代,对于孔子学院的设置和未来发展来说,万事俱备:"一带一路"政策的带动,中国文化"走出去"等具有文化丝路内涵的内外驱力联动,孔子学院走出国门是大势所趋。

第三步,持惕。由于前期准备充分,孔子学院的设立可以说是顺势而为,更有可能出现百花竞放的良好开局,然而,需要时刻保持"终日乾乾,夕惕若",不断积蓄实力,厚积薄发;保证不仅旗开得胜,还应持久耐压,防止"木秀于林、风必摧之",防患于未然。当代的孔子学院发展势头良好,然而,仍有不少国家不单将孔子学院视为中国的文化传播媒介,而误称其为文化渗透的"特洛伊木马"。而这

---

① 六条爻辞分别是:初九:潜龙勿用;好像深藏不露的龙,什么都不做。九二,见龙在田,利见大人;好像在田野中看见龙,利见大人。九三,君子中日乾乾,夕惕若,厉无咎;君子总是自强不息,整日劲头十足,彻夜保持警惕,虽有危险,却无大患。九四,或曰在渊,无咎;好像龙潜深渊,时而跃出水面,也无大患。九五,飞龙在天,利见大人;好像龙飞在天,利见大人。上九,亢龙有悔。

些对孔子学院有意或是无意的曲解,从侧面印证了孔子学院本身仍有很大的上升空间。我们在保持良好开局的同时,时刻持惕,才能持续、恒久、平衡发展。另外,在当今时代,要十分警惕孔子学院的"大跃进"势头,需要保量,但更要保证"质"。注意机制建设和完善,保证"持惕"。

中国当前的"一带一路"沿线国家孔子学院建设正处于"持惕"阶段。由此,"一带一路"沿线国家孔子学院如雨后春笋,表现出良好的发展势头。然而,随之而来的挑战也不容忽视。孔子学院旨在开展汉语教学和中外教育、文化等方面的交流与合作。所提供的服务包括开展汉语教学,培训汉语教师,提供汉语教学资源;开展汉语考试和汉语教师资格认证;提供中国教育、文化等信息咨询;开展中外语言文化交流活动。在开展交流和合作的同时,孔子学院所面临的一系列问题亦不容小觑。由此,各地孔子学院应充分利用自身优势,开展各具特色的教学和文化活动,探索"因地制宜、各具特色"的办学模式,为各国汉语言文化学习者提供桥梁。鉴于此,"一带一路"沿线国家孔子学院建设应该成为汉语教育的发力点,使生源结构呈现稳定的"一带一路化",并进而影响到留学生教育战略格局的"一带一路化"。中华文化国际传播必须面对由此带来的一系列迫切需要解决的问题:师资队伍、教材、传播策略与手段、孔子学院布局、世界中国形象的建构等。

第四步,龙藏在渊。意为转低身板,放平姿态。此步骤要求大家在获得较为显著成绩的基础上,善自兢兢,追求"无咎"的结果。如上所述,孔子学院的职能部门设置以及管理模式可进行如下职能划分:领导部门就是孔子学院总部及其理事会;业务部门就是指组建各专项工作委员会,目前有教学指导委员会,人力资源促进委员会,文化与经济发展委员会以及财务督察委员会;基层部门指的是中国驻外使领馆以及总部分管世界各地区的工作小组,受到政府支持和资助的民间部门指的是教育机构大学,中学,企业以及社会团体等。[1]这种职能划分对于有意引进孔子学院的国家来说,国家政府职能部门的直接参与难免使得其民众心有芥蒂。考虑到

---

[1] 杜青云:《从接受方的视角看孔子学院与中国文化外交》,复旦大学,2009年。

这一因素,孔子学院的设置及发展过程中,应戒骄戒躁,择"其"善者而从之,充分尊重受众国的当地国情、民情,因势利导,切忌急功近利,骄躁狂妄,搞"文化优胜论"。文化优劣并无统一的评判标准,应避免戴有色眼镜看待受众国文化。中国文化博大精深,源远流长,但是在与其他国家的交流过程中,应秉持平等协商、交流互动的原则,相互汲取精华,避免横驱直入。事实上,中国"孔子学院"确实体现了多元文化融合互通的特点;它旨在宣扬中华文化精髓,使使外读者了解中国文化,特别是儒家"和实生物"、相辅相生的理念。孔子学院的职能部门及与政府的隶属关系,应化为监管其顺利发展的助推器,而非阻力。尊重他国民众意愿,放低姿态,有益于孔子学院长久发展。

第五步,飞龙在天。意为经过持惕、转低之后,这个阶段是指孔子学院的设立及管理体制充分成熟,终于可以放手一搏,一飞冲天了;孔子学院在全线范围内充分设置,接受度良好。相信经过悉心探索,孔子学院不久的将来会迎来发展的黄金时期。

第六步,亢龙有悔。应介意不戒骄戒躁,防止狂妄自大,免得引起祸端,追悔莫及;应防患于未然。

目前,孔子学院在全球范围内已经逐步成为中国与世界各国商贸往来、文化交流的重要渠道;由于西方某些团体和个人对中国的对外政策缺乏了解,对孔子学院的设立持有一定的戒惕态度。以下是对孔子学院发展的阶段性问题的看法:

其一,意识形态色彩。许多国家对中国政府倡议的战略项目一直持谨慎态度;譬如,一些关注印度战略的评论人员便认为中国倡议的"一带一路"便是一种包围印度的"珍珠链"战略,将对印度构成地缘政治威胁。[①]这种论断虽并不是针对中国的"孔子学院"建设,但是作为"一带一路"的文化先行军,"孔子学院"在印度的处境可想而知。所幸,印度已经设置了两所孔子学院;莫迪政府的"马有马道"政策,确保了印度亲西方的同时,也能与中国在某些战略上保持一致。鉴于中

---

① 王辉、贾文娟:《国外媒体看"一带一路"(2016)》,北京:社会科学文献出版社,2016年。

印两国一衣带水"邻邦"关系,又同为四大文明古国之一,两国在宗教信仰、经济发展等方面均存在着密切联系。

尽管中印两国在边界谈判等问题上仍有分歧,但两国关系确有良好发展势头。不容乐观的是,孔子学院在印度仍被扣上了具有一定"意识形态"色彩的帽子:孔子学院由政府大量出资协助办学的理念和运营方式,招致了多种猜疑,引起诸如印度等国对自身文化安全的担忧。著名的中国问题研究学者、澳大利亚驻中国大使卓斯林在她的论文《孔子学院:中国的软实力》中曾发表如下论断:"孔子学院不单单设计文化领域,也不只是在搞学术研究;它的根基在于依靠中国政府。往好里说,这会导致学术失语;往坏里说,这会衍生出一种宣传手段。"由此可见,孔子学院在一些国家确实遭受了一定抵制。

其二,孔子学院虽有"遍地开花"的现象,但与"高质高效"的教学目标仍有一定差距。由于师资力量、教材质量、课程设置等问题,中国汉办对孔子学校的监管并不能保质保量。从这个层面来讲,孔子学院的未来发展和形象塑造过程仍是任重而道远。孔子学院在数量上虽然已经取得可观成绩,但文化传播成果并未起到"酒香传千巷"的效果。如何使得孔子学院真正承载起中华文化"走出去"的使命,使得孔子学院真正形成多层次、多渠道、能适应受众国各类学习者需求的对外汉语教育载体,仍需"上下而求索"。

第二节 华文学校:缘起与发展

近年在海外,各种中文学校如雨后春笋一般诞生,各种版本的海外中文教材也应运而生,由于世界各国华人的历史不同,各国中文教育的历史也不同。

一、华文学校定义及缘起

关于华文学校的定义,中外学者可谓众说纷纭。其中最为含混不清的当数"中文学校""华文学校""华人学校""华人中文学校"的区分问题。由于各国华人生活习惯和观念的不同，中文教育的理念不尽相同，因而学校和教材的名称也不一样。在海外，就教育而言，有中文教育、华文教育、汉语教育；相对应的学校名称，便有了中文学校、华文学校、汉语学校；就教材而言，有中文课本、华语课本、汉语课本等等。就此也引申出华文报纸、中文报纸、华语电台、华语电视等等不同的名称。但从字面而言，对学校的称呼可谓百花齐放，无伤大雅，对中国文化的海外传播并无根本性影响。然而，从长远发展来看，关于华文学校和中文学校命名的"雌雄争辩"仍需关注。由此，在谈及华文学校缘起之前，我们应首先厘清华文学校的相关概念。

关于"中文学校"与"侨校""华文学校""华人学校"（华人中文学校）的比较研究资料较少。"中文学校"和"华文学校"是否可看作是对同一种教育形式的不同称谓？学界对此问题众说纷纭，而且关于中文学校和华文学校的不同定义，学术界尚未有权威的分类。从办校宗旨来看，"中文学校""华文学校"均是为了传播和继承弘扬中华文化传统，教授中国文字、文化。由此，在教育内容上不会存在本质区别。前人的一些研究确实可以为"中文学校""华文学校"的区分提供了一定的靶向性思路。

第一，广义上讲，多数学者认为"中文学校""华文学校""华人学校"只是不同学者对语言学校的不同译法。但是，由于国家大力推广海外华文教育，国内对这类学校研究关注升温，关于这三种称谓的定义也开始被细化。华东师范大学李永就曾将这种几种名称进行了简单区分："在美国华人史研究中，在形容海外华人兴办的学校时，不同学者有着不同的译法。刘伯骥先生一般使用的是'侨校'，麦礼谦先生一般使用的是'华文学校'。由于国家大力推广海外华文教育，近些年来有些学者也使用'华文学校'或'华人学校'一词。隙勇、周敏等学者一般使用的'中文学校'。这几个词语在英文中一般对应的是'Chinese Language Schools'。"其一，中文学校直接指明了旧金山华人的办学目的——学习中文，由此带动文化的传承。其二，在现代汉语中，"华文"与"中文"同义，都指的是中国的语言文字，特指汉族的语言文字。但是，"中文"更通用一些。其三，目前许多关于美国华人教育的新闻报道多使用的是中文学校,比如"美国中文学校共商华文教育大计""美国南加州中文学校举办研讨会探讨多元智能教育""美国中文学校:华裔孩子的乐园"。其四,"华文学校"一词,与国家大力推广华文教育、弘扬中华文化密切相关,它的覆盖面非常广,既服务于海外华文学校教师、学生,也服务于其他热如中文的外国人。此处,李永最初将"中文学校""华文学校"的兴办者笼统归结为"海外华人兴办的学校"。通过界定"服务对象范围",对二者进行了简单区分:"华文学校"与"国家大力推广华文教育、弘扬中华文化密切相关,它的覆盖面非常广,既服务于海外华文学校教师、学生,也服务于其他热爱中文的外国人"。对于这点,Xueying Wang 在 *A Case Study of Chinese Heritage Language Schools in the United States* 中也有提及。该作者从国外学者视角,通过整合12篇关于美国的"中文学校"(Chinese Heritage Language Schools)的文章,对美国"中文学校"构建缘由、发展历程进行了汇总。XueYing Wang对美国的"中文学校"也用了"Chinese Language Schools"和"Chinese Heritage Language Schools"两种说法,并未对"中文学校"的具体教育对象进行区分。文中对未来中文学校的发展提供了建议:应招收一定的非华裔中文学习者,从而调动"华裔"学习者的学习积极性。从XueYing Wang对"Chinese Language Schools"关于"非华裔"(non-Chinese heritage learners)展望可见,国外学者对于"Chinese Language Schools"的定义并未局限在"教育对象"必须是"华裔"上。

由此可知:华文学校是华人中文学校的上义概念,而中文学校涵盖面最广。通过细化二者的规模、职能、对象、组织结构,我们可得出华文学校和中文学校的类属关系:

其一,从词义角度,"中文"是中国语言文字或中国语言文学的简称,特指汉语言文字或汉语言文学。"华语"是古代国人对汉语的称谓,在现代华侨界沿用了此种说法。"汉语"则是指汉族的语言,构成汉藏语族的一个分支,其口语形式差别很大。汉语主要方言分北方话、吴语、湘语、赣语、客家话、闽北话、闽南话和粤语等多地语言。但是,华语与汉语均有以形象符号直接体现词意的特征;并具有与其发音不相关联的书面体系。

其二,从规模角度,"华文学校"可理解为相对具有一定规模、系统性较强的教育组织;"中文学校"自发性更强。

其三,从地域划分角度,东南亚各国的"汉语教育"活动更倾向称之为"华文教育",而关于西方欧洲国家的教育研究更倾向被称作"中文学校"。值得注意的是,单就英语国家来说,若是"Chinese Heritage Community Language Schools"建议翻译成"中文学校","Chinese Language Schools"则适合译为"华文学校"。

一言以蔽之,中文学校具有更广义的范畴,我们可以称初具规模的"华文学校"为"中文学校"。这些对中文学校的不同称谓也体现着海外华人的历史。早期海外华人、东南亚华人和台湾同胞创办的学校,一般都叫"华文学校""华语学校",教材也叫"华文课本""华语课本"。20世纪80年代以后更偏向于称这种机构为"中文学校";从历史史实角度分析,由于中国开始改革开放政策,中外交流活动增多,华侨华人逐渐增加,国外对中国开始初步了解,海外华人的民族认同感也开始觉醒。彼时,华人所创办的学校开始被称之为"中文学校",他们所使用的教材也改叫"中文教材"。

较之于华文学校,"中文学校"的称谓比较具有现代感。对于第一代华侨来说,他们都知道祖国的历史,甚至通晓祖国的文字和语言,彼时,中文、华文学校的称呼单是一种称谓,不具备区分的必要性。然而,对于"侨二代、侨三代"来说,中文学校、华文学校容易混淆。规范华文学校、中文学校的称谓,势在必行。关于海外汉语传播机构,本章暂且搁置中文、华文校名之争,暂称这些初具规模的学校为"华文学校"。

简言之,华文学校是依靠社团和华教组织办学,初具规模的海外汉语传播机构,具有内生性,社区关系是其主要依托。有人说,"华社是华教之母""华社是华教的发动机",华社和华教组织在推动华文教育发展方面的作用可见一斑。

华社和华侨组织的作用主要体现在以下三个层面:其一,集合华侨华人力量,为华侨办学提供经济支持和物质保障;其二,代表华侨、华人社会、华文学校与政府沟通、联络,争取政府支持;其三,与各教育团体、机构、组织开展业务交流与合作,提高教学水平等。

二、华文学校的发展

华人中文学校是散布于世界各地的海外华人社会的一种历史悠久的社区组织。在美国,华人中文学校的发展可以回溯到19世纪80年代。同来自德国、北欧斯堪的纳维亚各国和移民族群一样,开办族裔语言学校的目的是保留本族裔的语言和文化。但与其他族裔的语言学校不同的是,由于美国全面排华政策,早年的美国华人中文学校并不强调同化。"二战"以来,尤其是在《排华法》被撤销之后,美国华人中文学校得到了迅速发展,并且在结构和功能方面也发生了根本性的变化。至今,美国华人中文学校除了语言、文化、道德教育之外,还发展了多样化的、与美国正规教育系统相关的功能。此外,美国华人中文学校与新涌现的各种以儿童、青少年为中心的族群组织相结合,共同构成了一个规模较大的华裔辅助性教育体系,对华裔移民家庭和第二代的成长起着不可忽略的作用。①

华侨华人群体是连接中国与所在国的天然桥梁,是"一带一路"倡议中不可忽视的重要中介力量。"一带一路"要推进与沿线各国间的政治互信、经济互联、文化交融、民心相连,必须将如何调动、发挥华侨华人力量作为一大课题。华人教育则是这一课题的核心命题和关键环节。海外华文教育与中国发展休戚相关。改革开放以来,华文教育工作日益成为国家战略任务之一,华文教育规模逐步增长,华文教育逐步纳入所在国国民教育体系。

在移居他国的过程中,海外华人华侨市场会面临身份归属问题。黯乡魂,追旅思,海外华人的聚居生活方式也遵循着自然界和人类社会的普遍法则,最初华侨华人创办华文学校的目的也是传承母语和中华文化。但是,作为各国教育体系内的必要成分,华文教育在教学语言、教育政策、考核标准等方面都日趋本土化,在泰

---

① 周敏、黎熙元:《族裔特性、社会资本与美国华人中文学校——从美国华人中文学校和华裔辅助性教育体系的发展看美国华人移民的社会适应》,《世界民族》,2005年第4期。

国、马来西亚等国,华文学校都形成了从学前教育、基础教育、职业教育到高等教育的整个教育体系。但仍存在华文学习者缺乏主观动力、孔子学院与华文教育资源不均等问题。我们应充分发掘"一带一路"沿线国家汉语与中华文化国际传播的各种资源,并研究科学配置相关资源的最优模式。

第三节 孔子学院与华文学校的资源整合与机制共享

关于孔子学院与华文学校的区别,严晓鹏有如下观点:"孔子学院是外源性的海外汉语传播非营利性机构,遵循着外源性组织的发展逻辑,政策支持因素是其生存之基,而师资发展因素是其品牌之本;华文学校是内生性的海外汉语教育传播机构,遵循着内生性组织的发展逻辑,教育需求因素是其生存之基,而社区关系因素是其持续发展之本。"

研究孔子学院的课程设置、教育模式,探索华文学校与孔子学院的资源整合共享,将更有利于建设多层次、多渠道、多形式的汉语教育体系。对华文学校与孔子学院的资源整合和共享的探索是当今中华文化国际传播的重要研究课题。

一、孔子学院跨文化传播与管理的相关问题溯源

当今时代,国际交流、国际合作日益频繁;中国的和平崛起,被西方某些世界霸权国家视作障碍,并以"中国威胁论"制造舆论攻势,企图激起世界上对中国"语言外交"的警惕,抵制"孔子学院"的发展及中国语言文化外交政策。

"中国威胁论"最早可以追溯到20世纪初。美国历史学家、海军军官阿尔弗雷德·塞耶·马汉(1840—1914)认为,中国人口多,发展规模大,正逐渐成为一个现代化国家,这必将对整个世界产生威胁,由此提出"中国威胁论"。1990年8月,日本防卫大学副教授井龙秀发表了题为《论中国这个潜在的威胁》一文,从国力角度将中国视为潜在敌人。改革开放以来,特别是进入20世纪90年代,中国经济迅猛发展,原本判断中国的社会主义制度将步苏联后尘迅速土崩瓦解的西方国家,

通过夸大中国的影响力,利用他们自己早已掌握的舆论优势,大肆炒作"中国威胁论"。[①]西方某些国家更大肆渲染中国的"一带一路"政策为"东方的马歇尔计划",甚至更是把"汉语热"与"中国威胁论"挂上了钩。

随着孔子学院在全球的快速发展,一些国家的一些人以其固有的意识形态思维审视孔子学院,称孔子学院为中国文化渗透的"特洛伊木马",并且警示西方社会透过文化、经济交流的表现认识孔子学院。[②]孔子学院是由中国政府负责承办的,自然会有中国政府的官方色彩。在西方国家,由于自由主义思想浓烈,加之对中国的实际情况不甚了解,所以对中国"官方推进"的语言文化传播行为较为抵触。

2009年8月26日,美国洛杉矶哈岗学院(Hacienda La Puente Unified District)发生的"孔子课堂风波"就表现出西方民众对孔子学院的误判态度。2009年8月26日,哈岗学区的西达连初中(Cedarlane Middle School)试办的孔子课堂中文学习班,受到了该校学生的欢迎,遂决定向中国国家汉办申请合办"孔子课堂项目";后因反对者将孔子学院看作是中国政府宣传计划的一部分,用尽一切办法说服教委成员放弃孔子课堂计划。学区教委最终采取继续开办孔子课堂,但不申请中国汉办资助的折中办法。2012年5月17日,美国国务院发表公告,要求美国境内持J-1签证的孔子学院中国教师于6月30日前离境。美方称孔子学院中方教师不符合美方的签证制度和中小学教师准入制度。这表明,美国有关方面已把孔子学院意识形态化了。

究其原因,海外民众和团体对汉办创建的孔子学院的成见主要是因为对中国的认识不清。只有加强文化交流,让世界看到一个自强、民主、文明的现代化中国,才能消除这些成见。文化的交流互动过程就是一个"求同存异"的过程。公元前700多年的西周末年,伟大的中国思想家,太史伯阳父提出了"和实生物,同则不继"这一重要思想。他曾进言郑桓公,凡从政务到事务,都应贯彻和而不同

---

① 戴蓉:《孔子学院与中国语言文化外交》,上海:上海社会科学出版社,2013年,第76页。
② 吴瑛:《对孔子学院中国文化传播战略的反思》,《学术论坛》,2009年第7期。

的原则,并预言西周行将灭亡,因为周王"去和而取同",即"去以直言进谏的正人,而信与自己苟同的小人"。伯阳父第一次区别了"和"与"同"的概念。他又进一步解释说,"以他平他谓之和",以他平他指不同事物互相比评、互相超越而达到新的境界:"声一无听,物一无文,味一无果,物一不讲。"孔子正是为前人智慧所沾溉,提出了君子和而不同,小人同而不和的处世之道。由古通今,中国文化对外传播的过程不应一味"搞渗入""一刀切",而整合孔子学院与受众国当地的中文学校,使二者优势互补,互为补充,可达到中国文化有效、"接地气"的传播目的。

二、汉语与中华文化国际传播资源配置模式

就国内来说,近年来,来华留学生迅速增加,他们除了获得汉语能力之外,大多数还要学习专业知识。探讨"汉语+专业"的教育模式,是汉语国际教育的一台新戏。

就海外汉语教育来说,提升汉语环境下的汉语教学质量,推进汉语国际教育的"当地化"是当务之急;此外,海外汉语教学机构的设置如何与"中国走出去"布局相适应,与"一带一路"倡议更适应,怎么进一步发挥海外办学的积极性,怎么让中国民间更深入地参与海外办学,怎样有效协调世界各地相关办学机构的汉语教育规范等,也都需要精心谋划,适时举措。①

孔子学校是通过文化信息与世界互动、交流,以期获得国际社会肯定和认可的文化工程。这种通过各种国际文化活动进行对外文化传播的形式是交互性的双向传播。孔子学院是国家主导的大型国际语言文化交流项目,它提供的文化信息具有覆盖面广、信息量大、影响力强的特点。

孔子学院与世界中文学校的合作模式,能够促进孔子学院融入社区关系,减少汉办"凌空操控"的不可控因素。以美国为例,目前美国的中文学校主要有两种形

---

① 孙宜学等:《中华文化之旅》,李宇明"序二":全面规划汉语国际教育事业,上海:同济大学出版社,2016年。

式：营利性和非营利性学校。营利性中文学校包括幼儿园、日托中心和面对中学生的辅导课程。非营利性的中文学校包括那些完全由志愿者开办的中文学校和由非官方管理人员和董事会成员创办的中文学校。非营利性中文语言学校常隶属于非营利组织，如中美联合会或宗教组织等。孔子学院的非营利性性质与"非营利性的中文学校"十分契合。孔子学院与中文学校的"优势结合"会促使孔子学院稳健可持续发展。

在模式磨合过程中，不免有一些细微冲突。但要明确中文学校与孔子学院不构成零和关系：二者非但不是对立关系，而且其本质内容是相通的，均属语言传播的范畴，二者暂时的冲突和摩擦便有方可解。针对孔子学院和中文学校的"强强联合"或"优势互补"命题，我们可以在孔子学院所在国选取样本，进行个案研究，具体问题具体分析。例如，可借鉴汉语在泰国传播的经验和具体程序，通过研究泰国孔子学院和中文学校的资源整合过程，总结出适用于东南亚各国的"普世"规律。同理，可以充分利用美国孔子学院的丰厚资源，设置试点，研究具体某一孔子学院与中文学校整合的具体问题。

中华文化历来提倡"和实生物，同则不继"，意思是指不同因素和谐融合才能产生、发展万物。和而不同是中华文化的重要基因。"万物一体""天下一家"，这是王阳明的大理想。"天下学问一家"这句话本身包含着无数中国学者的希冀。在中西文学交流的话语中，学者一方面要有深切的关怀意识，同时又要理性地认识到种种现实受制因素。①

毋庸讳言，孔子学院和华文学校的资源整合与机制共享方面存在明显的硬件和软件不足问题，要实现可持续发展，以下问题亟待解决："三教"（教师、教材、教法）问题、文化传播机制问题、财政支撑体系问题、质量评估标准体系完善问题等。

---

① 何敏：《天下学问一家：开辟中国文化走向世界新路径——专访美国汉学家蔡宗齐》，2015年7月，网址：http://www.literature.org.cn/Article.aspx?id=75867。

第四节　孔子学院与华文学校资源整合过程中的具体问题

毋庸置疑，加强孔子学院与当地中文学校的资源整合与共享机制建设对海外华文教育具有促进作用。然而，在二者的资源整合与机制共享建设历程中，以下问题应引起注意。

一、文化传播机制及教育模式问题

借力华侨华人推动孔子学院与中文学校整合，有助于推动侨务理论研究、汉语国际传播战略研究，有助于推动形成具有中国特色的"侨务理论"研究成果和实践，有助于推动科技创新研究与文化研究结合。但是在中华文化传播具体实施的过程中，有关国际汉语教材编写、教学法研究和国际汉语师资培养、中外学生融合发展研究等问题，均构成了全面推动中华文化国际传播工作的制约因素。

（一）文化传播机制问题

第一，政府督导与民间互动。随着信息媒介的普及，传统封闭式的外交并不符合对外公开、开放的发展趋势；普通民众在外交行为上已经从"旁观者"变成了"参与者"。由此，在对外传播的机制上，政府职能也应该随之进行一定调整。在推广语言和文化的传播过程中，政府应适时由大包大揽转换成"内外兼修"，调动海外对中华文化传播的积极性和对中国语言文化的学习热情。美国在这方面曾有成功的先例。1946年，美国通过了《富布莱特法案》，利用美国战争剩余物资，为学术和文化交流活动提供经费，得到富布莱特资助从而获得学术成果的研究者，从心理上来说都会或多或少对美国产生感恩之心和亲近感，甚至会身体力行地将在美国习得的文化、文学带至未来的教学工作、生活细节当中，对身边的学生、亲朋均有潜移默化的影响作用。

第二，综合教学计划和教学大纲的制定。教学计划是依据特定教学目的和培养目标制定的教育和教学的指导文件，是制定各类大纲的重要依据。教学计划和教学大纲的科学与否，直接反映了对外文化传播学科建设的规范性和成熟性。孔子学院和中文学校在教学计划上存在明显不同，因此，制定适用于二者的综合教学计划和教学大纲，势在必行。但教学大纲的制定并不单是二者教学理念的罗列，还应具有一定的理论超前性和创新性，这样才有综合指导意义，才具有普适性。空谈可行容易，焉知践行不易。科学的教学大纲制定，必须体现创新思想和最新研究成果，这就需要对孔子学院和中文学校综合考量，细致论证。在已有的对外汉语教学大纲的制定过程中，我们往往忽视了对孔子学院汉语教学大纲的遵循和利用，甚至尚未定义系统的教学大纲，更未充分吸收和借鉴中文学校等其他教育资源的教学理念和思想。在孔子学院与当地中文学校的资源整合与共享机制建设过程中，综合教学大纲的制定和完善不仅是学科建设的基础工作和重点，更是学科建设的前沿领域和重大项目。

（二）"三教"（教师、教材、教法）问题

第一，培养一批合格的海外华文教师师资队伍。赵阳在第一届世界华文教育主题讲话中明确指出，要抓住机遇，凝聚力量，推动海外华文教育大发展。他强调，要进一步规范海外华文教师培训工作，制定培训大纲和培训计划，把华文教师培训与能力测试、资质认证结合起来，建立培训、考核、认证"三位一体"的华文教师培训机制。孔子学院由于具备国家政策支撑体系，有相对权威的师资队伍。相较而言，华文学校的华文教师队伍应借鉴、结合孔子学院教师考核认证标准，建立健全培训、考核、认证"三位一体"的教师培训机制。应依托华文教育基地院校的专业力量和学科优势，有计划地对海外华文教师开展学历培训，为重点国家和地区的华文学校打造一支具有本、专科学历水平的骨干教师队伍。

第二，建立健全华文教育教材暨教学方法体系。改革教学重点抓"教材建设"，要"理论联系实际"，要"实践出真知"。教材建设不仅是国内教学改革的重点，也是健全华文教育的题中之义。对华文教育体系改革而言，教材建设的重要性自不待言。赵阳对健全华文教材的希冀是通过努力，基本建立起由幼儿到初中，包括汉语言及中华文化和教师培训的华文教育教材体系。幼儿华文教育的教材，应结合华裔青少年的心理及生理特点，图文并茂、喻理于情，激发华人青少年对祖籍国文化、文学的认同感。华文教育教材也应借鉴国内教育界教材编撰的经验，配备

相应的教师用书，在保证迎合华人社区素质教育模式的同时，提高教育的质量和权威性，保证教育的质量，激发华裔青少年对祖籍国语言文化的兴趣。具体来讲，华文学校教学内容需要创新，要向世界讲中国故事。华文教育的目的之一是传承中华文化，而关键是编教材。目前，华文教育教材缺乏统一标准和大纲，华文教育教材必须与时俱进和转型。

第三，教法问题。海外华文主要教法应遵循以下改革策略。

策略一，综合讲析法。语言和文化并重，避免失衡倒置，可防止文化教学本末倒置。授课语言的选择，反映了不同的文化观念，也引申出一些悖论式的问题。对授课语言的选择，通常会被视为"本地化"的传教策略。语言教学是培养亲华友华人士的基础，汉语是了解掌握中国文化的钥匙。

策略二，多种比较法。汉语和受众母语并重，避免圆凿钠方的问题；了解母语文化思维定式和对异文化的成见。母语作为第一语言，在一个人的语言学习历程中占据着不可忽视的地位。母语的熏陶容易培养学习语言的思维定式和标准，构成影响文化交际的重要因素。华文教育应注重汉语与受众母语的结合并用。如，可以用受众较易接受的母语阐释儒、释、道"三教合一"等非汉语母语学习者难以理解的问题，而针对较易理解的内容则以汉语辅助教学。

策略三，教学反馈法。注意选材的实用性。传教士狄考文（Calvin W. Mateer）就曾坦率地写道："年轻人着魔般地学习英语，因为英语里有金钱。随着英语图书报刊越来越多，正在播下不可知论、怀疑主义和理性主义的种子。"

孔子学院最初的设立方式设想为三种，即：国内外机构合作、总部授权特许经营、总部直接投资。但是，目前我国在世界各地建设的孔子学院，都是由外方首先提出申办要求，经过双方友好协商、达成一致后开办的。孔子学院能获取国家大力的政策支持，从某种程度来讲，是国家汉语国际推广战略的必然选择。加强孔子学院与当地中文学校的资源整合与机制共享，能有效弥补孔子学院与社区关系薄弱的弊端，同时可以保证当地华文学校的资源获取渠道的多样化，保证师资力量和治理结构的优势互补。中国的孔子学院，应深化"国家政策扶持、调动民间力量"的推广方式。孔子学院的运行过程中，中国政府应充分调动民间机构独立运营；国家政府在孔子学院的运行过程中，在提供一定资金帮扶、监控管理的条件下，应充分调动民间机构的积极性，因地制宜，循序渐进地推动中国文化外交从行政监管向支持、协调、服务转型。如此，才能达到"润物细无声"的效果，缓解国际舆论压力，实现中国语言文化外交的目的。

二、财政支撑体系问题

值得注意的是，目前孔子学院运行的主要模式并非无懈可击。据总结，目前孔子学院的运行模式主要包括"总部直接投资模式""总部授权经营模式""总部与申办方合作模式"。[①]"总部直接投资模式"虽然可以最大限度保证孔子学院的决策权和管理权，但若事必躬亲，必然需要大量的资金和基础设施；与此同时，分散在海外各地的孔子学院，若是想要及时地得到与当地实情相匹配的相关情况，落实相关政策规章，势必需要大批的对外汉语教师和职业管理者。针对受众国的当地风俗民情，制定相关相宜的推广政策，也是难上加难。所以，单纯的"总部直接投资模式"势必举步维艰。

"总部授权经营模式"可以充分借助孔子学院所在地的地缘优势，结合受众国的人力、物力、风土民情特点，有针对性地发展教育活动。但是，由于"总部授权经营模式"并未建立在成熟的管理规范的基础之上，所以影响力有限，尚未形成完整的品牌效应。加之缺乏优秀的汉语师资队伍和高效的管理队伍，在教材不够完善、缺乏语言认证考核体系的情况下，单纯的"名誉入股式"总部授权模式，显然不能保证孔子学院的教学效果。

"总部与申办方合作的模式"可以通过各方资源的优化配置，最大程度地满足孔子学院的发展需求。但是，该合作模式使得孔子学院总部与申办方之间存在着多层次委托关系，从而使孔子学院出现代理问题的概率增加，加大了孔子学院治理

---

① 戴蓉：《孔子学院与中国语言文化外交》，上海：上海社会科学出版社，2013年，第17页。

的监督难度。①

孔子学院的"合作模式"也可做一下细分：第一，中外高校合作办学；第二，中外高校联合跨国公司合作办学；第三，外国社团机构和中国高校合作办学。可见，若严重依赖外方合办高校，孔子学院便失去了自主性，长此以往，势必难以保证孔子学院发展的可持续性。跨国公司或是外国某些社团机构一般由利益推动，他们看中孔子学院当前汉语传播、文化交流的重要市场前景；但是，若对申办方的公益性质监管不到位，会导致过分商业化，进而有损孔子学院公益性的学院性质和形象。归根结底，语言和文化的传播需要大量资金支持，才能既保证语言文化国际传播机构的独立性和自主性，又能确保所传播语言和文化的内容和质量。为本民族语言和文化国际传播提供经济和资金支持，是保证本民族语言和文化国际传播战略顺利实施的题中要义。

三、质量评估标准体系完善问题

如何妥善管控分歧，按照双边关系战略互惠关系的思路，充分发挥孔子学院在中华文化传播过程中的作用，仍是当今不可忽视的问题。毋庸置疑，孔子学院在中华文化对外传播过程中扮演着非常重要的角色。但是，面临当前严峻的国际环境，孔子学院和中文学校的资源整合建设应配合国家总体外交布局和外交战略，立足当前，着眼未来，应优先开展"一带一路"沿线国家的孔子学院与中文学校的合作机制建设，集中有限资源，优化配置。但是，在具体的实施过程中，如何建设标准的质量评估体系，如何保证在文化交流推广过程中孔子学院和当地中文学校可互助合作、互相尊重，仍是一个需持续关注的难题。

四、孔子学院与当地中文学校资源整合的对策和建议

孔子学院和中文学校各有所长，但在未来的发展过程中，我们应加强孔子学院与当地中文学校的资源整合与共享机制建设，以求优势互补。另外，孔子学院应重

---

① 戴蓉：《孔子学院与中国语言文化外交》，上海：上海社会科学出版社，2013年，第88页。

点布局"一带一路"沿线国家，本着平等和相互尊重的精神，坚持与沿线国家之间进行文化对话、沟通，增加互惠互鉴的积极因素。一所孔子学院的创办历程，也就是"跨文化传播交流"的过程，我们要以海纳百川的包容态度，理解、支持受众国本国的语言文化发展策略，结合当地的国情民风，加强交流，互助合作，达到中国语言推广和文化传播的目的。

国外很多中文学校都是处在缺乏学习中国语言的大环境下，也缺乏系统的教育管理体系。因此，通过与孔子学院的资源整合，中文学校可充分利用与孔子学院协同发展的契机，规范教材、教师、教法。与此同时，应充分发掘"一带一路"沿线国家汉语与中华文化国际传播的各种资源并研究科学配置相关资源的最优模式，最终总结出孔子学院与中文学校的资源整合与共享机制模式，加强运行机制的内涵研究等，使中文学校在当地的优势能服务于国家"一带一路"倡议。具体改革措施建议如下：

（一）课程设置调整，规范"如何教"

孔子学院与当地中文学校应在不断总结经验的基础上，趋向科学融合，并使整合后的"混合型"孔子学院"精华合一"，利用孔子学院多年的对外汉语教育经验，提升当地中文学校教育的系统性。

马来西亚华校成功的重要原因是有董总、教总这样的"民间教育部"，这种民间组织为当地华文学校制定了统一的教育规划，提出了规范统一的教学目标。除此之外，佛罗伦萨的华校也很成功。以2001年开始招生的意大利佛罗伦萨中文学校为例，他们曾选用了国务院侨办的教材，拟让学生通过三年的学习，达到中国国内小学毕业水平，学校则给予小学毕业合格证书。在课程内容上，以学习中国语文知识为主，同时安排电脑教学；采用现代而又不拘一格的教学方法；重视课堂教育与课外活动相结合。

简言之，中文学校可尝试将不同专业、不同教育类型，如预备教育、进修教育、短期教育、速成教育，甚至是本科教育、研究生教育等不同的课程设置引入中文学校的教学，并借助当地的社区优势，开设不同水平的语言技能课、语言知识课和中国文化知识课。在与当地中文学校的资源整合与共享机制建设过程中，应着意培养科技领域的跨语言和跨文化人才。

孔子学院与"一带一路"沿线国家当地中文学校资源整合过程中，只有使当地的文化特色与孔子学院输出的中华文化精华有效结合，才能达到交流互鉴，文化沟通的目的。

（二）教材开发先行，规范"教什么"

研究和开发本土教材；制定师资培训，根据当地的特殊情况，制定合理的汉语教材大纲、课程标准；组织、管理、推广汉语相关考试。应注重孔子学院与中国传统文化教育资源的开发利用。在教材的开发和编撰过程中，应贯彻"广通声气""博采众长"的观点，打破"西方中心论"的狭隘圈子，应该在取西方文学、文化之精华的基础上，建立以东方文学、中国文学（包括民族文学及民间文学）为基础的课程体系。①简言之，教材的编撰要秉承十字原则：理性之思想，自主之精神。既要吸收西方文化中的积极因素，又要结合中国传统文化，摆脱固守本我思想，融会贯通，贯通中外。

（三）关于教师，保证"谁来教"

在经济全球化的浪潮中，中国文化传播是时代所需；对外汉语教师担当着中华文化传播使者的角色。在保证对国内的对外汉语教师队伍培养的同时，应有意结合当地培训机构在国外培训合格的汉语教师，以解决国外的汉语师资短缺的难题。

（四）注重发挥华侨华人的媒介作用

华侨华人是自然天成的跨文化特殊人才，我们应注重发挥"一带一路"沿线国家华侨华人在科技领域的跨语言和跨文化优势，培育以汉语为基础的"一带一路"科技创新平台。华侨华人具备跨文化传播的自然初衷。以佛罗伦萨中文学校为例，其创作初衷就是由于华侨担忧子女被日益西化，丢弃中文。而佛罗伦萨大学孔子学院在开办之初便制订了一整套符合国外办学实际的完备的教育管理制

---

① 薛克翘：《中印文学比较研究》，北京：昆仑出版社，2003年，第300页。

度。倘若中文学校能结合孔子学院较为成熟的教育管理系统，加强二者的资源整合和资源共享，会更有利于促使中文学校的学生学习中华民族语言，实现弘扬中华文化的目的。

（五）采取"由点及面式"的实验试点模式

所谓实验试点模式，即重点选取"一带一路"沿线国家某些特定城市，试行"孔子学院和中文学校"的资源整合和共享机制建设，结合观察法、经验总结法、调查法，科学改变某一个变量（自变量），并观察对另一个变量（因变量）所产生的影响。实验法的推行，有助于节省资本、人力投入，有的放矢，科学"实验"数据可以为推行孔子学院和中文学校的资源整合提供模板。中外汉语教师可以结合自己的课堂教学进行小型实验，汇流入海，积少成多；另外，也可由汉办出资，组织适当人力进行重点或大型试验。

（六）孔子学院与中文学校联合机制建设，创新驱动

中国在未来的发展规划中，提出了创新、协调、绿色、开放、共享的发展理念，把创新摆在国家发展全局的核心位置。刘延东在中法高等教育论坛"大学与工程教育"的致辞中明确指出，要加大（中法）合作办学力度，"我们要总结好中法工程教育合作办学的成功经验和有效做法，加强联合办学机构和项目建设"。

目前，孔子学院实施的创新模式主要包括：

（1）创新交流模式，培养潜在的海外中华文化传播学者。国家汉办于2013年6月19日启动实施了"孔子新汉学计划"，主要包括中外合作培养博士、来华攻读博士学位、"理解中国"研修学者、"青年领袖"来华访问，以及资助国际会议和翻译出版等6个项目。该计划联合北京大学、复旦大学、北京师范大学等14所国内高校，首批招收来自30个国家70名人文学科博士生，其中绝大部分来自世界著名高校。

（2）丰富课堂模式，教育信息化。2016年6月，教育部的《教育信息化工作月报》中明确了"服务全局、融合创新、深化应用、完善机制"的原则和2020年教育信息化发展目标。目前，孔子学院已经启动建设汉语教学多平台联动模式。所谓

"多平台",是指调动网络、广播、电视、刊授、函授等多种特殊形式,对网上中文教学、远程汉语教学进行科学化整合。这样可结合当地中文学校的"社区基础",形成多层次、多渠道、多形式、能适应各种类型学习者需求的教育体系。

当今世界,随着新一轮科技革命和产业变革的兴起,全球互联网迅猛发展,教育的信息化成为未来教育不可逆转的主流。在多媒体教学方面,网络孔子学院、广播孔子学院、电视孔子学院已经投入运营。但还面临着教学内容不丰富,师生互动性有待加强等问题。鉴于此,可大力开展多媒体线下课堂与线上课堂同步直播,借力网络,发展"网络孔子学院""广播孔子课堂""电视孔子学院"等网络视频留言与互动窗口平台建设。可以开辟专门网站介绍中国文化,可以以海外受众感兴趣的物质文化介绍模块先行,寓教于乐,在潜移默化中培养受众对中文精神文化的认同感。

第七章　华侨华人与汉语科技创新平台

语言是民族思维的历史沉淀成果，是一个民族的人文风情、认知能力的综合体现，饱含着独特的思维范式。语言的交流互通还是文化异域传播的重要媒介，一种语言在世界他国的普及方式与程度，直接影响着一国科技创新成果的数量和质量；与此同时，科技创新成果则又对一国语言和文化的国际传播和推广产生反哺影响与助推作用。华侨华人在海外艰难求存的过程中，经历了传统与西化的互动，以侨为桥，以侨为镜，能够更清楚地认识到东方民族与西方他者的异同点，更易于东西方文化交流互通。因此，发挥"一带一路"沿线国家华侨华人在科技领域的跨语言和跨文化优势，培育以汉语为基础的"一带一路"科技创新平台，将"一带一路"建设成为中国科技创新走向世界的"科技之路"，是中华文化传播的目的，也是打造中国文化国际传播新格局的重要途径之一。

第一节　华侨华人概念：以侨为媒思路及策略

中国的海外移民，可追溯到唐宋甚至更早。"有人类活动的地方就有华人。"[①] 华侨和华人已成为一种世界性的存在。这种存在的世界性，从文化意义上讲，则使中华文化随着华侨和华人的足迹而远播海外。

一、以侨为媒文化传播的可能性

发挥华侨华人的民间外交作用，推动中华文化国际传播是"一带一路"倡议构想的题中之意。"一带一路"倡议的顺利实施势必挑战"西方中心"观。在世界各地，那些中国移民需要去适应当地环境的地方，中国的文化资本都被柔性地、巧妙地、恰当地投入特定的情境之中。所以说，以侨为媒是辅助开展侨务公共外交的一种重要的外交手段，在危机应对和从精神层面维护国家利益方面都发挥着其他外交手段所不能代替的功能。

---

① 刘登翰：《跨域与跨界》，北京：人民出版社，2016年，第65页。

（一）华侨华人的社区身份及其民族情结

海外华人对中华文化传统民族文化有强烈的自豪感，即使已经当地化的第N代华人，他们对中华民族的文化精髓也更易产生认同感。对于海外华人而言，"民族主义"是由情感和策略共同构筑而成，民族认同感是华人群体的共同形象，超越了地缘、方言的差异；华人之间相互团结，共御外来威胁的策略，又保证了初代华侨华人在他者社会中的地位。民族主义运动还在华人社会内部构建了一个特殊的舞台，既是政治竞争之地，同时也是实现社会流动之所在。[1]

华侨华人作为寄居在主流文化圈以外的少数民族族裔群体，其民族身份问题应从维持族裔社区关系的内在因素入手探讨。关注少数民族的族裔特性不应只聚焦在其自身的文化构成，还应探讨族裔社区的内在因素及主流社会的结构性因素之间的互动过程。海外华人社团是华人亲缘群体的正式组织形式。华人社团的组织形式主要可分为四大类（四种类型之间不可避免会出现相互融合或重叠状况）：血缘纽带、地缘纽带、神缘纽带以及兄弟会。

华人亲缘是华人文化模板的主色调，顾名思义，血缘纽带主要是指华人群体中具有血缘亲属关系的社团组织。由于移民具体条件限制，极少有整个家族一起移民的情况，这种血缘纽带可能是想象中的具有中国同一姓氏的团体组织；他们以"同姓"为纽带，将许多并没有父系血缘关系的人联合在一起。

地缘纽带是指以方言为区分的社团组织，可以具化到同省、同县、同镇、同村，即远离家乡的同乡们守望相助。

神缘纽带是指信奉某一共同的神灵；神缘社团的主要服务事项之一就是为死者提供坟山墓地；在某种意义上，华人的丧葬文化促使移民团体塑造了这一形式的象征性族群认同模式。

华侨华人基于中国经验、社会历史等非西方经验，形成了属于自己的概念、规范、知识体系与话语系统，建构与入驻社会的主流体系形成有效对话的新的身份系统。但是，"悠悠天宇旷，切切故乡情"（张九龄《西江夜行》）。不论其身处何

---

[1] 孔飞力：《他者中的华人：中国近现代移民史》，南京：江苏人民出版社，2016年，第196页。

方,华侨华人对中国故土眷恋的内在诉求,决定了他们在增强中华民族软实力和在世界话语体系讲述中国故事的特殊地位。海外华侨华人对故土家园的眷恋情感,无形中促使他们回馈祖国,比如早期华侨会修祠盖庙、建桥铺路、兴办学校等。时至今日,在广东、福建的侨乡不难发现中西文明融合碰撞的独特印记。

(二)夹缝中存活:华侨与华人社区

若要充分发挥华侨华人的民间外交作用,我们需先了解海外华人的特殊处境。他们必须适应所在国的生态环境,融入所在国民众的文化,了解所在国原住民或殖民统治精英阶层的利益所在。海外华人在融入其他社群和保留自我身份层面,很难得到精准平衡。那种狂热的"华人性"展示,无论从文化上或是政治上,都可能适得其反。作为少数族群,如果要生存,就必须具有所在国社会所需技能和文化上的敏感意识,才能够使自己和他人在现实需求和精神情感方面取得一致。但是,在与所在国文化交融的过程中,华侨华人会无意识地保留中华文化的精髓部分,诸如儒家道家传统仍无形中主导着"唐人街""中国城"的文化构成。中华文化及其以取悦形态体现的原乡文化,不仅是海外华侨华人的"原乡"记忆,而且是他们在面对别国他乡异族文化压力的生存环境中,建构自己族裔文化,确立自己文化身份和以自己的身份文化参与所在国多元文化共建的资源。① 华侨华人是在夹缝中求存的"他者",他们无意识地将中国的文化散播在世界各地。

我们可以以"社区力"的概念对华侨华人在国外的传媒作用稍作阐释。根据奥布的观点,"社区力"是嵌于族裔社区中的族裔社区与主流社会互动过程中的产物,可细分为具有族裔特色的文化信仰和某个族裔群体对它的处境做出的一系列反应、解释以及相应的行动策略和行为方式。以黑人社区为例,由于长期受主流社会的歧视和排斥,有些黑人社区刻意把本族裔的特性视为文化象征,用以树立一种集体的尊严,使之能够在心理上与主流社会保持一定的距离。当族裔成员把主流社会的歧视和排斥内化为这种集体自我定义的文化象征时,便会反过来培养出对抗主流

---

① 刘登瀚:《跨域与跨界》,北京:人民出版社,2016年,第219页。

社会的结构和组织（包括教育组织的逆反心理和反向行为取向）。这时，族裔特性的影响力不是促进而是阻碍族裔群体向主流社会靠拢，从而阻碍族裔群体的社会流动。这种或促进或阻碍的力量，即社区力。积极的社区力势必会对特定的文化传播起到促进作用；反之，消极的社区力则会与移民国的主流思潮不符。如何调动积极的华人华侨的"社区力"为汉语文化传播服务，无疑是非常重要的命题。在海外华人社会，他们的领袖人物既非传统士大夫，也不是知识精英，多是商人。他们不是文化的传承者，一般不会将国家政治，或任何其他政治问题，当成自己最主要的关注点。很少有华商能够或者愿意成为民族主义运动的积极推动者，在这一点上，唯有陈嘉庚是个例外。不过陈嘉庚的责任感是由内而外向外辐射的，先是为他的家庭承担责任，接着是为他老家所在的乡村，然后是为了他在新加坡和中国福建的同乡，最后才是为了中国，为了民族国家。

（三）来自"东方"的后盾：中国的崛起

由于因循守旧、闭关锁国，旧中国被列强撕裂篱墙，险被瓜分。哀之而复鉴之，对于经济复苏、全面崛起的当代中国来说，传播汉语和文化、推广科技新思潮，是全面提升国家形象的必由之路。

梁启超认为，只要中国有能力保护海外华侨，那么海外华侨就一定能支持中国建设，增强中国国力。一种语言在国际社会中得到认可和传播，取决于语言输出方在国际上的综合国力及影响力。近年来，中国的综合国力不断增强，中国经济的飞速发展令人注目，也充分调动了全球学习汉语的热情，"汉语热"持续升温。目前世界范围内的"汉语热"具有持续时间长、辐射面大等特征。但"汉语热"尚未暖到人心：由于对汉语传播的语言本体特征、受众对象的心理因素缺乏研究，在汉语国际传播的历程中，实际传播效果和预期传播效果之间存在着明显的落差。基于此，我们在传播中华文化、进行中国语言文学外交的过程中，要"有取舍""有创新"。为了充分保证中华文化国际传播的质量和效率，我们要认真研究中华文化的基本内涵，充分挖掘中国传统和当代文化的世界价值，做到"外之既不后于世界之思潮，内之仍弗失固有之血脉"。

在中国语言文化走出去的过程中，若能调动华侨华人的"社区力"，则可使华人社区成为文化传播推广的先锋。

二、奉"侨"为媒，做好语言文化外交

文化外交是保持和传播本民族优秀文化和塑造国家形象的重要手段。"语言文化外交"可定义为："以语言推广为先导，以语言和文化传播为内容，以教育和交流的手段到达增进相互了解、提升国家形象、达成文化交流的对外文化活动。"[①] 海外华侨华人融入当地主流社会的过程，就是向住在国介绍中国的国情、文化、发展道路和内外政策的过程，本身就是以各种方式参与并推进我国公共外交的过程。通过华侨华人的参与，可以更好地进行不同文明和文化的交流沟通，塑造积极正面的中国形象。

（一）异域交流过程繁，语言文化"意、异、译"

文化外交的实行过程中需要特别注意"意、异、译"三方面。

其一，意。中西方文化交流，或中国及其他东方国家间的文化交流过程中，均存在文化意义上相近的客观对应物。此处的"意"特指在文化交流中不同文化间、相同事物的相近特征。对待不同事物的相近意义，交流过程较为简单，但也应注意细微差别。例如，中日文化中的"禅宗和禅意"，同气连枝，中日的"禅"意交流相较于与西欧相关宗教类别来讲较易理解。除此之外，日语除平、片假名之外，还有许多源于中国的古汉字，在中日语言文字交流过程中，具有相似意义的汉字形式，有助于中日文化交流。

其二，同样的汉字形式，很多却承载着截然不同的蕴意，如："娘"这个汉字，在日语文化中，表达"女儿"的含义；"汤"这个汉字，在日语文化中，包含"开水、洗澡水、公共澡堂、温泉"等意思。因此，在文化交流过程中，我们亦应注意"异"。中西语言文化外交进行过程中，小到语言文字、大到文化人种，无一

[①] 戴蓉：《孔子学院与中国语言文学外交》，上海：上海社会科学出版社，2013年，第9页。

不透着"异"。中国历来奉行"求同存异"原则,基于世界文化一律平等的认识,在比较分析中华文化世界化之路与世界各民族文化国际传播之间的同与异的基础上,充分体现出中华文化精髓。此处之"异",特指在文化交流中不同文化间、相同事物的不同特性,"异质"使得文化交流过程举步维艰。要让世界了解当代中国,就必须不断创新,发出属于当代中国自己的声音。如何减少"异"质因素的阻碍作用,在实现自我发声的前提下,又为异质文化对象所接受?华侨华人的桥梁作用便不彰自显。华侨华人杂糅的文化身份,在异质文化夹缝中的生存经验,本身就是文化交流的重要参照。

其三,译。文化的交流过程,就是对外传播本土文化,向内引入先进外来文化,以期达到"互通有无"的过程。中国文明的发展本身,就是世界文明发展的内在组成部分,"解决好民族性的问题,就是解决好世界性问题","译"是文化传播之根本途径。此处的"译",指在文化交流过程中不同文化间互通有无的过程,包含文学翻译活动,但并不单纯局限于语言文学"翻译"。作为文化的载体,语言推广为文化外交奠定了基础,即基础性。语言推广的终极目标是传播文化;语言推广是载体,文化和价值传播交流是目的;语言推广不只局限在传播语言文字知识,传播本族文化、促进多元文化发展是语言推广的延展益处,即语言文化外交的"延展性"。关注语言文化传播的"意、异、译"原则,有助于推进语言文化外交。

(二)以侨为媒:民间外交特征鲜明

中华文化走向世界的实践说明:要让世界知道"发展中的中国""开放中的中国",我们必须不断创新发出中国声音的方法,形成鲜明的中国特色,既能体现中国立场,又能体现"国际表达"。以侨为媒的民间外交形式,是构建中国特色的中华文化传播体系的重要组成部分,具有以下鲜明特征:便利性、渗透性、全面性。华侨可以身作则亲践行,直播中华传统文化,展示传媒和显像图画表达不出的深层多元内容。

三、科技创新汉语桥 以侨为媒谱新篇

在"现代汉语"逐渐形成的过程中,中国国内的主要参与者包括三种类型:"翻译家""开发人"和"创造者"。第一种人引进西方(沟通中西),第二种人改写古代(以今释古),第三种人拓展未来(开启新潮)。①受此启发,我们在当前借力汉语传播服务科技创新的征程中,可将华侨、华人作为"第四种人",他们既沟通中西,又开启新潮;既传承古训,又纳新去粕。以侨为媒,必须解决好"创新"与"传承"的问题。我们当前创新中华文化国际传播的策略之一,就是以侨为媒,借助汉语,沟通中西。

下图可直观展现华侨华人与祖国、社区关系。

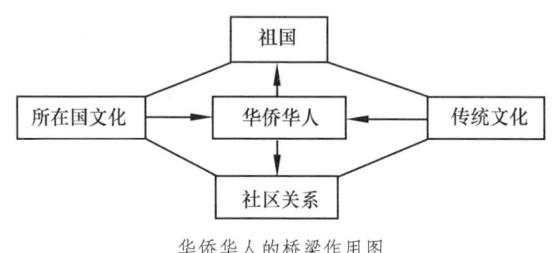

华侨华人的桥梁作用图

文化传承的需求和乡土情结是海外华侨华人学习汉语和中国文化的根本动力②,由此,海外华侨华人继承中华语言文化具有自觉性。基于种族和中华文化的认同,加之与所在国居住地的社会制度、文化背景、教育基础、思想意识和生活习惯存在差异,华侨华人一般希望保持中华民族文化的根本属性和地位。不仅如此,老一代华侨华人还希望通过汉语和中华文化教育使自己的子女保持民族特性,并使他们在现代社会中更具竞争力。文化传承的意义不仅体现在华人自身,对于以华人为主体的国家和社会的影响也不容忽视。

---

① 徐新建:《全球语境与本土认同——比较文学与族群研究》,成都:巴蜀书社,2008年,第85页。
② 戴蓉:《孔子学院与中国语言文学外交》,上海:上海社会科学出版社,2013年,第53页。

第二节　汉语国际传播与科技文化推广、国家形象提升

一种语言的世界普及方式与程度，直接影响着该国科技创新成果的数量和质量，科技创新成果则又反作用于语言和文化的国际推广。"一带一路"应成为中国科技创新走向世界的"科技之路"，语言作为创新科技交流的必要条件，同时作为传播文化的纽带，其传播与推广应提升至一定的战略高度。语言的普及与推广可更好地服务"一带一路"沿线文化的共同繁荣，打造"区域共同体"。简言之，凡需交流，就必须首先考虑语言教育与传播。

一、"一带一路"科技创新，交流平台汉语为基

语言是人类文明的集中体现，它如纽带，保证了跨民族、文化的有效交流。搭建汉语平台是解决"巴别塔之困"的有效途径。汉语发展的理想状态是具有最大限度的使用价值，具有广博的使用人群，能在不同地域、民族、文化、社会以及历史时期中广泛传播，在人们的现实生活中产生深远的影响。20世纪以前，文化之间的"溶血"过程是缓慢而漫长的，随着当今时代现代技术、通信手段、交通条件的发达，现代社会交流"溶血"的过程加速。古式的"丝绸之路"的驼铃声早已飘远，取而代之的是人类日渐紧密的依存度和文化互渗度。随着信息社会的到来以及经济全球化的不断发展，世界各国与各民族之间的跨文化交流活动进一步增加，语言作为国际交际工具的重要性愈加凸显。

在这种浪潮下，语言推广对国家发展的影响惠及政治、外交、经贸、教育、文化、科技、社会等几乎所有的领域，其作用具有基础性、综合性和一定的先导性，所产生的效应是巨大而持久的。尽管在不同时期语言推广的手段和表现形式不一样，但语言推广在一国政治、经济和文化发展中发挥的作用始终没有改变。语言推广在提高国家软实力、促进国家经济与国际接轨的过程中发挥着越来越不可替代的作用。作为国家公共产品，语言国际推广也越来越受到各国政府的重视，世界各主要国家为提高本国语言的国际影响力，都将其纳入国家战略发展框架。在汉语的传播推广过程中，应充分发挥"一带一路"沿线国家华侨华人在科技领域的跨语言和

跨文化优势，培育以汉语为基础的"一带一路"科技创新平台，而要实现这一目标，则应先厘清汉语传播的可能性及策略利弊。

第一，汉语传播具有实用价值。面对以美国为首的西方世界大肆散布中国"威胁论"和攻击中国的所谓人权问题，我们完全可以通过语言的有效传播，让世界了解中国倡导和平崛起与构建和谐世界的理念，用事实和行动赢得他国人民的理解、尊重和信任。①汉语成为国际通用语，百利而无一害。毋庸置疑，英语是目前盛行的全球性语言。但不容忽视的是，在世界范围内，英语外的其他几种语言同样具有强大的发展潜力，甚至形成了全球化的传播态势。近些年来，汉语的国际影响力凸显，全球汉语学习者发展迅速。汉语成为国际通用语的美好愿景，正在一步步变为现实。汉语的有效传播，无论是对推动中国文化走出国门，还是实现与西方国家的"先进科技"达到良性互动交流的目的，均具有不可估量的价值。

第二，汉语成为全球性语言具有可能性。一般来说，A语言如果同时具备以下三个条件，便可以视作一种全球性语言，即：①具有广泛而深刻的地域性分布，是一种典型的"地域性语言"；②在特定领域内具有广泛而深刻的使用价值，是一种不可替代的"领域性语言"；③成为一种具有普遍象征时代人文的标志性语言。这三个条件的共同特征体现在语言使用的高度国际化和对用语主体（包括人和非人的因素）深刻的影响程度；不同点在于语言适用范畴的侧重不同。②

所谓"地域性语言"，不是指狭义的地理概念，而是超越了地方、地区、区域或单一语言社团所在地的所指范畴，同时包含着地理特征与人文内涵的语言区域系统，它可能跨越多个国家、多个民族，属于全球视野下的语言分区形态。如东欧地区的主流语言（俄语），北美地区的主流语言（英语），拉美地区的主流语言（西班牙语、葡萄牙语），东亚地区的主流语言（汉语），英联邦地区主流语言（英语），原法属非洲殖民地区的主流语言（法语）等。地域性语言强调语言的国际性，而且其国际化程度较高，不同地区、不同国家、不同民族对该语言依赖性强，

---

① 宁继鸣、王海兰：《汉语国际推广的公共产品属性分析》，《东岳论丛》，2009年第5期。
② 李志凌：《泰国汉语快速传播对汉语成为全球性语言的启示》，《汉语国际传播研究》，2012年第1期。

它不仅是人们共同使用的一种沟通和交流工具，还是人们生产生活中必不可少的组成部分，甚至影响着社会意识形态和某些族群特征。

所谓"领域性语言"，指的是在某个普及全球的生产、生活领域中被广泛使用的语言，如在计算机网络领域，英语因被长期和广泛地普遍使用而成为一种领域性语言；在某些国际化的机械装备和工程操作领域，专利性和领先性使德语成为相关领域的权威语言；法语和俄语也在文学艺术领域内对产品、规程、标准等具有某些"规定性"和"示范"的作用，因而在这些领域内获得了突出的语言地位；在世界政治舞台上，英语、法语是主要的官方语言，具有广大的受众，很大程度上体现出一种话语权地位，成为这个领域无可争议的首选语言。某种全球化的领域性语言必须在世界普及的生产生活领域中发挥至关重要的作用，具备明显的工具效能。

所谓时代人文的"标志性语言"，是指一种语言在世界历史的某个阶段上突出体现了人类文明发展的新成果、新动态、新需求，反映出具有代表性的社会意识形态，以及人的价值观念、精神风貌和生活态度，乃至社会系统的政治理念、经济形态、文化主流、科学观念、价值取向等。目前来看，英语称得上是这样一种标志着当下世界主要时代人文特征的语言。

当A语言呈现出上述三种形态时，便具有了全球性语言的形成条件和基本性质。另外，把语言跟意识形态附着是完全错误的。即使英美人自己也反对一语独大，主张多样化。① "一个国家的语言是否能成为全球语言，与该语言内在的结构性质、词汇量大小、是否曾为伟大文学作品的书写工具、是否曾与伟大的文化或宗教联结都无关联。"②

目前，英语基本同时具备了以上三个条件，而且其深刻性和广泛的使用程度远高于其他语言，也有人称之为世界语。尽管其他几种语言，如德语、法语、俄语等已在特定条件上具备了突出的优势，却因其全球化、全面性优势尚不匹配，并未能与英语齐肩成为全球性语言。

---

① 盛韵：《陆谷孙谈中国人学英语》，《基础教育外语教学研究》，2013年第12期。
② 戴维·克里斯特尔：《英语帝国》，郑佳美译，台北：猫头鹰出版社，2000年。

随着汉语国际化程度的提高，我们看到了汉语成为下一个全球语言的可能性，但仍任重道远。

（一）传播学视野中的语言价值

语言的价值可以从微观层面的语言结构功能、中观层面的语言交际功能和宏观层面的社会文化功能及其在价值取向上表现出来的特点加以观察。在语言传播学中，语言的交际功能和社会文化功能往往占据主要地位，因为它们能够反映出语言在族际、区际、国际之间流通时的真正价值。而语言的结构功能，即语言本体内部各单位及单位之间关系的功能，也称为形式功能，在大多数情况下较之其他退居其次。整体而言，一种语言的价值包括语言本体价值和语言传播价值。

学界有观点认为，"语言传播的根本动因在于价值"。但是，有价值的语言并不一定能顺利传播。例如，尽管英语的本体价值很高，但在20世纪50年代到70年代并没有大规模地流传到中国，形成大规模传播的气候。原因是中国当时的社会对英语所代表的西方文化意识形态不接纳，语言需求较小，导致其对中国的传播价值低。再如，汉语在世界历史上也曾是最具价值的语言之一，在越南、暹罗（今泰国）、朝鲜半岛、日本、中亚等地广为传播，在西方世界还形成了影响深远的汉学。但在近代，因国力（尤其是清朝后期到1949年建国之前）衰微，汉语对世界的影响力逐渐减小。20世纪上半叶，汉语在国际政治舞台的话语力更加微弱，海外学习汉语的人数骤减。所以，"语言有无价值，语言能否顺利传播，不仅要看语言领有者的社会状况，还要看它对语言接纳者有无价值，看语言接纳者是否认识到其价值"。换言之，就是看它是否有足够的传播价值，这一点不容易从语言自身的本体价值上看到，而只能通过语言在民族间、国际间传播的过程中显现出来。

（二）汉语成为全球性语言的限制因素

汉语是全世界使用人数最多的语言，但这是建立在中国庞大的人口基数的基础之上得出的量化结论。语言使用者的人数并不代表一种语言影响力的大小。根据荷兰学者艾布拉姆·德·思旺（Abram De Swaan）的"语言影响力K值计算公式"，通过将某种语言的第一或是第二外语的人数,和多语种人数等多变量共同考量的公式,英国学者格拉多尔统计指出,目前英语的K值是汉语的140倍。

  汉语与中国文化的推广有密切关系,汉语的K值大幅低于英语影响力的现状表明,汉语的国际传播过程任重而道远。汉语的"热"只是处于初步发展阶段,并未引起全球化的学习热潮。语言是文化的载体,2001年,联合国教科文组织通过了《世界文化多样性宣言》,呼吁各国摒弃文化和文明之间不可避免的冲突,以维护文化多样性为共同行为的目标,并在此基础上发动广大的发展中国家建立了一个全球文化多样性联盟。但是,联合国的倡议并未引起西方国家的重视,美国甚至曾退出教科文组织。汉语是否会在第一世界国家"热"起来,目前尚难有定论。

(三)相关对策:物质文化先行,行为文化随后

  中国的生活理念与西方国家思维习惯存在很大差异。在中华文化传播过程中,应充分考虑受众的接受能力。精神层面的文化适宜缓行,应以让外国受众了解为主,不要强求他们对此有很高的认同度,应该侧重文化间的交流和理解。

  但要推广什么样的中华文化?只是一些诸如大熊猫和长城这些中华文化的表层符号吗?①

  中华文化可细化为物质文化与行为文化。饮食文化、文物古迹等有实体依托的文化形式是中国物质文化的代表,太极拳、中医等以人类行为为主要依托的文化形式称为行为文化。在中华文化传播过程中,应物质文化先行,行为文化随后。

  以汉语在泰国的快速传播为例,我们可以得出这样的结论:汉语能否成为全球性语言,可从三个方面来考量,即语言政治效力、语言价值认知和发挥与语言外在生存因素。以此为基础,我们可以推导出汉语成为全球性语言的几个主要途径:

  第一,汉语纳入传播对象国的主要语言政策与设计范畴。汉语在泰国快速传

---

① 王晓路、刘岩:《思想的对话:文学与文化之间》,成都:巴蜀书社,2014年,第61页。

播，主要原因之一就在于获得了有利于汉语发展的语言环境，而且这种语境不是局部的、单属个别语言社团的，也非简单语义概念下的语境，而是综合了国家语言政策、战略规划、各级政府部门、执行机构、民间运作的社会化语境，它将汉语传播升华为一种国家行为，将一种语言涵养在整个国民生活中。泰国政府制定的指导性文件，表明了重要的语言态度和文化意识。它不仅保障了一种语言在其境内的顺利传播，而且将之与国力增长、社会发展的重大意义紧密联系在一起，极大地促进了该语言及其思想文化的本土发展、借鉴与吸收。如果汉语国际传播的过程中都能在对象国引起国家意识层面的重视，甚至被纳入该国的全局发展战略，纳入主要的语言政策并加以严格执行，积极推动，必然能够从深、从广地发挥汉语传播效力，并最终获得不可动摇的国际性语言地位。

第二，汉语成为主要的区域性或领域性语言，或具备显要的时代人文性特征。除了语言政治效力和社会化语境层面的考量，传播对象对语言价值的正确认知、开明接纳，同样是促进语言快速传播的重要因素。汉语在泰国不仅仅是一种在学校里修读的外语，广泛的社会接纳和深度的语言认知，使汉语成为很多领域重点发展的语言。在泰国较发达的中部、北部和东部地区，汉语教学情况开展最好，地方政府和民间对汉语的社会价值认同度最高，在学校和生产生活的诸多领域汉语扮演着重要角色，尤其在国际贸易、文化科技、政治关系中，中国都是泰国主要的交流合作对象，汉语也是沟通的重要媒介。各地民众也对汉语表现出亲善友好的态度。许多人甚至相信，中国将在亚洲乃至世界经济发展中扮演决定性的角色，中国的思想文化也是这个时代不可缺少、不容忽视的主要文化类型，代表了世界经济文化格局发展的新方向。这些认识都没有政策强迫的色彩，更多地形成于自然而然。这说明汉语在泰国的顺利传播拥有了良好的人文环境驱动因素。

第三，缔造顺畅有效的国际化传播通道。汉语的国际传播不仅需要依靠传播对象的内部驱动，还需要依靠外部条件的支持，主要是语言输出国提供充分的人力、物力、财力和政治上的支援。在汉语热兴起的10余年中，泰国社会始终以一种开放的姿态支持着汉语言文化的教学和普及，多次得到中国政府和民间对汉语本地化发展的大力扶持，接受了包括来自中国在内的大批国际汉语教师队伍，壮大和充实了本土师资力量，迅速提高了汉语教学的整体水平。良好的政策环境、深厚的文化环境、可靠的教学资源保障，使汉语的异域传播得到理想的内外条件。

随着中国大国地位的真正确立，世界上许多国家希望与中国增进互信，扩大共识，寻求稳定的外交关系，谋求共同的发展利益。华侨华人为主要推动力量的"华人教育"使得所在国与中国的伙伴关系更加坚固，华侨社区是中外以语言文化交流为切入点的坚实基础，为中外合作提供了交流的契机，使双边伙伴关系更加稳固，进而推动了双方互相了解，战略互信。

受众国的语言和中文不构成零和关系，中文、英文或任何受众国语言均不是对立关系。汉语的推广可加强中国与世界各国之间的文化交流，增进世界各国对中国的认知和理解，促进人民之间的相互沟通和信任，以一种更加容易让对方接受的软方式培植影响力，树立良好的国际形象。

二、以侨为桥与国家形象提升

华侨华人在中外文化交流沟通中具有先天优势，是沟通中外文明，汇聚文化精华的天然桥梁。以侨为桥，无疑是实现中华民族伟大复兴中国梦的战略要义，也是一项事关中国国际形象的战略形象工程。借助华人华侨，传播中华文化，有助于国家形象的提升，具体表现在：

第一，直观、客观地展现真实的中国印象，有助于打破西方中心主义壁垒。西方某些国家存在自以为是的集权思想："我们有权将武力加诸他人身上，因为我们达标了现存最佳的政府状态。"① 而中国文化历来主张的和实生物，有利于打破西方霸权思维壁垒，践行尊重他国主权和自治，具有深厚的文化根基。信息时代互联网普及，受众习惯于标签化认知，碎片化阅读，正在日渐成为世界第二大经济体的中国，正主动承担起国际责任，参与国际合作。但是，一些西方国家不能接受"西方中心"的世界格局正在逐步被打破的事实，仍以惯常历史思维审度中国，根据固

---

① 安贝托·艾柯：《倒退的年代：跟着大师艾柯看世界》，翁德明译，桂林：漓江出版社，2012年，第65页。

有历史形态使中国形象标签化。以侨为桥，可直观真切的传播客观公正真实的国家形象，有利于中华文化产业获得世界的认同。

第二，形象提升的范围扩大化，行为多样化。国交在于民相亲；以侨为桥，有助于因地制宜，灵活应对地区文化壁垒，合理制定适合不同国家、地区、行业的对外文化传播战略；可充分发挥与中华文化相关的国际传播经验。海外华侨华人自始至终都在无形中传播中华文化，华人华侨对所在国中国形象的提升具有潜移默化的作用。华人华侨与所在国各行业、居民等更易开展直观的互信合作，共享发展成果。如何激发华人华侨的民族身份意识，进而形成华侨华人与中国国家形象的传播塑造之间的良性互动关系，无疑是中国文化传播、科技文化发展的重要研究课题。

三、文化创新与科技创新的关系

文化创新是科技创新的精神动力，科技创新是文化创新的具体表达。当今时代是中华文化国际传播的黄金时期，增强文化自信，发掘中华文化深层特质，集合中华文化深厚历史底蕴，可推动当代中国文化产生世界价值。发展文化、致力创新有助于满足国家和地区经济发展。面向世界、面向未来的全面科技创新需要文化护航，科技创新又为文化创新和中华文化走出去提供技术支撑。

以国际视野炼中华传统精华，以语言文化促世界科技创新。科技发展是中国经济发展的助推器，是中华语言文化的国际传播发展到一定程度的必然结果。科技发展不可能"闭门造车"，交流和沟通是科技创新的源泉之一，而语言互通，是其必要条件。

第三节　以侨为媒：铺设科技创新交汇之路

目前，我们应以"一带一路"建设国家战略为发展契机，以汉语文化创新与科技技术创新有效结合为理论基础，以汉语传播系统的优化与协调为目标，注重文化交流与沟通机制建设。但是，如何基于不同语境发出自己的声音，不仅是萦绕于华人华侨的心念之间的问题，更是中国政府决策部门一直关注的问题。华侨华人在异质文化语境中搜寻发出自己声音良方的过程，与当代中国致力于汉语文化创新，谋求发出中国声音的诉求不谋而合。文化创新与科技创新同气连枝，搭建汉语交流平台，可为科技创新工作提供诸多便利。而在搭建汉语科技创新平台的过程中，华侨华人扮演着不可或缺的角色。

一、搭建汉语交流平台，铺就科技创新的康庄大道

科学是文化的载体，科技创新思维首先是一种语言思维。以汉语为基础的科技创新平台，有助于推动中国的科技创新教育，促使中国向创新型国家转变。

（一）汉语交流平台是科技创新之翼

现代社会的互联互通，科技创新，不仅是修路架桥，平面化和单线条的联通，而更应该是基础设施、制度规章、人员交流三位一体，应该是政策沟通、设施联通、贸易畅通、资金融通、民心相通五大领域齐头并进。这是全方位、立体化、网络状的大联通，是生机勃勃、群策群力的开放系统。[①] 汉语交流平台的创建有助于推进科技互通建设，有助于全方位、立体化、网络状的世界区域交流合作。

（二）汉语平台建是科技互通之基

语言互通是各民族之间、人与之间的沟通与交流的必要条件。700年前，马可·波罗游历中国17年，写就了著名的《马可·波罗游记》。随着全球化的世界大形势，中国需要更多的马可·波罗。"一带一路"倡议作为贯通中西文化的互联互通工程，少不了充分发挥语言的桥梁作用；而铺路建桥的主体，应该是择取对双方都熟识的中介人，华侨华人便是铺建这个桥梁的不二人选。

（三）汉语平台是"一带一路"倡议人文之关切

"一带一路"倡议不仅是旨在沟通中国与其他国家的硬件建设工程，更是一条

---

① 联通引领发展 伙伴聚焦合作——习近平在"加强互联互通伙伴关系"东道主伙伴对话会上的讲话，2014年11月8日，《人民日报》，2014年11月9日。

惠民、会心的民心所向工程,是真正的人文之路。"一带一路"是沿线国家密切语言、文化和文明的重要渠道,体现了中国和谐文明的生态观,突出人与人之间的关系。汉语平台的搭建是促进"一带一路"软环境建设与中国中东人文外交的重要举措,是形成由孔子学院、医疗援助、沙特朝觐、友好城市和国际合作的前提,是彰显中国大国风范,助力中国人文外交的重要举措。

(四)汉语平台是民族身份构建之前提

语言是一个国家和民族的符号,是一个民族国家的身份与特征,对一门语言的认同也或多或少是对这门语言承载的文化的认同及对社会现实的表达。① "一带一路"是互惠共通的民心工程,语言作为一国文化的钥匙,必定会成为以"一带一路"为纲的中华文化传播之利器;汉语和中华文化是"一带一路"经济带顺利实施的储备工程,作用不可小觑。以侨为媒,增强华侨华人的语言认同感,有助于华人们的民族身份构建,对直接传播中国文化具有很大的促进作用。"一带一路"沿线国家的华侨华人是天然的中国通,是亲华友华的潜在群体。关注海外华侨华人对他者的思想及意识的影响,注重发挥华侨华人为媒的良性潜力,不失为"东学西传"的一种良策。

二、以侨为媒:问题与对策

(一)问题

(1)非首代华侨华人自身汉语能力的限制。周有光先生曾言:"语言使人类区别于禽兽,文字使文明区别于野蛮,教育使进步区别于落后。"汉语在文化传播和人类交流方面的意义自不待言。然而,正如周恩来总理曾经的比喻,首代华人华侨是嫁到婆家的女儿,他们的子女与中国的亲情关系必不如父母直系血亲;另外,许多华人华侨的子女已经被所在国同化,完全不懂汉语。因此,如何通过汉语教育以调动华侨华人作为文化传播使者的积极性,是仍需努力的工作。

---

① 肖燕、文旭:《语言认知与民族身份构建》,《外语研究》,2016年第4期,第10页。

（2）受众国本国复杂的语言状况。在"一带一路"实施的过程中，我们应重视沿线区域国家本国复杂的语言状况和语言政策。我国面向沿线国家的语言推广规划应符合沿线区域国家的基本国情和语言等级秩序。华侨华人与沿线国家的关系具有非事功性和非占有性的特征，既有粘连性和兼容性，也有不可避免的冲突，即所谓"嵌而不合，裂而不分"。华侨华人与寄居国的这种特殊关系，对汉语与中华文化传播来说，既是机遇，也是挑战。

（二）对策

为使华侨华人更好地发挥中外文化沟通的桥梁作用，我们应坚持以下基本原则：

1. 文化交融性原则（The principle of culture engagement）

"西学东渐"与"东学西渐"均是不同文化之间的交流和融合的过程。文化之间的浸染和融合，看似无形，却往往借助有形的媒介才能实现。时光倒流2060年，恺撒大帝身穿来自西汉的丝绸，出现在古罗马帝国的庆功仪式上，随后，这种来自东方的奢侈品迅速席卷亚平宁半岛，逐渐开始改写古罗马乃至周边各国的时尚文化。今天，"丝绸之路"沿线各国的文化交融越来越与时俱进，纷繁多样的文化产品不断出现，正在打破语言和文化的界限，丰富不同种族不同肤色的人们的心灵。[①]中国地处远东，具有与西欧各国不同的历史底蕴和文化内涵。作为煌煌文明大国，中国的思想也曾是欧洲启蒙运动者吸取精神力量的源泉。中西的文化交流是互相汲取精神的活动。

2. 多元文化共建原则（The principle of international cultural construction）

20世纪40年代，钱锺书曾指出："东海西海，心理攸同；南学北学，道术未裂。"他的《谈艺录》有言："凡所考论，颇采二西之书，以供三偶之反。"他认为："心之同然，本乎理之当然，而理之当然，本乎物之必然，亦即合乎物之本然也。"即无论东方西方，只要同属人类，就应该具有共同的诗心和文心。鉴于此，

[①] 肖振生：《数说"一带一路"》，北京：商务印书馆，2016年，第122页。

我们应坚持多元文化共建原则，发挥"一带一路"沿线国家华侨华人在科技领域的跨语言和跨文化优势，培育以汉语为基础的"一带一路"科技创新平台。而异质文化之间的相互对话和沟通，是化解经济、科技全球一体化和保持文化多元化的矛盾的必由之路。

借力华侨华人作为"摆渡人"，搭建汉语为基的创新平台，并秉承多元文化相融共生原则，使其服务于跨文化人文交流、科技创新，这将成为一条卓有成效的中外文化交流的"新丝路"。

第八章 文学翻译、华人文学与中华文化国际传播

语言文字可以成为文化沟通的工具，但也可能会成为文化交往过程中的阻碍。只有建构语言沟通交流平台，增加民间和官方各式文化交流，才能更好地消除文化隔膜，避免跨文化交流过程的文化误读，达到语言认知与文化交流的目的。文学作为人类精神情感的共同载体，具有文化沟通的基础。因此，通过文学作品的交流，是中外文化互通的重要渠道。

第一节 翻译文学、华人文学：历史与现状

一、中国文学翻译与海外需求的不平衡

中国文学，尤其是中国当代文学作品走出去，目前越来越受到重视。很多海内外教育机构、出版机构，都在研究如何建立一种有效机制，以推动中国作家、作品走出去，为孵化、推进中国文化传播打下基础，最终达到中外双方交流和合作的目的。

目前，中国文学在海外的翻译远远满足不了国外读者的需求。

在印度，因为汉语的传播受到各种限制，中国文学的翻译更是寥若晨星，印度社会对中国文学的了解，仍局限于1962年中印边界冲突之前。但中国快速发展的经济和国际形象的提升，使印度社会了解中国的愿望又越发强烈。这是中国文学作品在印度传播的良机，但目前却难以展开，不但中国译者不愿为印度翻译中国文学作品，印度本国的汉学家和研究者也多于翻译者。

在伊朗，学者莫特拉格说：中国诗歌、短篇小说、戏剧等在伊朗的需求量很大，但是缺乏译者，中伊两国亟需共同搭建语言合作平台，组织专业的翻译队伍。

究其原因在西方国家中国文学和文化典籍的读者注定还是相当有限的，能够胜任和从事中国文学和文化译介工作的当地汉学家、翻译家也将是有限的，这就要求我们在推动中国文学、文化走出去的同时，还必须关注如何在西方国家培育中国文

学、文化的接受群体的问题。[①]

的确，在中华文化国际传播的过程中，我们要以具有世界影响的中国作家作品为符号，培养中国文学的海外受众，以文学为媒介，打开中国文化走向世界的大门。

我们在培育中国文学、文化的海外接受群体时，既要搭建汉语合作平台，重视翻译队伍的培养，同时应注意借力华侨华人，培养华人译者，进而影响海外华文文学，最终搭建中国文学翻译作品与海外华文文学协同互通的中国文学走出去的通道。

海外华人的移民经验、生存方式与精神生活，充分体现了海外华人族群建构过程，而这一过程，也是华人在异域文化中寻找民族认同感的自我保护过程，是海外华人在强势族群面前本能地保存自己族群文化记忆的精神诉求的过程。这是海外华文文学的主题，也是借助海外华文推动中国文学走出去的前提和基础。

二、华人文学：历史与现状

文学形态多与文化生态存在着千丝万缕的联系。文学是现实社会镜像的折射，可反映人们的思维固式和生活经验。海外华人文学的兴衰历程不仅反映了海外华人的心酸心路历程，且杂糅中西文化传统和民间风俗人情。因此，了解海外华人文学的历史，也是探讨东学西渐的规律和如何以侨为媒的必要前提。

（一）华人文学主题嬗变：从乡愁和乡恋到本土化

20世纪初，初生代海外华人作家如林语堂、梁实秋、赵舒侠、林海音、洛天等曾引领一时风骚。这些作家大多迫于动荡年代的压力而流落异乡，心中故土乡愁郁结，形成了海外华人文坛"家国不幸诗家幸"的局面。旧中国的积贫积弱和海外世界的门户洞开形成鲜明对比，激发了他们无比高涨的创作热情。感伤时事，又夹杂异域风情，使初期海外文学创作风生水起。中西文化元素的交流和碰撞，成为当时

[①] 谢天振：《中国文学走出去：问题与实质》，《中国比较文学》，2014年第1期。

海外华文文学的主要特色之一。林语堂的《京华烟云》以西方故事的结构描绘一个典型的中国故事；赵舒侠的《西窗一夜雨》则以中国人的心境，渲染出一幅塞纳河畔的悲剧画面。他们中也有人开始尝试以所在国的语言写作，并初见成效：林语堂和艾青的法语诗歌受到了法国读者的好评。然而，这些外文作品的中国情结依旧浓重，甚至比同时期的中文作品带有更纯粹的东方色彩。可以说，从这一代人开始，海外作家"为异域写中华，为中华写异域"角色形象便已深深刻在了华人文学的历史之页上。

20世纪60—70年代，海外华文文学的本土化进程加速。这一时期，"乡愁和乡恋"仍是创作主流，但创作手法进一步融汇中西，尤其是对西方小说、诗歌结构手法的借鉴，如聂华苓的《桑青与桃红》、陈若曦的《最后夜戏》等。但是也有许多作家开始尝试融入所在国的现实，出现了海外文学本土化的先兆。如陈若曦所言，海外华人作家已经开始尝试"突围"了。

20世纪80年代，海外华人文学创作逐渐式微。海外华人后裔日渐被当地文化和风情同化；中国经济的复兴也减慢了侨居浪潮，加之移民性质的转变使得侨居客不再与文学粘连，由此导致海外华人文学出现青黄不接的尴尬局面。

20世纪90年代以后，随着移民文学和留学生文学的兴起，海外华文创作重新趋于活跃。前辈华文作家（如查剑英、钟晓阳）重新操笔，新生代作家（张纯如、严歌苓）开始崭露头角。新时代作家接受并适应了异域生活，开始以清新的笔触描绘旅外人生。他们的作品杂糅了异域的文学因素，汲取了异域文学的表达方式和叙述特点。海外华文文学开始呈现百花齐放、百家争鸣的特点。近10年来，海外华人文学依旧人才辈出。

（二）重塑中国人形象，努力实现东西方平等对话

华人文学作为"中国形象"的一部分，自身就是世界看中国的一扇窗口。但不必讳言，海外华人文学曾保留着浓厚的"东方主义"叙事印记，有些作品甚至通过描写东方文化语境中的畸趣、畸情、畸人、畸物以吸引西方读者。因此，如何保证海外华人作家真实、自信、客观、公正地表述中国问题，也应成为中华文化走向世

界的核心命题。只有这样,华文文学才会成为中国经验、中国心理的真实载体,东方和西方才会处于同一接受地平线上,东西方读者才能借以了解真实的中国,并从这份真实中获得对文学和人性的认同,而这恰是中国文学与世界上任何民族的文学最容易共通的方面。正如莫言所说:"世界需要通过文学观察中国,中国也需要通过文学来展示自己的真实形象。"这是双方的需要,也是历史发展的必然。在全球化语境下,中国文学拥抱世界,走向世界,有其必然性,也有其必要性。在目前的形势下,似乎也表现出了一种迫切性。

但是,毕竟"西方中心主义"影响中国太久,中国文学与西方文学的平等对话仍待时日。比较文学专家和翻译理论家谢天振曾说:"中西文学的接受方面存在语言差。"当今时代,中国社会和普通读者对西方文学、文学的了解程度,远超西方国家读者对中国文学、文化的关注程度。如何在世界上传播真实的中国形象,不但涉及文学阅读、文学接受、文学消费等问题,也与文学生产、传播、读者群、阅读风尚等有关。"内容是王道",只要我们的文学,包括华文文学孜孜不倦地努力表现对人、对社会和世界的真实想法,总有一天,外国人看中国文学,也会像我们现在看外国文学一样,生出一份天然的亲近感。

(三)借力华侨华人,推动中国文学具备"世界性"

苏童说:"隔着文化和语言的两大鸿沟,所有经过翻译的传递不可能百分百精确,译者就像献花的使者,要把异域的花朵献给本土的读者,这是千里迢迢的艰难旅程,他必须要保证花朵的完好,而途中掉落一两片叶子,是可以接受的。当然,什么样的损伤是对花朵的损伤,什么样的损伤是对枝叶的损伤,这要根据文本仔细甄别。"世界文学某一分支融入世界文学大家庭的过程,就是交流融通、相互磨合的过程。歌德曾主张通过世界文学的理解和传播增强世界"村"读者的"宽容度",以使世界文学的理想得以实现。现在,我们更强调"多文化主义"是世界多元文化的常态,所以在传播自身文化时,就应秉承"求同存异,以他平他",即在差异中感知共性。具有世界文学性的作品,总能跨越地域之限。

简单地讲,中国文学"走出去"的过程,就是使中国文学具备"世界性"的过程。而判断作品是否具有这种世界性,就是看作品"是否直面、解答了或者是力图去回应全人类最关心的共通问题。只有当某个作家用自己国家的文化经验回答了这个问题,并且被世界认同和接受,这才能算作是世界性"(陈思和)。

具备了世界性的文学作品并不会自发走出去,还需要"天时、地利、人和"等诸因素,而华侨华人在中国文学走出去的过程中则可扮演"人和"角色。华侨华人可能是中国文学海外译本的第一批读者,同时又可成为第一批传播者。通过文学诉说中国故事,通过华人传播中国文学,让华人成为最接地气儿的中国名片,不失为文化传播的良策。

(四)应坚持"通俗易懂"原则

无论是哪种文学作品,要产生广泛影响,就必须具备群众基础,而要奠定这个基础,作品内容和形式就必须通俗易懂。

中国文学应该"走出去"以及如何"走出去",目前已是翻译界和中华文化传播的热点话题。但哪种文学应该走出去,却是仁者见仁、智者见智,因为"中国文学"的范围实在太大,很难明确界定哪些是该"走出去"的文学,哪些是不易或不宜"走出去"的文学。但因为"走出去"的文学事关中华文化的国际传播,是中国形象的展示和传播,所以一定应是符合中国主流价值观念的作品,也就是通常所说的严肃文学。从中国文学的海外传播史来看,我们主动外传,甚至花费大量人力物力精心组织外传的文学作品,都是"根红苗正"的严肃文学或曾经通俗的经典文学作品,如四大名著等。

但应该和能够走出去的真的只能是严肃文学吗?承载中华文化的只有这些严肃文学吗?或者说,严肃文学能涵盖中华文化的丰富性吗?答案显然是否定的。从中华文化国际传播的角度考虑中国文学的外译,应该遵循"百花齐放"的基本原则。只要是能代表中华文化的积极性和进步性,代表中华文化的丰富性和多元性,就都应该成为翻译的对象。其中一般作为严肃文学对立面的通俗文学,也应该成为国家政策层面应大力支持的翻译对象,因为这些作品通俗易懂,而且涵盖着丰富的中华文化元素，其文化传播的功能，效果可能更明显。①

显然，强调通俗元素易于传播，并非否定文学具有"雅"的功效。历史上，成功传播的文学作品，有时还会在传播的过程中，主动或被动、自觉或不自觉地摒弃文学文本自身的"文学性"，以适应读者所在国的语言习惯和欣赏习惯。20世纪初被翻译到中国的西方文学作品多是通俗文学作品，如林纾的翻译作品；或是经典作品的中国化或通俗化，如苏曼殊翻译的雨果的《悲惨世界》；即使在二十世纪六七十年代盛行于中国的《牛虻》，论文学性也远不如叶芝和乔伊斯的作品。

寒山诗在美国的传播也是这样。寒山本是中国唐代的一位诗僧，20世纪50年代，他的诗在美国引起广泛关注，甚至影响美国诗坛出现了一批自称或被称是"寒山诗人"的诗人群体，包括George Scarbrough，Gary Snydar，Dick Allen，David Budill，Joseph Stroud，James Lenfesty，Charles Rossiter等，其中多位先后获得了普利策奖、美国图书奖、美国全国艺术基金会奖、普什卡特诗歌奖、古根海姆奖或普利策提名奖等重要奖项。

名副其实！这些美国的"寒山诗人"的作品，均是在模仿或改写寒山的诗。如寒山有一首诗：

家有寒山诗，

胜汝看经卷。

书放屏风上，

时时看一遍。

若论文学性，这首诗算不上佳作，但通俗易懂，易于模仿。

美国当代诗人Charles Rossiter就模仿写了一首诗：

Do you have my poems in your house?

They are better than the New York times.

---

① 孙宜学：《中华文化国际传播：途径与方法创新》，上海：同济大学出版社，2016年，第63页。

Type up a couple and use them for screen savers,

　　They'll help you keep your head on straight.

　　当然，如果只是因为寒山诗"通俗易懂"才被美国译者和读者所喜爱，那就低估了寒山诗，也低估了美国的文化。1984年，美国翻译家Burton Watson在其编辑的 *The Columbia Book of Chinese Poetry: from Early Times to the thirteenth Century* 中将寒山与韩愈和白居易并列，同称为"唐代重要诗人"，并解释了寒山诗受到美国人欢迎的本质原因，即寒山诗中的禅意，或者说是佛教思想。而这种思想的核心，就是相信生活中的一切体验，痛苦或欢乐，喧闹或宁静，卑微或高贵，都源自内心。这才是知音之论。这也是寒山一度默默无闻最终成为经典诗人的原因。我们已经习惯于将简单的生活深奥化，而实际上一切看似深奥而伟大的思想关注的都是最普通的生活。所以，当有人以最符合这种思想的语言和形式表达这种思想时，我们反而不习惯、不适应了。

　　以最通俗易懂的形式，表现源自内心的最日常的生活经验和体验，本身就是最真实的作品，也是最容易成为世界性的作品。

第二节　民族性与世界性：中国文学"走出去"的主题原则

　　中国文学要走向世界并承担重塑中国形象的责任，首先要重视作品内容的民族性与世界性的融合。

一、新鲜生活，创新形式

　　真正的文学作品，都反映最新鲜的日常生活。当今时代的变化，一定会反映在当代人的体验和思想方式的变化之中，所以，中国文学如果要走向世界，必须打好这个观察生活反映生活的基本功。而坚持描写变化时代中的人性，这本身就是文学的世界性表现。同时也可保证在走向世界的同时，又不会失去作品的文化身份和民族特性。莫言的小说在这方面的探索就很成功：他歌颂人性自由和生命活力，超越了一般意义上的社会、道德批判；其小说常常将人物置于生存困境与道德伦理的冲突之中去触动人类共通的情感。民族性的文化元素不一定具有世界性，但具有了世界性的民族文化元素一定是最根植于人的心灵的元素。

二、注重"译介"，选好"摆渡人"

文学译介促成了民族文学向世界文学的升华。目前，中国文学正处在从"西学东渐"到"东学西渐"转变的初始阶段，也是"塑形""健身"的关键阶段，所以应更重视译介效果。相关机构应科学选择译介主体、译介内容，规划好译介途径和译介受众模式，遵循传播规律，使中国文学稳步走向世界。

实际上，中国文学"走出去"已经形成了很多模式和范式，也不断在中外文化交流实践中得到检验、调整、改变和完善。

进入新世纪以来，中国的文学翻译不断开拓探索，已从之前主要关注中国文化经典和文学经典的译介和海外传播，逐渐过渡到更多关注中国现当代文学的海外译介。以中国现当代文学在法国的译介为例。据南京大学博士生高方统计，截至2006年，中国现代文学的法译本包括复译本在内约145部，其中有短篇小说集、诗歌选集、散文集等，但占绝大多数的是长篇小说，作家包括鲁迅、巴金、老舍、沈从文、茅盾、丁玲、张爱玲、林语堂等人。据杭零博士统计，1980年至2009年期间，法国出版的中国当代文学译本300部左右，其中包括复译本多种，体裁以小说为主，同时也涉及诗歌、戏剧、散文；从地域上看以大陆作家为主，也涉及港台作家和海外华人作家。

虽然这样的译介规模相对而言值得欣慰，但与中国现代文学自身的丰富性相比，中国现代文学在法国译介的深度和广度还是比较有限的。

中国文学"走出去"初期，必然会遭遇受众语言文化的特殊性要求。因此，要确保中国翻译文学对译入语世界普通读者的可接受性，不但要选好文本，同时也要选好译者，选好能够顺利在两种语言和文化间摆渡的水手。我们不但要自己培养这样的"水手"，同时也要借力海外译者，而这样的海外译者，至少应该符合这样的条件：中国经历、中文天赋、中学底蕴及中国情谊。一旦发现了这样的译者，我们就要调动各方面积极因素，激发中外译者的传播积极性。

三、探索中外合作翻译模式

所谓中外合作翻译，即从翻译之初，中外译者就共同合作确定翻译对象，对象确定后由译者进行初步的翻译试验，然后中外译者把初步的翻译文本作为研究和分析的对象，互相研究、相互适应，并不断研究改正翻译中的问题，最终获得最佳译本。同一本书由两国学者共同翻译，可以充分考虑到接受国的语言和文化习惯，使翻译不再是译者机械的语言转化过程，而是中外语言文化通过碰撞交流而获得一种既不失去原文意蕴而又更适合读者阅读的创造，而且这样可以尽量减少语言转化过程中的文化隔膜，使得译本更容易为外国译者所在国的读者接受，并产生影响。

第三节 基于文学翻译视角的中华文化国际化对策

中国文学要真正走出国门，打开国际市场，首先必须保证中国文学的国际传播质量和效率，并在保持中华文化精髓的前提下，不断创新文学表达文化内涵的形式。

一、文学传播，文化先行

中国文学走向世界的广度和深度，与中华文化的世界性影响的大小密切相关。因此，我们应为中国文学培养海外受众环境，培育中国文学的海外读者市场，为中国文学落户海外营造一个积极健康良性循环的宜居生活环境。所以应根据不同国家和地区的具体情况，因时因地制宜，多举办一些丰富多彩的中华文化活动，发挥孔子学院、中文学校、华侨华人的积极作用，加强人文交流和民间交流，最终实现以文化育文学、以文学促文化的目的，从而不但推动中国文学走出去，而且能扎根落户，茁壮成长。

二、加强中国文学对外译介历时和共时研究

翻译以语言为载体,语言本身具有"共时性"和"历时性",因此翻译活动也是一种处在动态变化中的行为,具有"共时性"和"历时性"。

"共时性"具有多样性和稳定性。在同一历史时期,由于翻译主体不同,翻译服务对象不同,翻译目的不同等各种因素的制约影响,同一源语作品会出现不同的翻译,即"多样性";而在同一历史时期,由于政治意识形态的相似,经济发展水平的接近,翻译现实需要的趋同,不同作品的翻译又会呈现出类似的特点,即"稳定性"。

"历时性"具有"不稳定性",即翻译的标准、翻译的方法会随着历史的变更而发生变化。

中国文学对外译介研究可以推动中国文学翻译适时调整、适应不断变化的接受环境和受众需求,所以,这一研究必须紧紧抓住翻译活动的共时与历时规律,在共时中寻同求异,在历时中寻异求同,从而更好地向海推介中国文学,传播中华文化的精髓。

三、探索受众的期待视域

在推动中国文学、中华文化的国际传播时,我们应充分意识,在全球化背景下,外部世界被法规、条文、规章、制度秩序化了,人的内心更显焦灼不安,达成社会共识更加艰难。世界的多级分化,区域发展的不平衡性,预示着各国的经济发展、制度模式都面临着严峻的考验。在这样的情势下,如何打通中国文化与他国文化的隔膜,消除或减少与他国文化、受众的间隙,减少文化误读,便显得尤为重要。

在中国文化"走出去"的过程中,我们应充分注意受众读者的视域和兴趣点,"文变染乎世情",但不变的是中华文化的内核。只有这样,我们才能更好地找到较易为外国读者所接受的文本和中国理念,也能最大限度地减少外国读者对中国文化的误读。

第九章 华侨华人、国际文化生态环境与中华文化国际传播

"一带一路"伟大构想的顺利实施，离不开一个理解、尊重并接受中华文化的良性国际文化生态环境。而要营造一个这样的积极环境，关键在于真正提升国家"软实力"，实现对国际舆论和各国民众的主动与正向吸引力。根据首次提出"软实力"这一概念的约瑟夫·奈（Joseph Nye, 1937— ）的定义，一国的"软实力"主要包含了文化吸引力、政治价值观吸引力及塑造国际规则和决定政治议题的能力①。当下，中国为提升国家"软实力"，从多个方面着手，投入了大量的人力和物力。然而提高国家"软实力"更是一个细水长流的过程，无法"毕其功于一役"。要抵御国际社会种种不利于中国形象的消极舆论，逐渐形成能够与中国"硬实力"相匹配的"软实力"，转变对外宣传思路和切入点非常重要。以美国为例，除了通过好莱坞影片等丰富文化产品积极向世界输出美式"个人英雄主义"价值观、塑造美国的"超级大国"形象外，早在冷战时期，美国就已经开始和一些民间基金会、非政府组织合作，开始走公共外交的"民间路线"，夯实了美国强大国家"软实力"的基础。②我们要积极借鉴各国的成功范例和有效方法，尽量转变由官方占主导、彰显意识形态的对外传播模式，同时充分整合海外华人华侨力量，加强民间公共外交，"以侨为桥"，更好地进行文化交流和沟通，积极消除国际社会误解，努力为中华文化国际传播和"一带一路"构想的实施营造良性的国际文化生态环境。

第一节　华侨华人参与塑造积极正面的中国形象

海外华侨华人已越来越成为联系中国和世界的中坚力量，以及国际社会了解中国的重要"窗口"。因此，应充分重视华侨华人的文化沟通和"桥梁"作用，借助他们弥合不同文明与文化间的裂痕，消除误解，塑造积极正面的中国形象。

---

① 约瑟夫·奈：《软力量：世界政坛的成功之道》，吴晓辉、钱程译，北京：东方出版社，2005年，第23-50页。
② 金巍：《梅花与牡丹："一带一路"背景下的中国文化战略》，北京：中信出版社，2016年，第105页。

事实上，党和国家领导人也一向非常重视华侨华人在维护祖国和平统一、实现中华民族伟大复兴、推广中华文化国际传播方面的重要作用。例如，胡锦涛在2008年两会期间指出，要最大限度地团结归侨侨眷和海外侨胞，"汇集侨智、发挥侨力"，发挥全球华侨华人的积极性和独特优势。而在2010年7月海外华裔及港澳台地区青少年"中国寻根之旅"夏令营开营仪式的讲话中，习近平总书记也指出，中华民族的独特文化传统是海内外中华儿女"共同的宝贵财富"，团结一致的中华民族是海内外中华儿女共同的"根"，博大精深的中华文化是海内外中华儿女共同的"魂"，而实现中华民族伟大复兴是海内外中华儿女共同的"梦"。① 习近平总书记的这一论述充分肯定了全球华侨华人独一无二的重要作用，对指导我国开展侨务公共外交有指导性的意义。

一、海外华侨华人参与社会公共事务可帮助塑造积极正面的中国形象

中国目前积极推动国家"软实力"的发展，并为此投入大量资金和人力。然而我国对外宣传工作主要依靠政府主导的"形象工程"模式并没有得到彻底改变，而这一模式在很多情况下也并未完全达到预期效果。更有甚者，有时会由于某些国外媒体别有用心的渲染和曲解，使很多国外民众产生误读甚至敌意。吴旭曾指出：在面对国际争端和误解时，我国一贯使用传统外宣方式，通常由相关政府部门作"严正声明""强烈谴责"，而通过这种方式传达的信息很容易被对方媒体在转述过程中所曲解甚至选择性删改，以至于传达至国外受众时完全失真、扭曲，完全达不到传播效果，甚至出现"以讹传讹"的情况。② 久而久之，慢慢形成了不利于中国的国际舆论场，在一些不明真相的国外民众心目中留下了消极的"刻板印象"和偏见，而这种偏见并非通过几个大手笔的"国家形象工程"就能改变。中外文化交流如果从一开始便被误读，以后的相互理解、认可更无从谈起。因此，要从源头防止这类情况发生，打消一些国外民众已然形成的偏见，为中华文化国际传播营造良性

---

① 贾益民：《华侨华人研究报告（2015）》，北京：社会科学文献出版社，2015年，第12—13页。
② 吴旭：《"海不归"们不可替代的作用》，《对外传播》，2010年第10期。

国际文化生态环境,就需要改变政府直接主导"发声"的模式,转而积极支持、发展得到国外受众认可和接受的"第三方"民间平台,而每一位身在海外的华侨华人,都可以成为这个平台的一分子,贡献自己的力量。

海外华侨华人往往具有双重或多重文化背景,这使他们成为理想的文化传播者,在当地非华裔民众看来,他们往往已然是中华文化的"形象代言人";而长期生活在国外,也使得海外华侨华人往往具有较为客观的视野和中肯的观点,且对居住国的文化习惯较为熟悉,更容易与当地非华裔民众交流沟通,对于增进文化理解、消除居住国民间偏见和非议发挥着至关重要的作用。例如,在世界各国的"唐人街"等华人聚居区,华侨华人在每年春节期间都会举行舞狮舞龙等各种传统庆祝活动。随着中国在国际社会的影响力提升,这些文化活动的影响力也随之越来越大,吸引了越来越多的非华裔当地民众参与,在轻松友好的氛围中了解中华传统文化。2016年9月,法国的华侨华人走上巴黎街头,在旅法华人张朝林遭遇暴力抢劫不治身亡一月后举行悼念活动和游行示威,呼吁执法公正、保障华人人身财产安全,这一游行震动全法,并被《费加罗报》《世界报》等大报纷纷报道[1]。种种事实充分表明,面对国际社会时有出现的不公正、偏见甚至敌意,海外华侨华人不再选择沉默隐忍,而渐渐开始在居住国主流社会努力"发声",为捍卫母国领土安全、华人的保障和权益做斗争。华侨华人这些举动也逐渐改变了居住国非华裔民众的一些错误认知,增进了他们对华人族裔和中华文化的理解和包容。

在舆论的整合期,民意最容易波动并受到影响。因此在这一阶段,当地知名媒体或具有公信力的权威人士对某一事件的解读和观点非常关键。[2] 因此,如能充分加强与海外华人专家、意见领袖的沟通、交流与相互信任,再通过他们解释疑问、引领其所在国民意导向,或能取得事半功倍的效果。例如,在2011年BBC拍摄的系列纪录片《中国人要来了》中,主持人采访了巴西当地著名华人领袖Charles

---

[1] 李永群、王远:《法国华侨华人再次游行"要安全"》,"人民网—国际频道",2016年9月5日,网址:http://world.people.com.cn/n1/2016/0905/c1002-28691529.html。
[2] 吴旭:《"海不归"们不可替代的作用》,《对外传播》,2010年第10期。

Wang，他一手创建中巴国际贸易商会，在中巴两国都有极广人脉。当主持人就所谓"中国威胁论"向他质疑中巴贸易时，他的回复不卑不亢，逻辑明确、说服力强，不仅有力驳斥了"中国威胁论"，还指出19世纪英国的全球殖民才是掠夺全球财富和资源且不予回报的行径。可见，华侨华人直接在海外主流媒体上发声，对于改变国际社会对中国的深刻误解、纠正民众认知偏差起着关键性作用。通过有影响力的华侨华人构建主动型传播方式，能逐渐消除国与国、文化与文化之间的陌生和隔阂，塑造积极正面的中国形象。而如果仅依靠政府出面"严正声明""强烈谴责"等防御性方式来应对某些外媒的"污名化""妖魔化"舆论传播，反而可能使不了解实际情况的海外普通民众加深排斥心理，难免出现"鸡同鸭讲"的局面。

同时，在国家、政府主导的对外宣传过程中，如果能拨出一部分专项资金资助海外高校、研究机构等开展中国研究，有意识地培养具有公信力的优秀华人学者，组建海外华人智库，其长远效应不可低估。总之，政府的主导作用适合从"前台"慢慢转至"后台"，从直接发声转向幕后支持，开展多层次、多元化的公共外交，充分利用海外华侨华人的民间力量，逐渐营造对华友好的国际文化生态环境。

近些年来，海外华侨华人开始越来越积极地在居住国主流社会"发声"，组织发展各类华人社团、维护华人权益，或加入居住国各类党派，甚至组织政党、参加政治选举等。[①]许多华侨华人，尤其是新生代华裔们逐渐改变勤勉守法却隐忍低调的传统作风，开始积极融入主流社会，或踊跃投身政坛，这也是华人公民意识逐渐强化的体现。例如，2011年3月美国华裔骆家辉担任美国驻华大使，2015年英国大选期间，华裔参选者数量上升至历年新高，2016年8月非洲加蓬华裔让·平参与该国总统选举等，都体现了海外华人华侨积极融入居住国主流社会的成果。

当然，不能简单地认为海外华侨华人积极参政"发声"，便必定能够惠及中国，海外华侨华人，尤其是新生代华裔们具有中华民族血统，并不意味着他们在任时就一定会将族裔利益、甚至中国利益优先置于居住国国家利益之上。事实上，在

---

① 李涛、栾晓锋：《新侨胞新特点》，《红旗文稿》，2005年第19期。

很多情况下，新生代华裔对自己出生国的文化认同感会远高于对祖籍国的文化认同感，因此，我们对此不宜抱有过高的期待。然而，也正因为海外华侨华人文化身份的双重性甚至多重性，有不少新生代华裔对祖籍国文化存在着浓厚兴趣，他们的祖辈父辈们也往往希望他们能够做好文化传承。同时，随着国际人口流动日益频繁，尤其是一些发达国家的移民数量不断增长，许多国家越来越开始强调多元文化和谐共存，鼓励少数民族裔重视自己的民族文化身份。在这种情况下，如能通过资助海外华文学校和华人媒体、发展中外民间交流等各种方式对新生代华裔加以积极引导，从长远的角度看仍有利于中华文化国际传播的发展。虽然绝大多数情况下这种发展不可能一蹴而就，细水长流达到的文化传播效果往往更具有生命力。

二、海外华侨华人的利益趋同：同祖籍国互动加强

自中国改革开放以来，"出国难"现象渐成历史，越来越多的中国人跨出国门，走向世界。自二十世纪八九十年代至今，"出国潮"热度持续不减，无论是出国工作、移居，还是旅游、购物的人群规模都日益扩大。改革开放以后前往世界各国留学、定居、家庭团聚、结婚、投资等的华人们逐渐形成了新移民群体[1]。目前海外华人华侨社会呈现出很多新特点及新发展趋势。除东南亚的新加坡、马来西亚等传统华人聚居地之外，新移民主要从中国大陆向发达国家流入。北美地区、中南美洲、欧洲地区以及澳大利亚、新西兰、日本和南非等国家，也成为热门移民目的地，使海外华侨华人的总体分布结构出现了很大改变[2]。与此同时，学术界对于华侨华人的关注点也有了很大变化。早期学术界主要关注海外华侨华人在居住国的同化和融合问题，后来逐渐转移至他们对推动中国经济发展的作用，而目前则愈来愈关注华侨华人在中外文化交流中所起的桥梁作用[3]。这种关注点的变化实际上是与中国经济"硬实力"的发展轨迹和文化"软实力"的发展目标相

---

[1] 贾益民：《华侨华人研究报告（2015）》，北京：社会科学文献出版社，2015年，第3-5页。
[2] 李涛、栾晓锋：《新侨胞新特点》，《红旗文稿》，2005年第19期。
[3] 李安山：《中国华侨华人学：学科定位与研究展望》，北京：北京大学出版社，2006年，第45-50页。

互呼应的。

相比二十世纪六七十年代以及更早期以劳工输出为主的华人移民群体，新移民多通过出国留学、技术移民或投资移民等途径移居海外。据统计，90%的中国大陆新移民是通过技术移民或留学的方式移居加拿大的。[1] 根据移民背景和移民途径的不同，林逢春将移民分为"高端移民"和"低端移民"：前者即是占上述新移民人群大多数的、通过留学、技术移民和投资移民等途径移居海外的华人，他们通常学历较高，了解所在国语言文化，掌握丰富的知识和专业技能，较容易融入居住国社会；而后者主要指文化程度不高、无特殊专业技能、语言能力薄弱、短时间内很难融入居住国社会的劳工、连锁移民甚至非法移民。[2] "低端移民"群体虽然不是新移民人群的主流，但亦占其中的一部分。在中华文化国际传播中起主要积极作用的群体则是"高端移民"群体。

总体而言，新移民群体，尤其是"高端新移民"群体，在教育背景、职业技能、语言能力和跨文化交际能力等各个方面都远远超越早期移民。同时，随着全球化的深入发展、互联网通讯的高度发达和国际交通的日益便捷，新移民的流动性更灵活，他们对居住国主流社会的适应性和融入能力也随之大大提高。新移民群体通常在中国国内接受过教育、完成社会化，熟稔中国国情和中华文化理念，因此即使移居海外，对中华文化的强烈认同感依然存在。由于新移民往往还有亲人、朋友在国内，他们对中国社会近况、中国国际形象等仍然保持高度关注。同时，许多"高端新移民"，尤其是投资移民的华侨华人拥有较为雄厚的经济实力和国际化视野，仍与中国保持着密切的经济往来。很多人入了外籍后仍常住中国，在国内工作或投资办企业等。这些都与早期移民的情况有着很大不同。

因此，从目前的情况来看，华侨华人新移民与祖籍国的联系总体上更为紧密，无论是在物质层面，如经济合作、投资配置等，还是在精神层面，如文化认同、文

---

[1] 李涛、栾晓锋：《新侨胞新特点》，《探讨与争鸣》，2005年第19期。
[2] 林逢春、隆德新：《崛起中的中国与海外高端新移民的趋同利益探析——兼论中国侨务公共外交的因应策略》，《青海社会科学》，2014年第2期。

化互动等。首先，中国近年来经济增长情况总体较好，且较之一些发达国家拥有更多的发展机遇，甚至吸引了相当一部分海外华人回流；其次，中国近年来"硬实力"的大幅度提升、国际话语权的增强从某种程度上提高了在居住国多少被"边缘化"的海外华人的民族自信，令他们对中华文化的归属感倍增；再次，全球互联网和无线网络通信技术的发达和普及，各种自媒体平台层出不穷，各类信息能够在第一时间迅速扩散，海外华侨华人无论身在何方，与祖籍国的心理距离大大缩短，互动更为频繁。很多留学生、移民等虽身在异国他乡，但仍通过微信等各种社交网络平台与中国国内互动交流，甚至成为国内的"网红"，除却时差，几乎没有距离。再次，海外各国资讯也由他们第一手传播回国内，客观上推动了中外文化交流。因而总体来说，海外华侨华人与中国的利益趋同点越来越多，这对于我国开展民间公共外交、营造良好的国际文化生态环境是有利条件。

当然，能否让华侨华人新移民群体自觉维护祖籍国中国的良好国家形象，配合中国拓展海外利益，努力营造积极的文化生态环境、助力中华文化国际传播，主要取决于他们在和中国经济文化互动的过程中是否能够实现和满足自身利益诉求。①只有充分明确利益趋同点，才能更好地进行合作。尤其是目前国际形势纷繁复杂，价值观日趋多元化，新移民背景差异很大，要真正做好新时期、新移民的侨务工作，引导全球华侨华人同心协力并非易事。因此，需要把与海外华侨华人的互惠互利作为关键切入点，根据各种实际情况出台相关优惠政策，积极创造便利条件，鼓励海外华人华侨合作投资、文化交流、自由流动等，进一步推动中华文化"走出去"。

三、海外华人媒体积极配合舆论引导有助于"中国话语"体系的建构

在2016年2月19日召开的党的新闻舆论工作座谈会上，习近平总书记指出，中国在国际上存在着信息流进流出的"逆差"，中国真实形象和西方主观印象的"反

---

① 林逢春、隆德新：《崛起中的中国与海外高端新移民的趋同利益探析——兼论中国侨务公共外交的因应策略》，《青海社会科学》，2014年第2期。

差",软实力和硬实力的"落差"。他强调我国目前要加强国际传播能力建设,讲好"中国故事",传播好"中国声音",要精心构建中国特色的"对外话语体系",增强对外话语的"创造力、感召力、公信力",努力提高中华文化国际传播水平。目前,国际舆论体系仍存在明显的西方媒体主导局面,我国媒体和舆论的对外传播能力相比之下仍处于弱势地位。因此,随着中国"硬实力"的崛起,也应该积极建构相应的"中国话语",发展具有中国特色的国际传播理论体系,打破西方媒体独大、占上风的局面,努力营造由"中国话语"引导的国际舆论场。而在这一过程中,通过海外华人媒体的积极参与、解疑释惑与适当整合舆论,有助于改变我国对外传播中"有理没人听"的被动局面,增强传播效果。

目前,随着科技的发展和全球化的深入,出现了媒体融合的大趋势。而在这一大趋势下,信息传播模式也有了很大的改变,出现了越来越多的新传播手段和多元化传播形态。信息传播的效率也越来越高,信息共享几乎能够做到"零时差""无国界"和"无壁垒"。人人可以作为自媒体发声,人人可以同时与多元化媒体相互依存,成为其一分子。这种全新的情况既为发展对外传播增加了复杂性和挑战性,也提供了前所未有的机遇。

因此,如果能够推动海外华人媒体积极配合我国的舆论引导,将有助于"中国话语"体系的建构,大大拓展"中国话语"的国际影响力。相较中国本土媒体,海外华侨华人们更为了解居住国读者们的偏好、接受信息的方式,以及习惯的语言风格。因此,我们完全可以通过推进国内外传媒相关行业合作、提供人力和资金支持等方式,重点引导一些在海外,尤其是在西方发达国家具有较大影响力的华人媒体平台配合国内的舆论大方向和对外传播建设,创建"本土化"表达"中国话语"的模式,逐渐建构具有中国特色且融通中外的话语体系。

同时,通过互联网和社交媒体平台,每一位海外华侨华人也能够成为华人媒体的一部分,为传播"中国话语"贡献自己的一份力量。因此,如果能顺利引导海外华侨华人齐心协力,利用Twitter、Facebook、YouTube等全球性的传播渠道发声,"讲好中国故事",其作用也不可估量。

当然，在有意识地引导舆论走向的同时也需要高度关注其中可能出现的不和谐音，并将其消极影响控制到最小化。海外各国华人移民背景差异大，价值观多元，且由于海外华人自我认知和华人媒体自身定位的不同，要使其形成积极的对外传播合力尚存在很大的难度。从本质上来说，形成合力的核心切入点仍是互利互惠。"中国话语"建构的基础是中国"硬实力"的提升，而中国"硬实力"的提升则有助于提高海外华侨华人的文化认同感，使他们能够从中获得机遇和利益，也可以有效遏制一些海外华人群体中亦存在的"唱衰中国""抹黑中国"的言论。"硬实力"的发展能够促进海外华人媒体从主观意愿上配合舆论引导、推动"中国话语"建构，实现良性循环，积极营造友华、亲华的国际舆论大环境。

四、中国国家形象和海外华人华侨身份定位互为因果

与海外华侨华人互利互惠的良性循环过程，归根到底是一个互为因果的过程。一方面，中国的良好国家形象能给海外华侨华人带来归属感和安全感，以及积极融入居住国主流社会的动力和底气；另一方面，海外华侨华人首先实现了自身的利益诉求，改善了自身在居住国的生存状况和社会地位，才能进一步致力于中华文化传播，帮助祖籍国扩大文化影响力、改善国家形象。

但是，我们应清醒地认识到，不能过于高估海外华侨华人对于提升中国"软实力"和发展公共外交所起的"桥梁"作用，希望单凭借华人华侨群体的力量来推动中外关系的进步是不太现实的。游国龙以日本华人教授王敏通过向日本皇室授课、宣传中华文化为例，指出这并非意味着日本华侨华人已具有能够直接作用于政府层面的影响力，而仅是依靠华人的专业知识为日本国家利益服务。[1]游国龙认为，国家层面的外交关系才是决定海外华侨华人生存状况的直接因素。例如，由于钓鱼岛领土争端等外交原因，留日华侨华人备受日本民族对立情绪影响，影响了他们的日常生活，导致留日人员归国人数反而越来越多，华人新移民增长幅度下降。[2]而一

---

[1] 贾益民：《华侨华人研究报告（2015）》，北京：社会科学文献出版社，2015年，第73页。
[2] 郭玉聪：《日本华侨、华人的数量变化及其原因》，《世界民族》，2004年第5期。

些华人"低端移民"打"黑工"、非法居留甚至刑事犯罪事件，会引发其居住国非华裔民众的恶感，也会使很多华侨华人前期所做的大量文化传播、公共外交工作效果大打折扣。①而这种情况在世界各国主要华侨华人聚居地都或多或少地存在。另外，在一些主要华侨华人聚居地，有的新移民与早期移民由于观念、背景、生活方式等差异，存在矛盾和摩擦，甚至各自分化为小团体，这也不利于他们在中华文化传播方面的积极合作。

这些事实提醒我们，要为中华文化传播营造良好的国际文化生态环境，固然离不开华侨华人的重要作用，但我们也要充分认识到在开展侨务公共外交时，依然存在着很多细化到个人的不可控因素以及外交大环境的影响。当然，这并非否定以侨为"桥"这一公共外交思路的正确性和重要性，但它的有效实施也离不开相关法律法规的完善，以及海外侨民自身素质的提升。另外，无论海外华侨华人自身的背景、文化认同倾向如何，在居住国非华裔民众眼中，他们仍然代表着华人族群甚至"中国人"。由于这种双重身份客观上无法改变，在居住国与祖籍国的外交形势发生变化时，华侨华人难免受到冲击和影响，且无法以个人主观意志为转移。事实上，这也是很多移民产生"夹心人""失落无根"之感的一个深层次原因。由此可见，中国的国家形象和海外华侨华人的身份定位互为因果，而侨务工作的一个主要目标，便是努力寻找利益共通点，加强官方和民间合作，统筹协调，推动这个因果关系的良性循环。

第二节　侨务公共外交的重要功能

在2011年10月举办的全国侨务工作会议上，戴秉国首次提出了"侨务公共外交"的概念。国务院侨办在2011—2015年的《国家侨务工作发展纲要》中，首次将

---

① 贾益民：《华侨华人研究报告（2015）》，北京：社会科学文献出版社，2015年，第74页。

"拓展侨务公共外交"纳入"十二五"时期侨务工作的重点。[①] 自此,"侨务公共外交"日渐受到学界的关注和探讨。随着我国近年来的侨情变化,这一外交理念的内涵在理论和实践中不断丰富、发展。

侨务公共外交在危机应对以及从精神层面维护国家利益方面,发挥着其他外交手段不能代替的功能。因此,世界各国都非常重视通过这一重要的外交手段,促进国家"软实力"的不断提升。

一、侨务公共外交的定义

利用侨民的公共外交作为一种较为新兴的外交理念,是随着全球化的发展、世界人口流动性的增强而逐渐兴起的。因此,从实践的角度,许多国家,尤其是海外移民大国很早便关注并陆续开展了这类外交活动。一些海外移民大国如印度、以色列等都曾经利用其海外侨民为本国的国家利益服务。2007年,美国大学教授约翰·米尔斯海默(John J.Mearsheimer,1947—)和斯蒂芬·沃尔特(Stephen M.Walt,1955—)指出,左右美国对中东政策的既非国际形势,也非美国的国家利益,而是以色列和美籍犹太人族群的游说。[②] 虽然这一观点未必完全准确,但利用侨民进行公共外交的影响力之深远可见一斑。

从理论的层面,各国学界对这类侨民公共外交的具体称谓不尽相似,且由于国情和历史时期不同,对于其具体内涵的理解和定义亦非完全一致。从学术层面,关于公共外交的理论也根据各国实际国情有不同的发展。然而,虽然不同国家对"公共外交"的认知有差别,但各国普遍认为公共外交是一国政府为促进外国民众对该国情况的了解,争取外国民众对该国的好感进行的一系列活动。

侨务公共外交则是我国首次提出的概念,对此国内许多专家学者也有不尽相同的解读。例如,薛秀军认为,侨务公共外交是指一国政府为了该国利益,通过该国

---

① 林逢春、谢秀英:《海外华侨华人在侨务公共外交中的角色定位与实施路径》,《理论月刊》,2014年第7期。
② 赵可金、刘思如:《中国侨务公共外交的兴起》,《东北亚论坛》,2013年第5期。

海外侨民或非该国的海外族人间接争取其所在国民心而采用的各类公关活动,是官方外交的重要补充。这些公关活动的主要组织者是政府部门或相关机构,实施的主要对象为该国的海外侨民或非该国的海外族群,而目的是通过这一群体所具有的跨文化交流优势进一步影响其所在国其他民众,增强海外侨民、族群和其所在国其他民众对该国情况的正确认知甚至基本认同,以达到官方外交所无法达到的效果。[①] 金正昆则认为,侨务公共外交主要指对中国较为了解与友好的海外华侨华人,以信息传播和沟通为基本方式,侧重于向其居住国政府与非华裔民众展示中国,推广中华文化传播,进一步塑造良好的中国国家形象。[②] 根据金正昆的观点,中国侨务公共外交的主体不仅是中国政府,更包括了熟悉中国国情、对华友好的海外华侨华人;侨务公共外交的客体包含了海外华侨华人居住国政府和当地的非华裔民众,且从公共外交的角度,后者地位更为关键;而侨务公共外交的方式亦不同于政府间的谈判,它重在民间信息沟通交流,重在向世界传达一个真实、积极正面的中国形象。[③] 赵可金认为,中国在开展侨务工作过程中长期过度依赖政府和体制内的力量,而侨务公共外交的实施,使侨务外交的目标和主体都变得立体化。但他进一步指出,不能将海外侨民所有对外交流的活动都简单归类为侨务公共外交,因为中国侨务公共外交的重点是"对海外侨民和归国侨眷的公共外交",而不是"海外侨民和归国侨眷对他国的公共外交"。[④]

上述观点虽然对侨务公共外交的具体实施方式、关注重点并非完全一致,但都普遍认同侨务公共外交是一国外交活动的重要组成和有力补充。同时,海外华侨华人作为沟通之"桥",在其中扮演的角色、起到的作用重要程度也不言而喻。

[①] 薛秀军、赵栋:《中国梦与侨务公共外交的战略构建》,《华侨大学学报》(哲学社会科学版),2015年第1期。
[②] 金正昆、臧红岩:《当代中国侨务公共外交探析》,《广西社会科学》,2012年第5期。
[③] 金正昆、臧红岩:《当代中国侨务公共外交探析》,《广西社会科学》,2012年第5期。
[④] 赵可金、刘思如:《中国侨务公共外交的兴起》,《东北亚论坛》,2013年第5期。

二、侨民对公共外交的重要作用与实施侨务公共外交的重点

希拉里在首届全球侨民论坛上曾给予美国外来侨民们高度评价,称他们为"呈现给世界舞台最有力的民间大使"。美国一向非常重视其侨民群体,甚至推出了"国际侨民接触"战略,正式将侨民纳入国家外交战略体系中。① 作为无可争议的"软实力"最为雄厚的移民大国,美国的外交模式非常值得我们借鉴。事实上,当下许多国家对侨民在公共外交中不可替代的作用都有充分的了解,期望助力侨民推广本国文化国际传播、扩大国家影响力。当下,习近平总书记提出了实现"中国梦"、发展"一带一路"的战略构想,我们更要充分借助海外华侨华人这一平台,做好侨务公共外交工作,使海外华侨华人的"民间大使"角色得以充分发挥,为伟大构想的实施清除人为障碍,塑造对我国有利的舆论环境,努力推进良好的国际文化生态建设。

侨务公共外交作为一种较为新兴的外交手段,在理论和实践的推进过程中仍在不断丰富其内涵。面对不断变化的侨务新情况、新局面,侨务部门需在借鉴他国成功经验的同时,结合中国当下实际开展有针对性的工作。陈奕平认为,新形势下,我国侨务工作的开展应重点从战略发展的角度来规划和思考,将其纳入我国"和谐世界""一带一路"等国家战略的工作大局中去。② 薛秀军则认为,侨务公共外交要充分发挥其作用,需要注意以下三个重要方面:第一,对内与对外宣传的统一,防止因话语不同而导致国家形象分裂;第二,传播内容与手段的统一,防止因传播手段不恰当导致内容出现失真和偏差;第三,信息传播、文化理念传播与价值观传播的统一,这实际上也是一国文化自信的体现,决定了侨务公共外交的影响力。③

明确了侨务公共外交工作的主要目标和重点,我们应积极推动与海外华侨华人

---

① 陈奕平:《美国"国际侨民接触"战略及其对我国侨务政策的启示》,《东南亚研究》,2012年第2期。
② 陈奕平:《美国"国际侨民接触"战略及其对我国侨务政策的启示》,《东南亚研究》,2012年第2期。
③ 薛秀军、赵栋:《中国梦与侨务公共外交的战略构建》,《华侨大学学报》(哲学社会科学版),2015年第1期。

的互惠互利，合作共赢，基于各种利益相通点及时加以正确引导，才能充分发挥海外华侨华人这一平台的作用。

在全球化日益发展、互联网和新媒体日趋发达的今天，我们要围绕侨务公共外交的重点不断探索开展具体工作的新途径、新资源和新方式。我们知道，许多新移民与中国仍然有着密切的经济联系，因此，除了从政府层面制定相关优惠政策给海外华商提供便利外，相关部门也要积极利用海外华商网络平台，汇集华商精英人士，推进海外各国华商进行内部合作、与中国合作，与其居住国非华裔人士、本地企业团体合作，通过推动国际商贸往来，增强华商的影响力和中国企业"走出去"的综合实力，达到互利共赢。这是一个非常重要的利益共通点。

同时，既然侨务公共外交已被纳入外交的大范畴，完全可以引导一些在居住国具有影响力、广阔人脉且对华友好的海外华侨华人学者、企业家、社会活动家等通过各类合作项目、文化活动适当参与到外交工作中去。在这种情况下，政府和相关部门不一定需要出面主导，而主要承担策划、引导的幕后工作，把舞台让给这些华侨华人，充分发挥他们在海外华人族群和居住国非华裔民众中的影响力。林逢春甚至建议，若能考虑将这类海外华人精英们也纳入中国的智库中去，设立"外脑"咨询机制[①]，将会达到更好的公共外交效果。

另外，在对外文化传播方面，我们应该充分借助海外华人媒体，推动他们与国内媒体、文化教育机构、艺术社团等进行交流与合作。一方面丰富当地华侨华人的文化生活、推动汉语和中华文化传承，另一方面与海外华侨华人一道，促进中华文化"走出去"到非华裔民众中间，扩大中华文化影响力。要积极利用互联网、新媒体等平台吸引、促进华裔青少年对祖籍国文化的兴趣与认知，通过改进教学模式、利用现代教学技术等方式来改善海外华文学校的办学效果，提高华文教育吸引力，努力培养新生代华裔对中华文化的认同感和亲近感。

---

① 林逢春、谢秀英：《海外华侨华人在侨务公共外交中的角色定位与实施路径》，《理论月刊》，2014年第7期。

三、应注意规避、妥善处理侨务公共外交中存在的矛盾和问题

面对当下侨务工作的各种新形势和新局面,中国的侨务公共外交仍需在不断实践探索中丰富和发展理论研究。同时,面对实行侨务公共外交中存在的一些矛盾和问题,也要有充分意识,并注意规避,妥善处理。

一方面,在不同国家和地区,当地华侨华人群体的主要来源地、组成结构有极大差别。例如东南亚地区是早期华人族群,尤其是来自潮汕一带华人的传统移民目的地,而新移民则主要聚居在北美、西欧、大洋洲地区的一些发达国家。这就势必要求侨务部门在制定具体政策、组织相关活动时需充分考虑各国侨民现状,因地制宜。

同时,在一些海外华侨华人众多的国家,华人新移民和老一代移民由于背景、理念不同等差异,存在矛盾和分歧,容易分化为小团体,并且通常涉及很多利益相关方,较为复杂,单单凭借官方的力量,处理难度较大。这类矛盾和分歧的存在不利于侨务工作的统筹与开展,也不利于为中华文化国际传播扫除障碍、构建良性文化生态。因此,在推进侨务工作时要一切从实际出发,加强与各个海外华侨华人群体的充分沟通交流,必要时适当介入,妥善做到有所为有所不为,促成各方的协商一致或实现矛盾最小化,尽量为中华文化传播扫除人为的内部障碍。

另一方面,我国在推进侨务工作时可以充分借鉴其他移民大国如以色列、印度等的侨民政策,但这并不意味着可以生搬硬套。由于国情、宗教文化和具体外交政策等的不同,导致了在侨民政策方面也出现了很大的差异。例如,以色列一直欢迎世界各国犹太人侨民回归祖籍国,承认双重国籍,并颁布《回归法》和《国籍法》等法律为犹太侨民提供宽松积极的政策环境。以色列主要通过分布在全球各国的犹太人组织和移民社团分支机构来强化犹太人后裔的宗教信仰、文化、历史联结,努力将以色列打造成全球犹太人的精神家园。[①]我们在制定侨民政策时固然可以参考

---

① 庄国土、康晓丽:《以色列的侨务政策及对中国的启示》,《国际观察》,2013年第6期。

以色列在海外侨民中拓宽影响力的措施，但也要充分意识到，海外华侨华人并不具备像犹太教这样高度统一的宗教信仰基础，而我国与海外华侨华人的关系总体也并不如以色列与犹太人移民那样紧密。世界各国华侨华人社团虽然林林总总，但多依赖地缘、宗族和商业联系而形成，并无全球统一、体制完善的华人组织。同时，我国目前不承认双重国籍，中国传统侨务政策倾向于鼓励海外华侨华人能够"落地生根"，充分融入到居住国社会生活中去。①因此，由于海外华侨华人自身背景、意识形态的多样性和居住国的不同国情和政策，要统筹做好各国侨务工作并非易事。庄国土还指出，目前各类海外华侨华人团体与中国大陆的联系并非如预期那样紧密。由于当下侨务政策的推行首先要遵循我国不干涉他国内政的侨务指导方针，不时会受到来自行政体制方面的制约，同时也要统筹考虑来自国内外的多方因素，因而并非易事。如若处理不当甚至会引发双边关系的紧张局势。②

因此，在侨务公共外交实践的过程中，不仅需要综合考虑国内外各种因素，有效规避各类矛盾，同时也需要加强针对性，在形形色色的海外华侨华人群体中努力发掘对中华文化认同感强烈、与中国共同利益关系密切，且在居住国华人社会具有一定话语权和影响力的人选，进行重点合作，强调团结，共同推进民间外交的发展，切实提高外交成效。

第三节 "一带一路"沿线国家文化生态环境现状与中华文化传播趋势

近年来，我国侨务部门通过"请进来"和"走出去"等各种方式，与"一带一路"沿线各国华侨华人社团、文化机构等合作，成功举办了华裔青少年"中国寻根之旅"、华文师资培训、华侨华人社团联谊会、学术研讨会等形形色色的侨务活动，积极主动地强化与海外华侨华人之间的联系，从客观上促进了侨务资源

---

① 庄国土、康晓丽：《以色列的侨务政策及对中国的启示》，《国际观察》，2013年第6期。
② 庄国土、康晓丽：《以色列的侨务政策及对中国的启示》，《国际观察》，2013年第6期。

的多样化发展。尤其是华人华侨聚居人数最多的东南亚地区等，侨务公共外交工作取得了长足的发展，积累了不少侨务资源，推动了侨务理论在实践中不断丰富和发展。

然而，在"一带一路"沿线国家的侨务公共外交工作进一步深化发展的同时，我们也不能忽视区域性的发展不平衡，以及各国大相径庭的社会政治与文化生态现状。在很长一段时间内，我国侨务部门需要继续不断摸索，充分认清现状，根据各国实际情况采取有针对性的民间外交方式。

一、"一带一路"沿线国家文化生态发展不平衡

综观"一带一路"沿线国家和地区，国情和社会制度差异大，宗教因素影响深远，民族关系复杂，文化丰富多样，客观上为侨务工作在这些国家和地区的开展带来了机遇，也带来了很大难度。同时，海外华侨华人数量在这些国家和地区分布并不均匀。在大量华侨华人聚居的东南亚地区，侨务公共外交开展频繁，且仍在稳步推进和深化发展。上文提到，华人新移民群体的热门移民目的地主要为发达国家，而"一带一路"沿线国家，尤其是中亚、西亚、北非等地的国家多为经济实力有待提高的发展中国家，在一些国家经济发展停滞甚至倒退，政治局势动荡，宗教极端势力横行。显然，这些国家不太可能成为新移民的移民目的地。海外华人华侨的分布情况必然影响侨务公共外交的具体开展，而在上述本身缺少华人族裔群体且宗教民族矛盾突出的国家，要为中华文化传播努力营造良性文化生态环境，具有相当大的挑战性。

目前，与中国在华文教育领域合作较为积极、互动良好的国家有泰国、马来西亚、菲律宾、印度尼西亚等东南亚国家，而除了东南亚国家，美国、加拿大和法国是华文教育活动开展较为活跃的地区，而这事实上也与海外华人移民分布情况较为一致。综观海外华文教育示范学校名单，绝大多数都分布在东南亚、西欧、大洋洲和北美地区。与此同时，华文教育师资培养方面的数据亦显示，无论是采用"请进来"还是"走出去"模式，学员的主要来源地区依然是东南亚、欧

洲、北美以及大洋洲国家,而其他国家和地区的参与培训人员数量明显偏少。① 从客观层面来看,这些地区或是传统华侨华人移居地,或为发达国家所在地,华侨华人及新生代华裔数量很多,生活富足,社会环境宽松,通常拥有较高质量的师资和学习条件,华文学校运作总体呈现良性循环,而其他官方或非官方组织文化交流活动也形形色色,侨务公共外交互动频繁,这些都能够进一步推动中华文化国际传播所需的良好文化生态环境的营造。②

然而,上述情况亦充分体现,在推广华文教育、发展侨务公共外交方面,目前的地域发展不平衡性仍比较严重。在"一带一路"沿线除东南亚以外的其他国家和地区,无论是华文教育发展还是中华文化传播,都需要侨务部门结合民间侨务资源,因地制宜,继续发力。

在文化合作方面,要充分考虑不同国家的实际情况,采用灵活的侨务公共外交策略。事实上,在"一带一路"沿线的国家和地区,无论是发展经济合作还是进行文化传播,都需要因地制宜。

首先,中国与中亚、西亚、北非等很多地区国家的交流大多数情况下还局限于国家层面的官方外交,对各国社会生活和舆情的真实情况了解还很有限。在这些国家,不仅普通民众对中华文化还普遍比较陌生或认知非常片面,而且可能还存在着宗教文化冲突甚至恐怖势力肆虐等障碍,这些都不利于良性文化生态环境的营造。以中国和巴基斯坦建设"中巴经济走廊"为例,如果要在关键城市部署以中方运营为主的经济开发区,就需要组织一批既了解伊斯兰文化和语言、愿意充分融入当地生活又具有专业技能的队伍,在推进经济建设合作的同时促成中华文化在当地的积极影响,让当地民众打消偏见,乐于接受这种外来文化。这事实上具有极大的操作难度,需要投入大量的人力和物力成本③。其次,中亚五国地区的地缘政治意义相

---

① 贾益民:《世界华文教育年鉴(2015)》,北京:社会科学文献出版社,2016年,第15页。
② 贾益民:《世界华文教育年鉴(2015)》,北京:社会科学文献出版社,2016年,第16-17页。
③ 金巍:《梅花与牡丹:"一带一路"背景下的中国文化战略》,北京:中信出版社,2016年,第112-113页。5页。

当关键，对于"陆上丝绸之路"的发展非常重要。然而，这一地区也是民族、宗教和各种政治势力的聚焦点，各种矛盾错综复杂，"东突"、ISIS等各种恐怖主义势力也在这一地区有所抬头，2016年8月吉尔吉斯斯坦发生的针对中国大使馆的爆炸案即体现了这类风险。这些不稳定因素在很大程度上限制了我国侨务公共外交在这些地区的顺利开展。因此，在这些国家和地区更需充分发掘侨务公共外交资源，充分利用当地有限的华人华侨平台开展各类民间外交工作。

二、"一带一路"沿线国家和地区侨务公共外交和中华文化传播模式宜多样化发展

在"一带一路"沿线国家和地区发展侨务公共外交、推进中华文化传播，未来具有广阔的前景，但存在的各种风险和障碍也会使得发展道路必然曲折。对于华侨华人居住大国，要在现有的基础上继续助力当地华文教育和文化交流，全方位多角度稳步推进民间公共外交深化。而对一些地缘政治意义重大但中国侨民人数少、社会不够稳定的国家和地区，则更需重视，要充分根据当地实际、有针对性地制定"个性化"的公共外交方案和文化传播策略，努力实现文化交流形式的本土化和多样化。

首先，要推动中华文化传播，在"一带一路"沿线各地，尤其是在华侨华人数量不多的国家和地区营造良好的文化生态环境，侨务部门一方面要做好"引进来"工作，弥补当地传播渠道的不足和传播平台的限制。如果当地华侨华人绝对人数不多，就更需官方积极组织进行资源有效整合，推动多方合作，可以采用"官助民办"等方式增强扶持力度，与当地学校和文化机构合作，建立华文教育基地，加大引进当地华文教师、华文学校学员等来中国参加教学培训和文化交流的力度。另一方面，要积极发展和利用互联网和各类新媒体，实现传播渠道和策略的创新。当下，我们的传播模式要着重从"自己讲"向让"别人讲"转变，官方逐渐转向幕后助力，重点引导海外华侨华人和了解中国真实现状的国际友人直接对外发声，大胆去讲述"中国故事"，力图使中国话语"本土化"传播，达到最好的传播效果。

"本土化"传播有多种模式,而使用所在国语言进行较为精准的"母语传播",是其中一种非常高效的传播方式。一个很好的例子是:中国国际广播电台的希伯来语部青年编辑奚啸琪通过制作希伯来语小视频上传网络,一举成为以色列当地民众非常喜爱的"网络红人",且引发了当地人对于中华文化和中国社会的浓厚兴趣。① 可见,通过互联网和自媒体平台打破国别界限,通过"母语传播"获得当地民众的亲切感和支持,是一种行之有效的民间公共外交模式,且较之官方媒体更为灵活多样,更"接地气",尤其容易得到年轻人群体的认可。然而,由于"一带一路"沿线国家和地区语言种类多样,文化各不相同,如果仅单纯依靠侨务部门甚至中国政府的力量,要充分了解当地民情和舆情,实现有效传播显然心有余而力不足。因此,要重点整合当地华侨华人的民间力量,推动"母语传播"的发展。在华侨华人人数有限的地区,可推动当地华人团体与中国领事馆、国内高校的小语种专业人才等进行对接,通过互联网、自媒体平台等发展线上和线下沟通,结合当地实际共同商议、创作针对性强的"母语传播"节目,引入中国文化产品,逐渐为中华文化传播创造良好的舆论环境,尤其是促进当地年轻人群体了解、接纳中华文化。

其次,侨务部门要积极推动国内各类文化创意机构、传媒行业等充分利用"一带一路"沿线国家和地区的华侨华人平台,在这些国家和地区发展文化贸易和文化产业。与此同时,要充分利用有限的华侨华人资源,开展灵活的、多层次的民间公共外交,鼓励国内的小语种人才和当地华侨华人组织各类文化交流活动,努力使中华文化得到当地民众的信任和理解。

再次,基于"一带一路"沿线各个国家和地区的社会文化现状,要积极推动开展民间宗教文化交流,将宗教历史文化资源也转变为民间公共外交资源的一部分。例如,在哈萨克斯坦等中亚国家,有不少来自中国新疆的移民,他们与当地民众有着高度统一的语言和宗教信仰认同,双方有天然的亲近感。如果能够通过这些移民,引导当地民众了解中华文化对于不同宗教和外来文化一贯的包容性,这也能够

---

① 奚啸琪:《说希伯来语de中国人:奚啸琪向以色列人介绍中国国际广播电台》,2013年7月29日,网址:http://v.youku.com/v_show/id_XNTgzNzYyODUy.html。

在客观上推动当地民众减少对中华文化的陌生感和敌意，增强好感和正确认知。当然，这一工作的开展过程中容易涉及一些敏感问题和民族争端，移民的身份和背景也可能错综复杂，鉴于目前在中亚地区还存在着恐怖主义的潜在威胁，因此开展过程需小心谨慎。但如能顺利实现，对在这些国家和地区的中华文化传播意义重大。

总之，中国"一带一路"倡议必将挑战传统的"西方中心"观。通过侨务公共外交等多种方式推动中华文化国际传播，促进中国"软实力"的提升，则可以平衡世界文化生态，甚至重构世界文化生态格局，并在世界文化大格局中建构积极的中国形象。同时，这也能为"一带一路"所代表的中国和平发展和"硬实力"建设，创建一个积极的、良性的国际环境。在这一过程中，华侨华人的角色非常重要，且不可或缺，因而需要充分把握。

第十章 海外华人传媒与中华文化国际传播

当下，和平与发展仍是国际社会主流，因而世界各国已由军事、经济等方面"硬实力"之争，逐渐转为文化等方面的"软实力"之争。中华民族要实现和平崛起，打破唯美国马首是瞻的传统"西方中心观"，推动"一带一路"沿线国家和地区的中华文化国际传播，发展"硬实力"是前提，提高"软实力"则是关键。"软实力"的核心便是树立良好的国家形象，推动世界各国对于中华文化的理解和认同，与"硬实力"相互促进，协同发展。

刘建华认为，国家形象是一国内部公众和外部公众对该国政治、经济、社会、文化与地理等方面状况的综合认知，又可区分为国内形象与国际形象，而这两者之间往往存在很大差异[①]。在国内媒体大环境里以及广大华人心目中，中国大国光环耀目，对世界有着举足轻重的影响力。然而我们也应该认识到，许多国外媒体和民众对中国的国家形象仍有相当程度的误读，甚至出现"妖魔化"的情况，一提起中国便联想到五花八门的"中国威胁论"，对中国政府一贯承诺的"和平崛起"抱有深深的怀疑甚至曲解。要改变这些根深蒂固的观念，亟需积极推动国家形象的改善，以及中华文化的正面传播。

进入21世纪以来，中国社会经济进入发展新阶段，人民生活水平有了质的飞跃。与此同时，中国政府为积极改善国家形象，做了大量对外宣传工作。政府借举办北京奥运会、上海世博会和杭州G20峰会等契机，塑造一个积极正面、繁荣富强、对国际社会负责任的大国形象。然而，到目前为止，中国的国际形象似乎并没有完全得到根本上的转变。

固然，"妖魔化中国"和"中国威胁论"令国人愤懑，但愤懑的同时，我们是否也应该反思，虽然我们拥有强大的"硬实力"，但中国目前的大国形象塑造和对外文化传播方式是否有值得商榷之处？我们想告诉世界的，为什么很多国家并不领情，还要加以污蔑？我们应该如何正确"发声"，讲好"中国故事"，抗击那些别有用心的国外媒体，彻底改变他国人民心目中中国的消极国际形象？如果要改变形

---

① 刘建华：《论出版传媒传播中国梦形象的机理与方略》，《出版发行研究》，2013年第7期。

象，正确的切入点究竟在哪里？

"一带一路"构想提出以来至今，综观目前中外媒体舆情，"一带一路"沿线多数国家表现出积极支持的热情，但也有一些国家采取观望而犹疑的态度，国际媒体和舆论界对这一伟大构想亦褒贬不一。这种态度说到底仍可能是因为受"中国威胁论"的影响，对中国不够信任，体现了中国在提升国家"软实力"、营造有利于中国的国际舆论环境方面还有很大的进步空间。如何消除这些犹疑和顾虑的"绊脚石"，塑造良好的国家形象，是实现"一带一路"伟大构想的一大关键。在互联网和各类数字化媒体空前发达、全球化进一步深化的今天，我们应充分利用这些平台，通过合适的方式借助海外传媒力量，来推动中华文化国际传播，树立积极正面的国家形象，而在这个过程中，海外华侨华人起着非常重要的桥梁作用。

第一节　当今世界传播格局形势与媒体对中华文化国际传播的重要作用

一、世界传播格局的形成与演变

北京大学王维佳教授认为，当今世界传播格局的形成，一方面由于处于后冷战时期优势地位的权力集团希望构建一个垄断性的全球体系，于是力图通过建立普遍主义价值和话语体系来塑造"全球公民社会"的普遍共识。另一方面，发展中国家出于发展经济的迫切需求，纷纷主动积极地融入全球贸易体系和新的全球传播话语体系中去。同时，这些国家为了缓解全球化带来的身份认同紧张，也相应建立了文化民族主义的话语体系。发展中国家的对外文化表达基本上紧跟对西方主流全球化价值认同，因而，各种国家形象宣传片、对外文艺演出、奥运会开幕表演、世博会中国馆陈设等实质上体现了用西方视角和话语体系描述自身的"自我东方主义化"倾向。[①] 甚至从更广义的角度讲，一些孔子学院和海外华文学校组织的民间文化交

---

① 王维佳：《中国对外传播的范式转变》，《对外传播》，2015年第1期。

流活动等也从某种程度上体现了这种倾向。

然而，王维佳亦指出，当代国际社会危机四伏，宗教激进主义复兴、社会阶层结构逐渐僵化、中产阶级逐渐消亡等各种风险，正在影响着看似稳定的"后冷战时代"全球政治与经济。中国国力的迅速增强，海外投资的不断增加，以及开展诸如"一带一路"沿线区域合作的积极姿态，以及美国"重返亚太"战略的推行，似乎预示着新的国际格局正在不断酝酿形成，随之也许将带来国际传播领域的深刻变化。①因此，我国应牢牢抓住这一变革时期的各种机遇，充分借助并整合各类传媒力量，努力抓住舆论主导权，引导中华文化对外传播活动进入一个全新阶段。

二、媒体对国家形象塑造和文化传播的作用

媒体在塑造国家和政府形象中起着举足轻重的作用。无论是中国人心目中的中华民族伟大复兴，还是很多国外人眼中的"中国威胁"，很大程度上都是不同国家媒体传播渲染的结果。当然，另一个方面是文化和政治制度差异导致的思维方式差异，在很多情况下使得双方一开始便形成了"误读"。而忽视这些差异的宣传方式，就不会达到预期的积极效果。因此，我们不该急着盲目定义孰"对"孰"错"，而是应该理性剖析双方的思路，充分认识到问题的真正症结所在，深入了解国外民众的思维模式和国外媒体传播的套路，知其然且知其所以然，才能为中华文化国际传播扫除舆论障碍，使之得到更为行之有效的发展。

尽管我们可以通过国家政要、社会团体、人口流动、人才交流、公关事件等方式来展示并传播国家形象和中华文化，但真正要影响广大国外受众，这些方式最终还是要通过大众传媒的渠道，才能取得更好的传播效果。②目前大众传媒的外延已变得越来越宽泛，除了图书、报纸、广播、电视等传统的媒体，新媒体技术层出不穷，自媒体平台种类繁多，人们获取信息的途径和渠道更为多样化。联

---

① 王维佳：《中国对外传播的范式转变》，《对外传播》，2015年第1期。
② 刘建华：《论出版传媒传播中国梦形象的机理与方略》，《出版发行研究》，2013年第7期。

合国教科文组织把新媒体定义为"以数字技术为基础,以网络为载体进行信息传播的媒介"。尤其是进入21世纪以后,随着移动互联网及无线通信技术的发展,电脑、手机、数字电视等终端的广泛覆盖和普及,人人都是信息的接受者和传递者。自媒体是普通大众经由数字科技强化、与全球知识体系相连之后,提供与分享他们自身的事实、新闻的途径。微信、微博、各大论坛、Facebook、Twitter等各种社交媒体和手机应用软件皆属于自媒体平台。因此,网络时代人人都可以发声,可以成为自媒体。

目前,传统媒体固然仍具有巨大影响力,但年轻人群体接受新事物的能力相对更强,越来越习惯于通过互联网接受信息,同时也进一步成为自媒体平台的使用者和参与者。政治传播学者布拉姆勒和卡瓦纳夫在《政治传播三个阶段的特征及其影响》中提出,当下这个时代是一个"传播富足的时代",传播的工具、渠道大大增加。从人们习以为常的主流媒体到新媒体,从公共空间到私人空间,人们的传播环境被各种电子和网络视听设备占据,传播所需要的各类信息,通过形态各异的大众媒介,混杂地影响着公民对于社会日常事务的参与。[①]

当然,传统媒体的作用也不容忽视。作为历史最悠久的传播媒介之一,图书出版传媒依然具有其独特的文化内涵,这是其他媒体所无法替代的。作为一种深度阅读的媒体,图书对于受众认知方面的影响与电视、互联网、手机的浅阅读和碎片化阅读截然不同,这也是为何纸质书与电子书并未随着新媒体的普及退出历史舞台的深层次原因。越是在欧美发达国家和地区,图书阅读越是受欢迎,公共图书馆、阅览室和各类书店比比皆是,在公共交通上也随处可见人手一书安静阅读的情况。这表明,新媒体技术虽然日益发达,但对于图书等传统媒体的冲击也并非如人们一开始预测的那样具有毁灭性。新媒体平台大大提高了公众对于社会日常事务的参与度,但传统媒体也有其存在的独特作用和持续需求。

综上所述,充分巧妙地利用传统媒体和新媒体进行大众传播,淡化对意识形态

---

① 邵培仁、张梦晗:《全媒体时代政治传播的现实特征与基本转向》,《探索与争鸣》,2015年第2期。

的强调，减少口号式官方宣传，是做好海外中华文化传播的一个重要切入点。在这一方面我们更应该借鉴日韩和美国的方式，他们表面上努力丰富文化交流主体和交流形式，以民间交流、大众传媒为主，但政府其实一直作为背后的最重要主导力量，提供资金技术支持和平台组织工作。

政府的角色从"台前"逐渐转为"幕后"，有利于淡化意识形态，减少民众误解和抵制，提高文化交流接受度和传播效果。

第二节 目前中国文化产业"走出去"现状、问题及对策

要做好文化传播，提升自身文化软实力是大前提。传统"文化牌"可以打，也必须打，但如果手头只有这一副牌，而拿不出其他具有说服力和吸引力的东西，宣传效果依然有限。

首先，我们需要认识到，所谓的中华文化是一个不断成长的概念，它的内涵和外延随着现代化、全球化的进程、社会的变迁不断变化、丰富和拓展，并不是一成不变停滞不前的。中华文化并不局限于五千多年的悠久历史，四大发明和传统民俗。在进行中华文化对外传播时，这些是必不可少的重要内容，但作为唯一的"重头戏"内容便显得有点苍白单薄，甚至可能与时代脱节，并不能让海外人士真正了解中国当下的社会文化现状。其次，中华文化国际传播需要讲"好故事"，但不能讲脱离现实、艰深晦涩、甚至连多数中国人自己都一知半解的故事；也不能表里不一，一面大谈中华文化建设，一面破坏历史古迹文化遗产；一面大谈中华传统美德，一面反其道而行之。我们需要官方的文化传播模式，但不能忽视文化更要融入日常生活，融入内心，这不是单纯通过经济高速发展便能解决的简单问题。从这个角度讲，提高中华文化"软实力"，还需从中国社会本身做起，从广大华人自身做起。再次，提升个体自身的文化素养，是增强国家"软实力"的大前提，也是中华文化"走出去"的大前提，两者相辅相成，不应割裂或孤立。

一、文化产业"走出去"现状不容乐观

从目前的情况来看,中国人,尤其是年轻人群体愿意利用各类媒体平台,积极关注国际时事和动态,而观看日韩剧、欧美电视剧和电影等也是年轻人群日常生活中不可缺少的娱乐方式。反观日韩或欧美社会,愿意积极主动地通过各类媒体了解中国社会动态、观看中国国产剧的年轻人群体却寥寥无几。好莱坞大片、BBC、CNN等各大新闻频道、《华尔街日报》等报纸媒体在中国几乎家喻户晓,而中国最有影响力的报纸和电视台等大媒体,在国外却鲜为人知。这事实上体现了对外文化交流方面一个巨大的逆差,文化交流事实上成了一个"单行道"。胡鞍钢认为,目前中国传媒业实力与中国国力严重不符,虽然中国已成为世界第二大经济体,但"中国传媒实力发展是不均衡的,国际传播和传媒经济实力很弱,无法与美国等西方国家的强大国际传媒势力相抗衡"[①]。当下,美国仍是无可争议的文化输出大国,其文化产业的欣欣向荣也为其国家GDP的增长做出了很大贡献。

近年来,中国一直致力于推广文化产业发展,也取得了一些成效。全国图书、期刊及报纸等传统纸媒出口数量和金额总体呈逐年增长态势。然而,相比进口数量和金额,中国传媒实力的弱势现状几乎一目了然。

日本和韩国同为与我国文化相近国家,但无论是国土面积,人口数量还是综合国力都不如中国,然而为何韩国和日本音乐、动漫、电视剧、真人秀等文化产品如此深入人心,吸引了广大中国年轻人群体,甚至引领了年轻人的时尚潮流?为何我国除了向他国购买文化产品版权,很少能推出真正属于自己独创的,对海外受众具有同等吸引力的文化产品?中华文化博大精深,那如何才能使这种博大精深真正"走出去",缩小文化贸易逆差,甚至努力实现顺差呢?

二、中国文化产业"走出去"的切入点

文化产品贸易的现状,在很大程度上便是国家文化"软实力"的真实体现。要

---

① 胡鞍钢、张晓群:《中国传媒迅速崛起的实证分析》,《战略与管理》,2004年第3期。

推广中华文化海外传播，不能只依靠中国官方的单方面努力，要推动中华文化国际传播，增强中国文化的国际影响力，首先应提高国内文化产品的自身附加值，无论是传统文化主题还是现代主题，都要讲"好故事"，讲让人爱听的故事。因此，我们不能简单地因为听到批评和攻击便愤怒，而更应理性地分析这种批评的深层次渊源，继而通过调整对外传播模式、改变传播切入点等方式来做好对外宣传，推动中华文化的有效国际传播。

事实亦证明，只要是真正优秀的文化产品，完全能够得到国际社会的认可和传播。例如，2012年莫言获得诺贝尔文学奖，2015年与2016年刘慈欣与郝景芳分别获得"科幻界诺贝尔文学奖"雨果奖，2016年曹文轩获得国际安徒生奖，2016年王安忆入选美国纽曼华语文学奖等，这些重量级的国际奖项都是对中国文学的充分肯定，也是中国文化产品走向世界、中华文化对外传播的宝贵契机。同时，这也充分说明，中国不是缺乏好的文化产品，而是缺乏好的推广形式和推广媒介。例如，曹文轩在他的写作中就很好地把"中国故事"和"人类主题"联结起来，受到了国际评委的一致好评。他坚定地认为，人性最本原的东西都是共通的，他小说中讲述的中国故事是关于人性的故事，也就是属于全人类的故事。曹文轩在访谈中曾提到："我们必须将笔触探到人性底部，那里有共通的人性，有人类共同的喜怒哀乐、共同的向往和情怀以及共同面临的苦难。""'中国故事——人类主题'，一定要有这样的眼光。一个人要做一个聪明人，一个作家要做一个聪明的作家。聪明就是：一要立足于土地，但是这还不是最聪明的，最聪明的人就是说你立足这个土地，你的目光还要穿越烽烟与国家的界碑，看一个更加广阔的世界。因为你的双足怎么走都没有目光走得远，目光走的再远也没有心灵走的远。"[①]曹文轩不仅道出了中国文学作品走向世界的成功关键所在，事实上对于我们如何讲好"中国故事"、推进中华文化国际传播也是很有借鉴意义的。"立足土地"，意味着我们不能舍弃中华文化传统、要从中国现实出发，脚踏实地。文化表述需要有诚意的叙事，这也是讲

---

① 《曹文轩斩获世界儿童文学最高奖：国际安徒生奖》，"搜狐读书"，2016年4月4日，网址：http://book.sohu.com/20160404/n443294780.shtml。

好"中国故事"的基础;"穿越烽烟与国家界碑,看一个更加广阔的世界"意味着我们要超越社会制度和意识形态,思考人性的本原,寻找全人类的共同主题,将共同文化主题作为中华文化国际传播的切入点。

那么,要寻求这些共通点与共同主题,需要大量的跨文化人才,而其中能起到关键性桥梁作用的,正是广大海外华侨华人群体。在不同国家居住生活的华侨华人既了解中国传统文化和国内真实现状,又熟悉所在国的国情和舆情,对于共同的"人类主题"有更切身的体会和理解,因此可作为理想的交流沟通者和中华文化传播者。目前旅居德国的华人作家程玮便是一个很好的范例。她一直致力于从事中德文化交流,拍摄了《丝绸之路》等纪录片,并将自己在国内发表的小说译成德文出版,写作并出版了一系列少儿文学丛书,很好地阐释了中国传统文化中的文字、绘画、音乐、丝绸之路等知识,在德国和中国都受到欢迎,好评如潮。这正是一种平等的双向文化交流的体现,也是最适合采用的中华文化国际传播模式。

中华文化"走出去"需要有科学的设计、适切的交往理念和有效的传播方式。文化"走出去"是走出了国门、走向世界。既然已置身于国际化背景下,就不能再局限于以国内视野来思考世界问题。一厢情愿地依靠官方的强势推广和单向宣传,往往欲速则不达,甚至会遭到他国的抵制,不仅文化走不出去,还可能会进一步激发"中国威胁论"这类抵触观念的肆虐。因此,"走出去"理念必须打破传统的"以我为主"的唯我论思维,交往的双方皆为互动的交流主体,这需要在共同交往、理解尊重和互利共赢的基础上进行[①]。

相较于中国官方媒体的对外宣传和直接推送,海外华侨华人的民间力量相对脱离了意识形态的束缚,避免了可能存在的偏见,能以更客观的态度更好地与所在国民众做好互动交流,更易于为国外民众所接受,也更能赢得事半功倍的效果。因此,我们需要尽量淡化官方媒体直接参与的痕迹,通过在不同国家积极组建各类海外民间交流平台,利用传统媒体和移动互联网、社交网络等新媒体、自媒体合作,

---

① 李建军:《中华文化走出去新视角》,《新疆师范大学学报》(哲学社会科学版),2015年第4期。

或在当地设立文化创意机构等形式，充分借助海外华人传媒力量推动中华文化国际传播。在制作各类文化产品时，我们应该聚焦意识形态色彩淡化、着眼当代中国社会、展现不同文化融合之美，且能最大限度地被各国受众理解接受的题材，这样才能逐步建立文化"双行道"，取得良好的传播效果。

第三节　加强与各国华人媒体的合作与交流，营造有利于中华文化传播的舆论大环境

一、海外华人媒体现状

传统意义上的海外华人媒体绝大多数以华文作为传播语言，且以服务所在国华侨华人群体为主要目标。因此，学界往往直接称之为海外华文媒体。根据苏劲松的定义，海外华文媒体主要是指由中国境外各国各地的华侨华人所创办，以中文为主要使用语言，主要服务对象为当地社会华侨华人和部分非华裔当地民众的各类媒体，涵盖了纸质媒体、网络媒体、广播、电视以及各类新媒体等。[1] 这些媒体在我国对外传播体系中扮演着重要角色，能够帮助塑造良好的国家形象，引导国际舆论朝对我国有利的方向发展，弥补国内媒体在对外宣传过程中的一些局限[2]。

随着时代和技术的发展，海外华文媒体已经从早期的报纸、杂志等纸质媒体大大拓展了外延，传播形式和传播平台变得更为丰富多彩，时效性也大大增强。而随着英文作为国际通用语言的普及、新生代华裔受教育水平和融入主流社会能力的提高，很多华人华侨年轻人都习惯于在中文和英文，或中文和所在国语言之间自如切换，利用各类社交网络和自媒体平台用双语或多种语言发声，与他们交流的人群也不仅限于华人族裔内部，与所在国其他族裔群体的交流沟通也日趋频繁。

既然海外媒体的传播语言多种多样，已不仅限于华文，受众亦不局限于华人

---

[1] 苏劲松：《海外华文媒体在"大外宣"中的作用》，《中国记者》，2014年第4期。
[2] 苏劲松：《海外华文媒体在"大外宣"中的作用》，《中国记者》，2014年第4期。

族裔，我们要运用这些媒体讲中国故事，首先就应该按照创办和使用者主体来划分而非使用语种来划分媒体属性。现阶段能够对我国对外传播工作起重大帮助作用的不仅是海外华文媒体，而应该进一步拓展到所有海外华人媒体。其中"华人"是对于中华民族族裔本身的认同，而"华人媒体"则涵盖了以华侨华人为创办主体，但传播语言不仅限于单一中文语言的各类媒体，外延进一步扩大。事实上，在很多情况下，由于中文使用范围的限制，海外华文媒体一般脱离不了华人华侨的小圈子；而如果能整合所有的华人传播力量，脱离语种限制，积极推动中国本土媒体与海外华人媒体的资源整合与相互合作、互通有无，就能够使中华文化国际传播因地制宜、充分"本土化"发展，拓宽传播渠道，取得更好、更精准的传播效果。

海外传统华人媒体主要包括了华文报刊、电视和广播等，主要目的是为当地华侨华人提供各类资讯、娱乐等。尤其是在华侨华人主要聚居地如东南亚、欧洲、北美、大洋洲等地，活跃着许多具有影响力的传统华人媒体。海外华人媒体通常是私有制运营、完全市场化运作的，新闻采编过程中受到意识形态约束少，相对较为自由，而媒体日常运营的经费主要来自广告和其他经营收入。这类媒体通常具有较为客观中立的立场，尽可能地在报道中"去政治化"，例如，南非的《华侨新闻报》坚持独立运营，不受政治或党派力量左右，也不接受任何源自官方的补贴，受到当地华侨华人社会的赞赏和支持[①]。

在新加坡和马来西亚，华裔人口众多，华人媒体已成为主流媒体的一部分，而马来西亚则是拥有华人报纸最多的国家。[②] 东南亚地区比较有影响力的华人报刊有《联合早报》《星洲日报》等。在北美地区，《世界日报》《侨报》和《明报》《星岛日报》均为比较知名的华人报刊，知名华人电视台有"ICN国际卫视"等。在澳洲地区有《澳洲新快报》等华文报纸，知名华人电视台有"澳大利亚天和电视

---

① 邱凌：《辩证解析海外华文媒体在我国对外传播中的作用》，《对外传播》，2015年第10期。
② 吴妮：《东南亚华文报刊面对的挑战与机遇》，《传媒》，2005年第5期。

台",知名华人广播电台有"澳洲东方华语电台"。在欧洲地区,《欧洲时报》《英中时报》等华人报刊都知名度很高,"欧洲华文电视台"是一大主要电视台。这些传统华人媒体大多资金实力雄厚,在当地华人圈中耳熟能详。

同时,随着互联网和无线移动设备的普及,各类新媒体层出不穷,人们越来越依赖社交媒体和自媒体进行交流和接受信息。相比老一代华侨华人更习惯通过阅读中文报刊、看电视听广播获取信息的偏好,年轻群体更容易喜"新"厌"旧",倾向于选择更为便捷、时效性和互动性更强的新媒体。而互联网和无线网络的"无国界",也大大缩短了地缘距离,使人无论身在何处都几乎可以同步获取各类信息。华人新媒体的种类也更为林林总总、数不胜数,满足海外华人全方位多层次的各类需求。例如,在东南亚地区,"东南亚华人论坛""菲律宾论坛"等华人论坛和网络社区十分活跃;北美地区的"洛杉矶华人资讯网"、"北美华人e网"、"加拿大华人网"、"加拿大华人论坛"、微博公众号"北美省钱快报"等在美加地区华人圈内知名度很高;澳洲较著名的华人网络媒体有"中澳网""滴答澳洲站""澳新季"等网络社区和微信公众号"澳洲头条"等;欧洲有"华人街网""留园网"等人气华人社区以及"德国热线""战斗在法国"等多个人气微博、微信公众号等。这还只是海外华人新媒体的冰山一角。目前,除了中国国产的微博、微信和QQ等社交平台,广大年轻人也越来越习惯于使用全球性的社交媒体Facebook、Twitter、Instagram等,而随着海内外华人交流日益频繁,国内一些热门网络社区如天涯论坛、知乎、豆瓣等也渐渐为许多海外华人熟知和使用。

目前,随着新媒体的迅速发展,电脑、手机等电子设备的普及,报纸杂志等纸质媒体和电视、广播等传统媒体等受到了很大程度的冲击。为寻求新的发展路径,很多传统媒体都在积极转型的过程中,海外华人媒体也不例外。目前各大知名海外华人报纸如《联合早报》《欧洲时报》等几乎都开发了同步电子版或手机移动应用软件,有些还开发了读者微信互动平台。但在技术层面,海外华人传统媒体如果仅仅依靠单打独斗,依靠有限的财务预算和资金来源,向新媒体成功转型仍面临着许多障碍。因此，如果中国官方能够给予其一定的财务资助和技术扶持，将大大有利于海外华人媒体的转型和延续。

二、海外华人媒体推动中华文化国际传播的重要作用

由于海外华人媒体本身的特殊优势，它在推动中华文化国际传播中起着不可替代的重要作用，这种作用主要体现在两大方面：其一是在所在国华侨华人群体内部延续中华文化传承、使华侨华人了解中国社会现状，并推动新生代华裔接受华文教育、增强"文化寻根"意识；其二是起到中介和桥梁作用，拓宽传播渠道，使中华文化不局限于华人族裔内部小范围的传承，而是作为"发声器"，通过进一步向华人华侨所在国主流社会推广，增进非华裔人士对中华文化的理解，推动民间跨文化交流和侨务公共外交。因此，我们必须充分借助海外华人传媒力量这个"二传手"，更多地借其发声，更好地推进中华文化国际传播。

（一）海外华人媒体助力华人文化传承和华文教育

老一辈海外华人华侨移民的"家国情怀"和"文化寻根"意识非常强烈，主要表现为对中华传统文化及中国语言文字的固守和对中国社会变迁的高度关注。海外华人媒体在这一方面满足了他们的需求，成为他们了解中国现状、与相似背景的移民群体"抱团取暖"，在异国他乡继续传承中华文化的重要渠道。然而，对于当地土生土长的新生代华人华侨来说，"祖籍国"意识不可避免地逐渐淡化，而对于其居住国的文化认同较之其祖辈或父母辈则大大加深。这其实并不只是华人的特殊问题，也几乎是所有新生代外国移民面临的文化融入问题。由于自身认同感和其居住国主流社会对其认知存在差异，许多新生代移民青少年都曾遭遇过文化认同方面的"迷茫"，也会对此产生不同的应对态度。在许多中国移民家庭，孩子上华文学校、接受华文教育多来自父母的要求和期待，并非完全自愿，而新生代华裔到了一定的年龄阶段出现排斥华文学习的状况也并不鲜见。不过，很多新生代移民完全成年之后反而对于自己的多重文化背景有了更清晰、更客观理性的感知，并对自己的文化身份感到自豪和认同，转而寻根中华文化。例如，澳洲著名华裔艺术家、厨师Poh Ling Yeow在访谈中提到，自己青少年时期曾渴望融入本地主流白人社会，她使用英文名，甚至内心抵触自己的华人外表。但从25岁开始她接受了自己的华人身份，并转而使用中文名表达自己对祖籍国文化的认同与自豪感。① 从这个例子可见，帮助海外华侨华人新生代尽早培养建立身份认同意识和民族意识非常重要。而海外华人媒体，尤其是社交网络等新媒体平台对于帮助新生代移民青少年正确理解祖籍国文化、建构华人身份认同起着非常重要的作用。

除了社交网络平台外，建立海外汉语和中华文化学习平台也是一个推动华文教育的较好途径。例如，各大海外华人传媒平台可与国内相关教育培训行业和少儿媒体合作，共同制作或引入中文少儿节目、经典儿童读物，组织各类中华文化知识竞赛等。这些平台也可以积极与当地华文学校或孔子学院对接，共享并协助其推广各类华文教育网络资源和相关衍生文化产品。传统华人媒体应同时积极转型，增强对新生代华侨华人的吸引力和影响力，这也是它们避免被逐渐边缘化，甚至被淘汰的重要举措。

（二）海外华人媒体联结中国与世界

中国为提高国家"软实力"，集中投入了大量资金和人力打造"国家形象工程"，然而取得的效果非常有限。事实上，正面积极的国家形象需要细水长流地营造，而每一个海外华侨华人同胞都是一张好的"名片"，无论他们自身对中华民族的认同感是否强烈，在许多非华裔人群的眼中他们往往仍带有华族"标签"，他们的所作所为亦会影响所在国主流社会对中国的认知。吴旭指出，在社会舆论的整合阶段，民众观念往往最易受到影响。因此，该国权威人士对于某一事件的观点和解读至关重要。因此，对关系到中国形象的公共事件，如果能请当地具有公信力和权威、了解当地文化习俗的华人专家通过当地媒体，与当地民众正确沟通，充分解读，就容易正确引导民意，化解偏见和误会。②

---

① McDonald, Patrick: "Little China girl". The Advertiser, 18 July, 2009. Link: https://en.wikipedia.org/wiki/Poh_Ling_Yeow#Poh.27s_Kitchen.
② 吴旭：《"海不归"们不可替代的作用》，《对外传播》，2010年第10期。

随着中国海外移民数量的增长和中国国际影响力的提高，各国华人媒体对所在国主流社会的文化"辐射"作用也不容忽视。例如，早在1988年，美籍华人黄锦波就创办了美国首个用英文报道中国情况的私人电视台"中美电视台"，而很多美国非华裔民众正是通过这一平台首次了解中华文化[1]。又如，近年来，一些在国内火爆的"真人秀"等节目如"我是歌手""非诚勿扰"以及当红电视剧等在海外华人华侨圈受到了广泛关注，被当地华人电视台、网络平台等纷纷转播，进一步又通过华人华侨这一平台传播给非华裔群体，从而引发了非华裔民众了解中国社会文化的兴趣[2]。这种文化"辐射"的好处在于是"主动吸引"而非"强加于人"，能让当地非华裔受众在轻松愉悦的氛围里摆脱偏见束缚，了解中国流行文化与真实社会现状。

当然，总体来说，海外华人媒体由于受资金、人力或所在国政策等的种种限制，传播质量、发展水平和规模都仍有很大的提高空间，而华人族裔在所在国的人口数量、对所在国主流社会的影响力等也各有差异，不能一概而论。因此，海外华人媒体作为联结中国与世界的中介与桥梁，更需采取一种"细水长流"的模式，稳步渐进式地传播中华文化，让世界了解中国，同时也为所在国社会的文化多元化发展贡献自己的一份力量。

三、系统利用海外华人传媒力量推动中华文化传播

当今时代是"传播富足的时代"，从公共空间到私人空间，各类传统媒体和新兴媒体无处不在，占据了人们的生活，形态各异的大众媒介混杂地影响着公民对于社会日常事务的参与。因此，我们在系统利用海外华人传媒力量、推动中华文化传播时，也需要多头着力，对传统媒体和新媒体两手都要抓好。与此同时，我们需认识到很重要的一点，即中国官方媒体和海外华人媒体区别在于制度和责任不同。体

---

[1] 赵可金、刘思如：《中国侨务公共外交的兴起》，《东北亚论坛》，2013年第5期。
[2] 王祖嫘、吴应辉：《汉语国际传播发展报告（2011—2014）》，《新疆师范大学学报》（哲学社会科学版），2015年第4期。

制外的海外华人媒体并不肩负宣传国家政策、维护中国形象的义务,且有些华人媒体会受当地政治、文化等大环境的影响,在言论方面未必能完全与中国官方话语体系保持一致。充分了解这一区别,有助于合理制定传播方案,推动海外华人媒体更好地进行中华文化传播①。

(一)传统媒体要继续发力

虽然近年来新媒体平台五花八门,但它们更多是为传统媒体提供交流和互动的新平台,使传统媒体科技化、即时化、无边界无国别化,并为更多的"草根"群众提供自由发声的机会。从这个意义上说,这更是传播形式的演变而并非内容上的演变。虽然随着这些新平台的推广,原先的一些具有时间和空间局限性的传媒传播方式例如通信、电报和报刊等纸媒受到了一定程度的冲击,但这并不意味着传统媒体从此一蹶不振。它仍有自身独特的魅力,是新媒体无法取代的。例如,虽然越来越多的人开始使用电子书,但传统的纸质图书仍保持了很大的市场。很多人都认为,持书在手的"实物感"是电子书无法比拟的。同时,虽然年轻人越来越习惯于使用电脑和手机,但传统的电视、广播节目仍拥有大量的老一代忠实观众与听众。因此,要推动中华文化国际传播,不能忽视传统媒体,尤其是图书等纸质媒体的作用。

首先,在推进海外华文文学的发展和华文教育方面,图书出版传媒起着非常重要的作用。前面所提到的莫言、曹文轩、王安忆等获得国际重量级文学奖项,都是推广、宣传华文文学和中华文化的绝好契机。因此,我们应充分借力各国华侨华人平台,通过这一群体积极推动与他们所在国本地出版社的合作。同时,刘慈欣的《三体》、郝景芳的《北京折叠》等中国科幻小说相继斩获雨果奖的事实也充分体现了海外华人翻译人才的关键性作用。很多人认为,没有美籍华人刘宇昆锦上添花的翻译,这两部小说得奖的概率几乎为零。事实上,中国并不缺乏好的作品,通晓不同语言文化且有较高文学造诣的优秀译者还是少数。因此,我们非常需要发掘、

---

① 邱凌:《辩证解析海外华文媒体在我国对外传播中的作用》,《对外传播》,2015年第10期。

组织熟稔中文和居住国语言的海外华裔文化人和翻译人才，将优秀的中国文学作品译介、推广到国外。同时，我们也可以积极与各国当地的华人艺术社团合作，将中国文学作品改编成话剧、舞蹈等多种艺术形式，尤其可以将合适的优秀中国图书引入华文学校课程读物，与华文教学有机结合起来，既能增强学生学习的趣味性，又能使华文教学与现实接轨，将中华文化传播有机地融入到语言学习中去。

其次，我们完全可以借力近年来方兴未艾的各类国际书展等人际传播的渠道，推动文化传播。事实上，国际书展的持续高人气正说明传统纸媒，尤其是纸质图书的地位不可替代。无论是享有盛誉的法兰克福书展、伦敦书展、美国书展和波隆纳书展等四大国际书展，还是规模日益壮大亦越来越趋国际化的中国上海书展、香港书展、台北国际书展，我们都可以作为推进中华文化传播的前沿阵地。可以利用展会的契机，组织国内著名文化人、学者，或是书展所在国华侨华人作家，尤其是一些"墙外开花墙里香"，作品在海内外均受到认可与好评的海外华人作家，开展读者见面会、交流会，推动各国当地读者对中国图书、中华文化的认知与接受，引导中国图书和中国文学"走出去"。

再次，随着全球旅游业、服务业等第三产业的蓬勃发展，来中国旅游的国外游客和去国外旅游的中国游客都呈增长态势。因此，也可以将国际旅游作为一个营销切入点，有意识地通过海外各国相关行业的华侨华人们推广关于中国社会与文化的图书和音像制品，让国外受众主动自愿地了解、接受中华文化与风土人情。

最后，需要强调的是，在文化推广中一定要努力规避意识形态差异，避免官方单方面宣传，而要注重双向交流、强调"人性""共性"的东西，要将重点放在浓厚的人文关怀上。对海外非华裔民众如此，对海外华裔人士更应如此。

海外华人媒体本身主要的服务对象是海外华侨华人，满足他们精神文化生活的需要，同时也起到桥梁作用，通过信息传播和交流，将中国和他们所在国相联结起来。因此，他们事实上是最关注中国的海外大众传媒，是中国与海外华侨华人建立联系与交流的最重要渠道。

当下，为了突破英美传播渠道垄断的旧秩序，努力发出自己的声音，中国以外的很多国家,包括法国、德国等发达国家也在积极为构建世界传播新秩序作出努力。例如,加拿大政府对本国的文化产业提供大量津贴,德国发起了"净化德语"等行动,这些都体现了美国之外的西方国家对当前国际传媒秩序的忧虑和为重建新秩序作出的积极努力[①]。然而,这些举措已是从国家层面出发,背后有充足的财力支持,尚步履维艰,而海外华人媒体在多数情况下还只是在所在国尚属少数族裔的华人华侨们创办成立的,其在主流社会的发声艰难可见一斑。因此,我们更应该与海外华人媒体在各个方面强化合作,加强沟通交流,搭建各种平台,必要时提供资金和人力支持。同时,也要做好侨务工作,增强海外华人,尤其是新生代华裔的"文化寻根"意识。在这个前提下,才能正确引导海外华侨华人做好民间"文化大使",开展群众路线基层传播,进一步通过他们这一媒介,将中华文化推广到他们居住国的主流社会中去。在这个方面,澳大利亚的华侨华人媒体在商业经营模式上值得关注。近年来,一些比较有影响力、规模较大的当地华文传媒公司与中国一些主流媒体如新华社、中国国际广播电台等进行了合作,共同引入、制作节目等[②],这种模式值得推广和借鉴。然而,这类合作容易引发当地非华裔民众的担忧,因此,需要在推广合作的同时,重视与当地社会各界的沟通,以坦率而诚恳的态度去释疑,积极营造友善的文化交流氛围。同时,在这类合作过程中一定要注意减少意识形态以及体制差异带来的影响,强调人文关怀,可以通过邀请海外华人媒体来国内考察调研、了解实际情况,渐渐地在海外华侨华人心目中树立积极正面的国家形象,再通过华人华侨这一平台进一步影响主流社会舆论。当然,这将是一个漫长的过程,不可能一蹴而就,但会有滴水穿石的效果。

(二)充分利用新媒体平台推动中华文化国际传播

近年来,新媒体在海外华人华侨圈内蓬勃发展,使用人数已经远远超越传统媒

[①] 姜飞:《新阶段推动中国国际传播能力建设的理性思考》,《南京社会科学》,2015年第6期。
[②] 刘琛:《新环境下澳华文媒体对中国文化的传播》,《福建师范大学学报》,2014年第4期。

体的读者。2015年5月，在中国首次举办了"海外华文新媒体高峰论坛暨人民日报海外版创刊三十周年座谈会"，海外传统华人媒体如何转型成为重要议题。会上，清华大学教授沈阳就新媒体技术发展形势和海外华人媒体所面临的挑战做了分析。沈阳认为，目前需充分利用云技术和大数据技术来改造媒体，媒体人应充分借助大数据分析筛选制定内容，满足用户个性化需求。此外，手机等各种移动智能设备促使了"浅阅读""碎片化阅读"的产生，改变了人们的阅读方式。[①]对于很多缺乏技术、人力和资金支持的海外华人传统媒体来说，沈阳建议，最好能够改变人力编辑的传统模式，充分利用各类免费新媒体平台进行整合，强调通过技术和新的传播渠道来重构媒体。

除了技术革新之外，海外华人媒体如要进一步将影响力从华人华侨小圈子向主流社会拓展、更好地推进中华文化海外传播，增设当地语言版也是一个很有效的方式。除了传统的报刊、电视、广播节目可以开设双语版之外，充分利用自媒体的传播力量，在全球性的社交网络如Facebook、Twitter等平台上用当地语言推送各种资讯，在YouTube等国际知名视频网站上传各类短片、音像视频等，都是成本较低而效果较好的传播方式。

中华文化海外传播不仅是为了延续中华民族之"根"，更是为了让海外主流社会了解真实的中国和华人群体现状，让广大华侨华人能齐心协力，使主流社会听到属于他们的发声。因此，海外华人传媒必须重视利用全球性的社交网络，通过这些途径扩大在主流社会的影响力和话语权。同时，对于新生代华裔而言，中华文化之"根"的意识进一步淡化，老一辈习惯使用的华文媒体对他们来说比较陌生，而对居住国的文化认同感会更强。如果通过使用全球性社交网络，或是在其居住国流行的社交网络、自媒体平台等，用青少年喜闻乐见的方式将中华文化传播进一步"本土化"，也许能够更好地推进他们理解、认同和接受中华文化。

[①]《海外华文媒体路在何方？》，《人民日报海外版》，2015年05月29日，网址：http://news.xinhuanet.com/politics/2015-05/29/c_127854180.htm。

第四节 "一带一路"沿线国家舆情及媒体现状与中华文化传播的战略意义

一、"一带一路"沿线国家相关舆情及媒体现状

"一带一路"沿线64国大致可划分为南亚和东南亚板块,中亚和东北亚板块,中东欧板块以及西亚和北非板块。对"一带一路"这一构想,沿线国家的回应总体来说是积极的,但也有一些国家媒体透露出误解、顾虑和偏见,而这对于我们思考如何提升"一带一路"构想的正面影响力和国家的正面形象恰恰具有重要参考价值。

(一)南亚和东南亚板块的舆情和媒体现状

南亚地区的印度各大主流媒体观点不一,对"一带一路"既有看好亦有谨慎观望,甚至明确表示反对。从总体上看,印度各大舆论界对这一构想持审慎的态度。

例如,《今日印度》(India Today)、《每日新闻与分析》(Daily News & Analysis)和《印度斯坦时报》(Hindustan Times)表示看好"一带一路",认为复兴海上丝绸之路能够削弱美国在亚太的主导地位、化解地区紧张局势,支持关系友好的国家实现战略目标,重塑安全新思维、应对恐怖分子的威胁,印度能从"丝绸之路"构想中获益,能使印度的第三产业优势和中国资本投资优势实现"双赢"发展,加入"一带一路"是印度大势所趋,而南亚智库代表也对"一带一路"普遍报以欢迎、赞赏的态度。而《新印度快报》(The New India Express)、《电讯报》(The Telegraph)、《SP海军报》(SP's Naval Forces)等则对中国的倡议表示怀疑谨慎态度,认为"一带一路"计划实施过程可能会涉及国家主权方面的纷争,而且参与国之间的巨大经济差异和一些国家之间的敌对关系会影响该构想的实际实施效果。

南亚的另一重要国家巴基斯坦则一直是中国的亲密盟友,主流媒体和舆论对于"一带一路"倡议几乎表现出一边倒的欢迎和支持态度。巴基斯坦的《每日时报》(Daily Times)、《国防期刊》(Defense Journal)、《巴基斯坦观察家报》(Pakistan Observer)、《巴基斯坦国际通讯社》(Pakistan Press International)、

《国家报》(The Nation)、《商业纪事报》(Business Recorder)等诸多媒体都纷纷推测"一带一路"构想顺利实现的美好愿景,认为"一带一路"让中国更加开放,也将会给巴基斯坦的未来带来各种契机,推动巴基斯坦繁荣发展。"一带一路"倡议实施将重新打通经济要道,实现亚洲各国在交通、投资和金融等领域的互联互通,巴基斯坦将成为联通中国和中亚、南亚、中东等地的商业枢纽,中国的投资将使巴基斯坦在未来10年有望加入快速发展的新兴经济体。

在东南亚地区,从总体舆情来看,大部分国家对于"一带一路"构想抱支持态度,也充分认识到这一构想将使本国受益匪浅。但也有一些国家的媒体对目前存在的一些政治问题,如南海争端问题表达了忧虑,担心这些问题会影响"一带一路"构想的推进和实施,表现出审慎中立的态度。

东南亚的泰国两大主流媒体《国家报》(The Nation)和《泰国通讯社》(Thai News Service)对"海上丝绸之路"计划较为看好,认为这一计划将带动投资,将为全球GDP做出巨大贡献,中国的"一带一路"倡议将造福世界,加强中国与世界的互动,并能进一步推动沿线旅游服务业的发展。然而,也有相关评论员指出,由于中国和一些东盟成员国在南海问题上有争端,不愿妥协,可能会面临一些挑战。

新加坡《海峡日报》(Straits Times)认为,"丝绸之路"的复兴将使新加坡从中获益,有利于亚洲地区的繁荣,而新加坡作为大中华区以外的第二大离岸人民币中心和主要海空航线交汇处,能够在"一带一路"计划中发挥积极作用。中国应该努力获得邻国信任,使其倡议更具开放性和包容性。

马来西亚的《新海峡日报》(New Straits Times)和《马来西亚国家通讯社》(The Malaysian National News Agency)认为,"海上丝绸之路"可能使马六甲海峡成为重要港口,推动中国和马来西亚未来进行更多的合作,马来西亚可以从"一带一路"倡议中受惠。①

---

① 王辉、贾文娟:《国外媒体看"一带一路"(2016)》,北京:社会科学文献出版社,2016年,第3-138页。

（二）中亚和东北亚板块的舆情和媒体现状摘要

在中亚地区的"一带一路"沿线主要国家，如吉尔吉斯斯坦、乌兹别克斯坦和哈萨克斯坦，从报道总体来看，目前的媒体舆情态度表现较为积极，多为客观陈述并加以分析中国的"一带一路"构想对于中亚格局的影响，但亦有媒体表达了担忧。例如，吉尔吉斯斯坦的《中亚时报》（*Times of Central Asia*）报道了该国经济部部长的观点，他认为，"丝绸之路"能够带动中亚各国协同合作，创造新的就业机会，根据各国国情和需求促进发展，它将成为全球合作的典范。哈萨克斯坦的"哈萨克斯坦国际通讯社"社长称，"一带一路"的实施将帮助解决国际社会的很多现实问题，这一倡议目标远大，正确而务实。① 其在线报纸《欧亚大陆网》（*Eurasianet*）则表达了对中国在中亚地区影响力的担忧。《乌兹别克斯坦日报》（*Uzbekistan Daily*）称，乌兹别克斯坦作为首个支持亚投行成立的国家，也希望"丝绸之路经济带"设想的实现能为国家带来产业结构改革，吸引中国企业投资，增强中乌合作。②

与东北亚紧邻的蒙古国和俄罗斯舆论界对"一带一路"构想总体持支持的态度，均认为这一构想有利于实现本国国家利益，但亦有顾虑存在。

蒙古媒体《UB邮报》（*The UB Post*）报道了中蒙两国双边贸易进一步扩大的情况，认为良好的合作是互惠互利的关键。并指出，中国的"一带一路"构想是一个多边发展、惠邻惠己的构想，蒙古国已与中国、俄罗斯商议共同推进实施本国的"草原之路"计划、中国的"一带一路"构想和俄罗斯的"跨欧亚走廊"计划，实现三边友好合作。③

俄罗斯作为中国重要合作伙伴，对于"一带一路"构想的推进也进行了密切关注和深度报道。例如，《专家在线网》（*Expert Online*）认为，中国通过构建"一

---

① 王辉、贾文娟：《国外媒体看"一带一路"（2016）》，北京：社会科学文献出版社，2016年，第153页。
② 王辉、贾文娟：《国外媒体看"一带一路"（2016）》，北京：社会科学文献出版社，2016年，第161页。
③ B.Dulguun译："Ts.Sukhbaatar: Mongolia-China trade turnover will reach 10 billion USD by 2020", 1 February, 2016, The UB Post. Link: http://ubpost.mongolnews.mn/?p=18188.

带一路"开始制定国际规则,认为中国的这一战略经过了深思熟虑,使每个参与国都有利可图,更能完成反恐等一些任务。KOHT网则援引专家言论,认为俄罗斯和中国不会成为事实上的竞争者,俄中合作开展的项目是互补的。[1]

(三) 中东欧板块的舆情和媒体现状

从中欧和东欧的舆情现状来看,各国对"一带一路"构想反响热烈,多表现出积极支持的态度。

波兰媒体《华沙之声》(*The Warsaw Voice*)认为,利用"新丝绸之路"构想的契机,波兰有望成为主要欧洲交通枢纽之一,将大大推进与各国的经贸、文化交流。[2]独联体国家白俄罗斯的"白俄罗斯国家通讯社"社长称,近年来白俄罗斯和中国交流合作日趋活跃,"丝绸之路"经济带这一倡议是规模宏大的国际计划,有着广阔的发展前景。匈牙利《布达佩斯商业期刊》(*Budapest Business Journal*)则谈到,匈牙利坚决支持中国"一带一路"构想,共同开展经济合作交流,并反对欧盟对中国在南海问题上施加压力。[3]《匈牙利官方新闻文摘》(*Hungarian Official News Digest*)直接援引匈牙利外教与对外经济部部长的原话,称"匈牙利与中国合作从未达到今天的高度",两国将在未来更加紧密地合作,共同努力建设"丝绸之路经济带"与"21世纪海上丝绸之路"。[4]乌克兰学者则认为,乌克兰加入欧亚走廊新体系非常有必要,要利用一切有效方式加入"一带一路",获取中国对乌克兰的建议和投资。[5]

(四) 西亚和北非板块的舆情和媒体现状

目前在西亚北非地区数国如叙利亚、也门、土耳其、阿富汗等,政治局势不

---

[1] 王辉、贾文娟:《国外媒体看"一带一路"(2016)》,北京:社会科学文献出版社,2016年,第221–223页。
[2] "Poland 3.0 Project: A New Silk Road", The Warsaw Voice, 13 July, 2016. Link: http://www.warsawvoice.pl/WVpage/pages/article.php/28465/article.
[3] "Szijjártó holds talks with counterparts at ASEM summit", Budapest Business Journal, 15 July, 2016. Link: http://bbj.hu/site/index.php.
[4] 王辉、贾文娟:《国外媒体看"一带一路"(2016)》,北京:社会科学文献出版社,2016年,第232页。
[5] 王辉、贾文娟:《国外媒体看"一带一路"(2016)》,北京:社会科学文献出版社,2016年,第234页。

稳,甚至爆发战乱和恐怖袭击,客观上对"一带一路"构想在这些国家的顺利推进带来了很大难度。而目前这一地区政局相对稳定的黎巴嫩、埃及等国家,对"一带一路"构想则总体表现出了关注和支持。

例如,沙特阿拉伯的《沙特报》(Saudigazette)持续关注中国"一带一路"构想的推进情况,先后报道了格鲁吉亚与中国已开始将这一构想付诸行动,合作修建新的黑海深水港,为中国和欧洲之间的交通提供便利,以及中国与老挝的合作中遇到的一些障碍等。[1]黎巴嫩媒体《每日之星》(Daily Star)则分析认为,"新丝绸之路"将使中国得以绕开西方,将投资和出口转向欧亚大陆,挖掘欧亚大陆腹地的经济潜力,与俄罗斯一道将西方国家从这一地区的未来发展中排挤出去,中国将可能和俄罗斯形成一个相对持久的盟友关系。[2]埃及的《埃及每日新闻》(Daily News Egypt)则报道了埃及积极响应中国政府的号召,已正式加入了"丝绸之路经济带"联盟,并签署了多项战略合作协议。[3]

二、尊重"一带一路"沿线国家国情,因地制宜讲好"中国故事"

从"一带一路"沿线国家目前的总体舆情来看,大多数国家表现出积极合作的意愿,但还是有一些国家态度谨慎、存在顾虑。有些国家害怕中国通过对外投资贸易等增强其对周边国家的主导地位和影响力,他们并不希望中国在出资助力基础设施建设同时附加中国特色的规章制度。另有一些国家对中国真正实现"一带一路"倡议的能力提出质疑,认为这一倡议本身过于急促、宽泛、空洞。虽然很多消极舆论本身带有很强的"中国威胁论"偏见,但是也有一些并非完全没有事实依据。这说明,讲好"中国故事"最有效的方式是通过"摆事实"再"讲道理",取得他国的真正信任不能单凭良好的意愿和口头承诺。在中国企业"走出去"的同时,需要

---

[1] "Georgia to build \$2.5b Black Sea port to boost China trade", Saudigazette, 9 Feburary, 2016. Link: http://saudigazette.com.sa/business/georgia-to-build-2-5b-black-sea-port-to-boost-china-trade/.
[2] 王辉、贾文娟:《国外媒体看"一带一路"(2016)》,北京:社会科学文献出版社,2016年,第162页。
[3] 王辉、贾文娟:《国外媒体看"一带一路"(2016)》,北京:社会科学文献出版社,2016年,第285页。

关注这一点。

同时，目前在"一带一路"地区仍存在一些地缘政治风险，如中国南海问题等领土争端，一些沿线国家如土耳其、乌克兰、叙利亚等面临的政局不稳定甚至内战风险等，以及复杂的宗教问题、反恐安全问题、经济差异问题和文化差异问题等，都是实现"一带一路"这一伟大构想之路上的绊脚石。因此，要真正实现这一构想，实现平衡和合作发展，非常考验我国的组织协调能力和智慧。"一带一路"沿线各国社会形势错综复杂、文化差异巨大，涉及众多不同民族、语言和宗教，要在这种情况下增强中国正面影响力，推动中华文化传播，大前提是必须做到尊重各国国情、因地制宜，也要在政策宣传的同时充分做好解疑释惑，用各国能够听懂、能够接受的语言讲好"中国故事"，做好中国形象的建构工作。

（一）尊重各国国情，充分借助当地华侨华人平台拓展中华文化影响力

要扩大中国在"一带一路"沿线各国的文化影响力，语言"通"是前提。虽然英语已经成为国际通用语言，但如果要深入了解当地国情和社会文化现状，通晓所在国语言非常重要。因此，"一带一路"构想的实施，需要大批精通中文且了解当地语言文化的人才。[①] 例如，周雷在东南亚地区调研中发现，许多国家的民间真实舆情并非完全与官方舆论相同，甚至出现较大差异。他指出，若要真实了解当地民众的想法，就要深入民间，观察民间态度和社会深层结构，而不能仅仅流于表面、单纯依靠官方媒体表述即下判断，而这种深入调研实际上需要大量的人力、物力和时间。他以2012年的缅甸民间抵制中缅油气管道建设的"瑞地油气运动"为例，指出正是因为国内媒体主要通过英文媒体来了解缅甸现状，并未深入真实的缅甸社会中，所以无法真正理解该抵制背后的深层次民众心理原因。周雷认为，这种对于当地语言和社会文化的深深陌生感，使得国内媒体几乎无法传达缅甸的"真实文化语境和社会舆论情况"[②]，而种种误读则会进一步影响相应外交政策的制定和执行效

---

① 赵磊：《一带一路：中国的文明型崛起》，北京：中信出版社，2015年，第184页。
② 周雷：《海外捕"舆"：理解国际传播的舆论如何产生——以东南亚地区为例》，《对外传播》，2015年第11期。

果。那么,如果在华侨华人群体颇多、经济贸易联系往来紧密的东南亚地区尚如此,在"一带一路"沿线其他华人华侨数量稀少、民族宗教关系更为纷繁复杂的国家,这一问题很可能更为严重,对于真实社会文化的误读,会直接影响相关规划的实施,也会导致各类资金和企业"走出去"以后遇到重重障碍,无法开展工作。

因此,在"一带一路"沿线各个国家和地区,中国必须增强对其社会文化的真正了解和双向交流,而不只是单方面推动中华文化传播。所以我们需要高度重视并充分利用当地华人华侨这一平台。目前,海外华人媒体越来越承载着侨务公共外交的使命,如果因为当地语言或社会政治状况、文化习俗等障碍不便直接开展田野调查,就需要借助华人华侨以及他们的舆论圈尽可能了解当地的真实舆情和民众的文化思维模式。另外,"一带一路"沿线国家的官方语言和通用语言多达数十种,如果仅仅依靠培养国内的小语种翻译人才"走出去",无论是在效率还是数量方面完全满足不了迫切而大批量的现实需求,因此人才"引进来"策略必不可少。目前,习近平总书记已经允诺每年向"一带一路"沿线国家提供一万个政府奖学金名额。如能借助当地华人华侨平台和华文学校,充分发掘当地人才资源,进一步推进民间高校和文化教育机构与国内相关机构进行交流与合作,就能实现较好的对接。

目前,"一带一路"沿线国家很多主权情况不容乐观,其中半数信用级别未能达到投资级别,部分国家甚至存在主权级别下调风险,尤其是欧亚大陆内部一些国家民族矛盾纷繁复杂,政治局面动荡,是全世界最不稳定的地区。[①] 在这种较为艰险的情况下,我们要尽可能地采用"引进来"的措施,可能的话,先借助当地的华人华侨资源,鼓励他们先成为"文化传播民间大使",因地制宜进行一定程度的中华文化推广。在积累一定舆论基础之后,再吸引当地非华裔民众到中国留学、访学等,学习中华文化,慢慢拓宽中华文化在各地的影响力,让非华裔民众不再停留于"中国进行经济侵略""中国制造占领世界,抢走本地工作机会"这类片面甚至错误的简单认知上,而开始真正理解和接受中国通过实施"一带一路"伟大构想、实现共同和谐发展的良好意愿。

---

① 赵磊:《一带一路:中国的文明型崛起》,北京:中信出版社,2015年,第98页。

（二）利用媒体力量推动中华文化国际传播

互联网和新媒体的迅速发展，为拉近世界距离、实现更为便捷的文化交流与共享带来了机会。同时，它们也加快了普世价值的传播和认同进程。更重要的是，年轻人群体是使用新媒体的主力军，也是中华文化国际传播的主体和重要对象。从美、日、韩等发达国家的文化输出方式可以看出，这些国家一直很注重大力拓展全球年轻群体市场，能够精准把握年轻群体的需求，做出真正吸引年轻群体的文化产品，使包括大量中国年轻人在内的各国年轻群体都甘愿成为其忠实拥趸。

相比发达国家强大的文化"软实力"，我国在进行中华文化国际传播时经常"遇冷"，有一个重要原因就是没能对年轻群体产生同等影响力。[①]因此，在"一带一路"沿线各国进行中华文化推广时，我国的文化传播方式也要进一步细化和调整，需要适应不断变化的国际环境和"一带一路"构想的整体实施战略，努力实现对外传播手段的精准化，对于不同国家和地区要各有侧重，有针对性。

从大方向来看，首先要充分利用各类传统媒体和新媒体，以当地年轻人容易接受的方式，充分展示中华文化风采，塑造良好的中国形象。这一点我们可以借鉴美国萨瓦台在中东地区推广时使用的策略。根据阿拉伯年轻人喜爱流行音乐的特点，该台24小时滚动播出新闻资讯和符合阿拉伯年轻人喜好的音乐。在整体节目构成中，音乐节目占比75%，而新闻资讯仅占比25%。但该台通过75%的音乐节目，逐渐吸引了大量阿拉伯年轻人忠实"粉丝"，赢得了他们对美国电台的好感。目前，中国媒体在海外的整体布局尚在发展中，针对不同国家国情文化的"本土化"传播工作还面临着不少障碍。因此，在制作节目、进行推广的过程中可以寻求当地华人华侨平台和华人媒体的帮助和合作，积极采纳他们的意见和建议，灵活使用适合当地实际的营销推广策略，大胆创新对外传播方式，因地制宜地发展中华文化"本土化"有效传播。

其次，要深入分析各国年轻人群体的不同偏好，以非政府组织等形式，通过互联网社交网络平台与当地青年文化团体对接，鼓励当地华人华侨年轻人群体多与本

[①] 赵磊：《一带一路：中国的文明型崛起》，北京：中信出版社，2015年，第183页。

地非华裔年轻人沟通交流，组织各类年轻人感兴趣的活动，从线上到线下，积极拓宽对海外年轻人的影响力。例如，美国等西方国家特别重视对非政府组织的扶持，西方国家的政府补助占非政府组织总收入的比重已从1979年的不到5％提高到目前的约50％。这些非政府组织的活动种类丰富多样，民间接受程度高，而年轻志愿者们也更容易和当地年轻人群打成一片。许多组织在Facebook、Twitter等年轻人惯用的社交媒体上吸引人气，组织各种活动，这样很容易提高知名度，也更能潜移默化地影响当地民意走向，这种模式非常值得我们借鉴。

总之，要讲好"中国故事"，提升中国文化"软实力"，消除中华文化"走出去"进程中的种种障碍，充分借助海外华侨华人的传媒力量和平台是必不可少的举措。在"一带一路"伟大构想的实践和推进过程中，我们更应该根据实际灵活调整文化传播的具体方式，力图实现对外传播效果的最优化。

后 记

目前,"文化强国"和中华文化国际化已成为国家发展战略重点之一,是社会主义核心价值体系建设的重要组成部分。因此,如何使中华文化主动走向世界,成为世界文化大格局中一个生动、有力、敢担当、能担当的有机组成部分,就成为我国目前一项迫切需要研究的课题。

受我国"一带一路"倡议的积极影响,"一带一路"沿线国家将成为来华留学的发力点,来华留学生的生源结构将呈现稳定的"一带一路化",并进而影响到留学生教育的战略格局的"一带一路化",这必将给汉语与中华文化国际传播带来一系列迫切需要解决的问题,在师资队伍的构成、教材、质量评估标准、传播策略与手段、孔子学院布局、中国传统文化的现代化、中华文化与世界文化的交流方式、中华文化国际传播与世界中国形象的建构、中华文化国际传播管理机制建设等方面,都会产生很多亟待解决的问题,而能否解决这些问题以及解决的质量,都将直接影响到汉语与中华文化国际传播事业的发展,影响到"一带一路"倡议实现的广度和深度。

鉴于此,我们尝试对"一带一路"沿线国家的汉语国际传播情况进行初步的了解和研究,并结合对沿线国家的华文教育情况的分析,试图找到华文教育、孔子学院结合的方式与模式,推动这两个中华文化国际传播的平台融合成一个平台,从而实现资源和效果的最大化。

本书由我统筹、设计章节内容,最后集体合作完成。初稿完成后,由我负责校读全书,并提出修改意见,作者们集体讨论修改后定稿。

各章分工如下:

第一章、第二章、第三章　孙宜学

第四章、第五章　李军

第六章、第七章、第八章　叶玮玮

第九章、第十章　张凯乙

我们知道自己的研究还很肤浅，很多观点还没仔细推敲，资料也不完备。但我们希望还有机会继续尝试、继续研究。

感谢所有给本书以启发和帮助的海内外学者，你们对"一带一路"、汉语与中华文化国际传播、华文教育的研究，为本书提供了鲜活翔实的资料。

孙宜学

2018年10月

赣江东岸